U0725785

甘阳 主编

文化：中国与世界新论

*

利维坦的道德困境

早期现代政治哲学的问题与脉络

吴增定 著

生活·讀書·新知 三联书店

Copyright © 2017 by SDX Joint Publishing Company.
All Rights Reserved.
本作品版权由生活·读书·新知三联书店所有。
未经许可，不得翻印。

图书在版编目（CIP）数据

利维坦的道德困境：早期现代政治哲学的问题与脉络／吴增定著 . —北京：生活·读书·新知三联书店，2017.8 （2024.8 重印）
（"文化：中国与世界"新论）
ISBN 978 − 7 − 108 − 06025 − 9

Ⅰ . ①利…　Ⅱ . ①吴…　Ⅲ . ①政治哲学－研究
Ⅳ . ① D0

中国版本图书馆 CIP 数据核字（2017）第 156760 号

责任编辑　冯金红
装帧设计　薛　宇
责任印制　李思佳
出版发行　**生活·讀書·新知** 三联书店
　　　　　（北京市东城区美术馆东街 22 号　100010）
网　　址　www.sdxjpc.com
经　　销　新华书店
印　　刷　北京建宏印刷有限公司
版　　次　2017 年 8 月北京第 1 版
　　　　　2024 年 8 月北京第 3 次印刷
开　　本　880 毫米 × 1092 毫米　1/32　印张 13
字　　数　208 千字
印　　数　7,001 − 8,000 册
定　　价　49.00 元
（印装查询：01064002715；邮购查询：01084010542）

缘　起

　　百年前，梁启超曾提出"中国之中国"，"亚洲之中国"，以及"世界之中国"的说法。进入 21 世纪以来，关于"世界之中国"或"亚洲之中国"的各种说法益发频频可闻。

　　但所谓"中国"，并不仅仅只是联合国上百个国家中之一"国"，而首先是一大文明母体。韦伯当年从文明母体着眼把全球分为五大历史文明（儒家文明，佛教文明，基督教文明，伊斯兰文明，印度教文明）的理论，引发日后种种"轴心文明"讨论，至今意义重大。事实上，晚清以来放眼看世界的中国人从未把中国与世界的关系简单看成是中国与其他各"国"之间的关系，而总是首先把中国与世界的关系看成是中国文明与其他文明特别是强势西方文明之间的关系。二十年前，我们这一代人创办"文化：中国与世界"系列丛书时，秉承的也是这种从大文明格局看中国与世界关系的视野。

这套新编"文化：中国与世界"论丛，仍然承继这种从文明格局看中国与世界的视野。我们以为，这种文明论的立场今天不但没有过时，反而更加迫切了，因为全球化绝不意味着将消解所有历史文明之间的差异，绝不意味着走向无分殊的全球一体化文明，恰恰相反，全球化的过程实际更加突出了不同人民的"文明属性"。正是在全球化加速的时候，有关文明、文化、民族、族群等的讨论日益成为全球各地最突出的共同话题，既有所谓"文明冲突论"的出场，更有种种"文明对话论"的主张。而晚近以来"软实力"概念的普遍流行，更使世界各国都已日益明确地把文明潜力和文化创造力置于发展战略的核心。说到底，真正的大国崛起，必然是一个文化大国的崛起；只有具备深厚文明潜力的国家才有作为大国崛起的资格和条件。

哈佛大学的张光直教授曾经预言：人文社会科学的 21 世纪应该是中国的世纪。今日中国学术文化之现状无疑仍离这个期盼甚远，但我们不必妄自菲薄，而应看到这个预言的理据所在。这个理据就是张光直所说中国文明积累了一笔最庞大的文化本钱，如他引用 Arthur Wright 的话所言："全球上没有任何民族有像中华民族那样庞大的对他们过去历史的记录。二千五百年的正史里所记录下来的个别事件的总额是无法计算的。要将二十五史翻成英文，需要四千五百万个单词，而这还只代表那整个记录中的一小部分。"按张光直的看法，这笔庞大的文化资本，尚未被现代中国人好好利用过，因为近百年来的中国人基本是用西方一时一地的理论和观点去看世界，甚至想当然地以为西方的理论观点都具有普遍性。但是，一旦"我们跳出一切成见的圈子"，倒转过来以中国文明的历史视野去看世界，那么中国文明积累的这笔庞大文化资本就会发挥出其巨大潜力。

诚如张光直先生所言，要把中国文明的这种潜力发挥出来，我们需要同时做三件事，一是深入研究中国文明，二是尽量了解学习世界史，三是深入了解各种西方人文社会科学理论，有了这三个条件我们才能知所辨别。做这些工作都需要长时间，深功夫，需要每人从具体问题着手，同时又要求打破专业的壁垒而形成张光直提倡的"不是专业而是通业"的研究格局。这套丛书即希望能朝这种"通业研究"的方向做些努力。我们希望这里的每种书能以较小的篇幅来展开一些有意义的新观念、新思想、新问题，同时丛书作为整体则能打破学科专业的篱笆，沟通中学与西学、传统与现代、人文学与社会科学，着重在问题意识上共同体现"重新认识中国，重新认识西方，重新认识古典，重新认识现代"的努力。

之所以要强调"重新认识"，是因为我们以往形成的对西方的看法，以及根据这种对西方的看法而又反过来形成的对中国的看法，有许多都有必要加以重新检讨，其中有些观念早已根深蒂固而且流传极广，但事实上却未必正确甚至根本错误。这方面的例子可以举出很多。例如，就美术而言，上世纪初康有为、陈独秀提倡的"美术革命"曾对 20 世纪的中国美术发生很大的影响，但他们把西方美术归结为"写实主义"，并据此认为中国传统美术因为不能"写实"已经死亡，而中国现代美术的方向就是要学西方美术的"写实主义"，所有这些都一方面是对西方美术的误解，另一方面则是对中国现代美术的误导。在文学方面，胡适力图引进西方科学实证方法强调对文本的考证诚然有其贡献，但却也常常把中国古典文学的研究引入死胡同中，尤其胡适顽固反对以中国传统儒道佛的观点来解读中国古典文学的立场更是大错。例如他说"《西游记》被三四百年来的无数道士和尚秀才弄坏了"，认为儒道佛的"这些解说都是《西游记》的大敌"，但正如《西游记》英译者余国藩教授所指出，胡适排斥儒道佛现在恰恰成了反讽，因为欧美日本中国现在对《西游记》的所有研究成果可以概观地视为对胡适观点的驳斥，事实上，"和尚，道士和秀才对《西游记》的了解，也许比胡适之博士更透彻，更深刻！"

同样，我们对西方的了解认识仍然远远不够。这里一个重要问题是西方人对自己的看法本身就在不断变化和调整中。例如，美国人曾一度认为美国只有自由主义而没有保守主义，但这种看法早已被证明乃根本错误，因为近几十年来美国的最大变化恰恰是保守主义压倒自由主义成了美国的主流意识形态，这种具有广泛民众基础而且有强烈民粹主义和反智主义倾向的美国保守主义，几乎超出所有主流西方知识界的预料，从而实际使许多西方理论在西方本身就已黯然失色。例如西方社会科学的基本预设之一是所谓"现代化必然世俗化"，但这个看法现在已经难以成立，因为正如西方学者普遍承认，无论"世俗化"的定义如何修正，都难以解释美国今天百分之九十以上的人自称相信宗教奇迹、相信上帝的最后审判这种典型宗教社会的现象。晚近三十年来是西方思想变动最大的时期，其变动的激烈程度只有西方 17 世纪现代思想转型期可以相比，这种变动导致几乎所有的问题都在被重新讨论，所有的基本概念都在重新修正，例如什么是哲学，什么是文学，什么是艺术，今天都已不再有自明的答案。但另一方面，与保守主义的崛起有关，西方特别美国现在日益呈现知识精英与社会大众背道而驰的突出现象：知识精英的理论越来越前卫，但普通民众的心态却越来越保守，这种基本矛盾已经成为西方主流知识界的巨大焦虑。如何看待西方社会和思想的这种深刻变化，乃是中国学界面临的重大课题。但有一点可以肯定：今天我们已经必须从根本上拒斥简单的"拿来主义"，因为这样的"拿来主义"只能是文化不成熟、文明不独立的表现。中国思想学术文化成熟的标志在于中国文明主体性之独立立场的日渐成熟，这种立场将促使中国学人以自己的头脑去研究、分析、判断西方的各种理论，拒绝人云亦云，拒绝跟风赶时髦。

黑格尔曾说，中国是一切例外的例外。近百年来我们过于迫切地想把自己纳入这样那样的普遍性模式，实际忽视了中国文明的独特性。同时，我们以过于急功近利的实用心态去了解学习西方文明，也往往妨碍了我们更深刻地理解西方文明内部的复杂性和多样性。21 世纪的中国人应该已经有条件以更为从容不迫的心态、更为雍容大气的胸襟去重新认识中国与世界。

承三联书店雅意，这套新编论丛仍沿用"文化：中国与世界"之名，以示二十年来学术文化努力的延续性。我们相信，"文化"这个概念正在重新成为中国人的基本关切。

甘阳

2007 年中秋于杭州

目　录

前　言

　　晚近以来，国内学界关于国家和国家主义的讨论渐有热烈之势。不过耐人寻味的是，这个讨论从一开始就变成了一场针对国家的唐吉诃德式的道德审判。不出意料的话，这场道德审判一定会以对国家的彻底否定而胜利告终。

　　事实上，国内学界对于国家的这种道德义愤，正如作为其意识形态基础的自由主义一样，原本不是中国本土的自生自发之物，而是西方的舶来品。自冷战结束之后，在当今西方世界，甚至在包括中国在内的全球范围内，自由主义早已成为一种占据绝对主导地位的政治话语，甚至是唯一"政治正确"的意识形态。自由主义信奉的是十九世纪英国历史学家阿克顿勋爵的名言:"权力倾向于败坏,绝对的权力绝对导致败坏。"(Power tends to corrupt, and absolute power corrupts absolutely.)[1] 尽管自由主义也承认国家是一种"必要的恶"(necessary evil),认为需要国家来保护个人的生命、自由和安全,维持社会的基本秩序——但是,"必要的恶"仍然是"恶"(evil)。无论如何,只要国家是一种权力,哪怕是一种公共权力,那么对自由主义来说,国家就必然是一种"败坏",一种道德上的"恶"。

自由主义对于国家的这种道德批判和否定,来自于它对国家与市民社会或公共领域与私人领域的二元区分。这是它的基本原则。它所预设的基本事实是,包括宗教信仰和道德选择在内的一切善(goods)或价值都是主观的和相对的,并且都是完全不可通约的。为了避免人与人之间因为宗教信仰和道德选择的分歧而产生政治和社会冲突,自由主义所采取的策略是将国家"去道德化"。具体地说,自由主义把一切宗教信仰和道德选择等都划入私人领域,并且将这一私人领域同作为公共领域的政

---

[1] 中文通常译作"权力导致腐败,绝对权力导致绝对腐败",与阿克顿的原意稍有出入。参见:阿克顿,《自由与权力》,侯健、范亚峰译,冯克利校,商务印书馆,2001年版,第342页。

治或国家分离开来。相应地，国家作为一种公共权力必须保持道德的中立性：它仅仅关心人的生命、自由和安全，保护人的基本自由和权利，却不能、也不应该干涉人的宗教信仰和道德选择。

但是，一旦国家被"去道德化"，那么它就不可避免地变成一种纯粹的权力（power），甚至是一个赤裸裸的暴力（force）机器，也就是霍布斯所谓的"利维坦"（Leviathan）。对于个人来说，国家的这种强大权力首先并非意味着对个人自由的保护，而是意味着对个人自由的持久威胁和侵犯。在自由主义那里，保持道德中立性的国家本身恰恰因此失去了道德的正当性，无法在道德上为自己辩护。

自由主义一方面要求国家最大程度地保护每个人的宗教信仰和道德选择的自由，为此它必须赋予国家强大的权力；但另一方面，它又基于个人自由的优先性反过来否定国家作为一种公共权力的道德正当性，甚至批判国家是一种道德上的"恶"。问题是，倘若国家失去了道德的正当性，倘若它在道德上被判定为"恶"，哪怕是一种"必要的恶"，那么它又有什么理由要求个人的服从？但是，假如没有个人的服从，那么国家又如何能够反过来为个人自由提供保护？在对待国家的态度上，自由主义陷入了两难。

由于自由主义在当今世界占据了意识形态的主导地位，它既不愿意、也没有能力进行自我反思。它想当然地将国家的道德中立性、将国家与市民社会或公共领域和私人领域的分离等原则，看成是不言自明的绝对真理或"普世价值"，但却不愿意正视这样一个真正不言自明的事实：在非西方的文明世界，甚至在西方的古代世界（古希腊和古罗马），这种关于国家和市民社会或公共领域与私人领域的分离，以及将国家视为道德之恶的看法，几乎是闻所未闻。这一事实虽然看似简单，但却具有至关重要的意义。它实际上表明，自由主义所谓国家的道德中立性以及国家与市民社会或公共领域与私人领域的分离原则，并不是什么放之四海皆准的绝对真理或普世价值，而是西方基督教世界在面对内部困境时的一种不得已的选择。

在西方前基督教的古代，也就是古希腊和古罗马时期，以柏拉图、亚里士多德和西塞罗等为代表的绝大多数古代政治哲学家都认为国家是一种高于个人的真实存在，并且都将国家看成是个人的终极目的。柏拉图在《理想国》中将城邦类比成"大写的人"，认为城邦作为整体比个人更高、更真实。当亚里士多德说"人在自然上是政治的动物"时，他的意思显然不是对城邦或国家的道德批判，而是对它的高度肯定。在他看来，一个人（man）只有在城邦或国家之中做一个公民，才能培养自己的德性，实现自己的人性（humanity），并且最终成为一个真正的人（human being）。[1] 在《法哲学原理》中，黑格尔用一个典型的例子总结了古代政治哲学家对于国家的一般看法。当一个人问一位毕达哥拉斯派的哲学家如何教育自己的儿子，这位哲学家的回答是，"使他成为一个具有良好法律的国家的公民"。[2] 黑格尔举这个例子当然不让人感到奇怪——他本来就是极少数高度肯定国家的道德正当性的现代政治哲学家之一。

然而，古代政治哲学对于政治世界和国家的肯定在基督教那里遭到了决定性的挑战。基督教的非政治性和反政治性就体现在它的二元论教义之中。它不仅在"上帝"与"恺撒"、精神（spiritual）与世间（temporal）、彼岸与此岸或"上帝之城"与"世俗之城"之间进行了严格的二元区分，而且设立了前者相对于后者的绝对统

---

[1] 亚里士多德，《政治学》，吴寿彭译，商务印书馆，1965年第1版，第7—9页（1253a）。

[2] 黑格尔，《法哲学原理》，范扬、张企泰译，商务印书馆，1961年第1版，第153节。

治和优先地位。一方面，基督教从根本上排斥和否定世俗政治的地位，将它贬低为一个堕落和原罪的世界，认为真正的荣耀属于彼岸的精神世界。但另一方面，基督教又认为自己担负了拯救世俗政治的使命，因此必须引导、监管进而控制世俗政治。这样一来，基督教对世俗政治表现出一种非常悖谬的态度：它既否定和排斥世俗政治，又力图干涉和控制世俗政治。

与这种二元论的教义相对应，基督教的教会作为一种"政体"也表现出独特的二元论色彩。教会将所有的世俗政治或国家贬低为一种世间权力（temporal power），同时将自己看成是一种精神权力（spiritual power），并且认为任何世间权力都应该受到精神权力的统治和领导。一方面，教会宣称精神权力高于世间权力，对后者表示极端的鄙视、拒斥和否定，所以它拒绝将自己看成是一个世俗国家。但另一方面，教会又认为自己作为上帝在世俗政治世界的代理者，因此不仅能够、而且应该甚至必须干涉世俗国家。从世间权力的方面来看，教会似乎显得软弱无力，因为它既没有军队，也没有通常意义的官吏和臣民。但从精神权力的方面来看，教会的力量却是非常强大，因为它控制了人的精神思想和信仰，因为只有教会有权决定一个人是否能够获得拯救，是在死后走向天堂还是被罚进地狱。

恰恰由于基督教对于世俗政治的这种悖谬态度，整个西方基督教世界在中世纪一千多年漫长的时间里一直陷入政治上的混乱、无序和战争。在《社会契约论》中，卢梭简洁而准确地指出了基督教的政治后果：[1]

> 既然永远都只能有一个君主以及公民的法律，结果这种双重权力就造成了一种法理上的永恒冲突；这就使得基督教的国家里不可能有任何良好的政体，而且人们永远也无从知道在主子与神父之间究竟应当服从哪一个。

毫无疑问，卢梭的看法代表了自马基雅维里以来几乎所有早期现代政治哲学家的基本共识。这也是现代政治哲学革命的根本动机。当"现代政治哲学之父"马基雅维里发起现代政治哲学的革命时，他的批判矛头首先指向的是基督教。无论在《君主论》、《论李维》，还是在《佛罗伦萨史》中，马基雅维里都不遗余力地批判基督

----

[1] 卢梭，《社会契约论》，何兆武译，商务印书馆，1980年修订第2版，第174—175页。

教对于世俗政治的败坏。为了消除宗教与政治之间的冲突，马基雅维里将二者回溯到它们的共同开端。这个开端是一个纯粹属人（human）的世界，一个实然（what is done）而非应然（what should be done）的世界，一个人追求权力、安全和荣耀的欲望或必然性（necessity）的世界。立足于这样一个属人的必然性世界，马基雅维里首先将政治"去宗教化"，然后将宗教进一步"政治化"或"世俗化"。对他来说，政治不再受任何超政治的宗教制约和统治，而是拥有它的自主性或独立性；宗教也不再是一种超政治的精神力量，而是变成了一种纯粹世俗的权力欲望，因此完全从属于政治世界。

在马基雅维里的基础上，霍布斯、斯宾诺莎和洛克等将他的现代政治哲学革命继续推进。与马基雅维里类似，他们首先将宗教和政治回溯到一种前宗教和前政治的"自然状态"（state of nature）。在这种自然状态中，每个人都是平等、独立和自由的个人，都拥有平等的自然权利。为了克服自然状态的各种缺陷（霍布斯、斯宾诺莎）或不便（洛克），更好地维护自己的自然权利，人们相互之间达成契约，决定放弃或让渡部分自然权利，将其授予或转让给中立的第三方，也就是国家。相应地，国家的唯一和根本目的就是保护个人的生命、自由和安全，除此之外，别无其他。基于这种自然状态和自然权利的哲学预设，他们对《圣经》和基督教的正统教义进行了全盘的批判和再解释。在他们看来，基督教的精神信仰不再是一种超自然和超理性的神圣启示，而是一种低于理性的想象或迷信；相应地，基督教的教会不再是超政治的精神权力，而仅仅是一个从属于世俗国家或主权者的私人社会团体。

通过政治的"去宗教化"和宗教的"世俗化"，早期现代政治哲学家奠定了后世自由主义所倡导的"政教分离"（separation of church and state）原则：一方面教会不得干涉国家或世俗政治，另一方面国家也不得干涉私人性的个人宗教信仰自由。在此基础上，自由主义进一步将"政教分离"原则普遍化，使之成为一个关于国家与市民社会或公共领域与私人领域相互分离的基本原则。就这一点来说，从马基雅维里到卢梭的早期现代政治哲学并不只是自由主义的历史背景或史前史，而是在根本上构成了它的内在组成部分。

不过，世间万物往往利弊相生，福祸相倚。早期现代政治哲学家所奠定的"政教分离"原则虽然消除了宗教与政治的外在冲突，但却并没有消除这种冲突本身，而是仅仅将这种冲突本身内在化，使它成为政治世界之中个人与国家之间的冲突。因为政治的去宗教化不只意味着政治摆脱了宗教的控制，而且同时表明政治或国家本身对于个人来说丧失了神圣性。借用马克斯·韦伯的话说，国家完全"被去魅"（disenchanted）了。国家不再像古代政治哲学家所说的那样意味着个人的终极和最高目的，而是降低成为一种人为的契约创造，一个霍布斯所说的"人造的人"（artificial man）。国家的目的也不是培养人的德性、实现人性的完善，而是仅仅外在地保护个人的生命、自由和安全。所有对于生活来说至关重要的东西，譬如善、幸福、德性、信仰、价值偏好和道德选择等，都被划入了私人领域，都成了与国家无关的个人自由和权利。作为一个道德上的中立者，国家的唯一意义就是保护个人宗教和道德选择的自由，它既不能、也不应该干涉个人的宗教和道德选择。

一旦国家丧失了神圣性，成为一种赤裸裸的权力——哪怕是一种公共权力——那么，国家的道德正当性最终就会变得很成问题。在早期现代政治哲学那里，国家变成了维护个人自由的手段，而个人自由才是终极目的。与国家相比，个人在道德上具有绝对优先的地位，因为国家说到底是个人契约的创造。那么，个人出于什么理由要服从国家？按照早期现代政治哲学家的一般看法，个人之所以服从国家，要么是个人理性的利益计算，要么是出于对国家的恐惧。就前者而言，他从理性上认识到服从国家能给自己带来和平与安全，符合自己的利益；就后者而言，倘若他不服从国家，那么他一定会受到惩罚。但是，他们同时也意识到，无论是理性的利益计算，还是对于国家的恐惧，都不足以让一个人全身心地服从国家。因为一个人无论在理性上如何清楚地认识到国家的必要性，但在情感上都无法接受国家作为一种赤裸裸权力的事实。对国家的真正认同不仅仅体现为外在的服从，而是更多地体现为一种内在的情感、思想和信仰认同。正是出于这种考虑，他们在批判基督教的同时，又以某种方式重新肯定了宗教对于政治、对于国家的意义。无论是马基雅维里、霍布斯、斯宾诺莎，还是洛克，都试图在政治世界内部建立某种形式的宗教，希望由此消除个人与国家、私人领域和公共领域的潜在对立和冲突。换言之，早期现代政治哲学家对于宗教持一种非常复杂甚至两难的态度。他们既担心人们因为在宗教上过于虔诚而不服从国家（所以他们需要批判宗教），又担心人们因为过于缺乏宗教虔诚之心而不服从国家（所以他们又需要肯定宗教）。

问题在于，按照早期现代政治哲学家的基本逻辑，任何形式的宗教，无论是"自然宗教"（natural religion），还是"公民宗教"（civil religion），都是一种属人（human）的或人本化（humanized）的宗教，都是人的发明和创造。这样一来，宗教本身便丧失了自身的超验神圣性，不可能培养人的道德虔敬之心，塑造人对于国家的情感认同。但若没有宗教的神圣面纱，那么国家最终就变成了一种纯粹的世俗权力，甚至是一个赤裸裸的暴力机器，并且最终会丧失自己的道德正当性。归根结底，现代人对于国家的这种道德反感正是由此而来。

本书的正文是五个专题研究，分别针对五位早期现代政治哲学家——马基雅维里、霍布斯、斯宾诺莎、洛克和卢梭。通过这五篇研究，本书试图揭示一个简单的事实：包括自由主义在内的现代政治哲学从一开始就包含了某种内在的紧张。现代政治哲学的最初动因就是消除基督教世界内部宗教和世俗政治之间的冲突与对立，化解自中世纪以来直至现代早期的"神学政治危机"（theological-political crisis）。为此，早期现代政治哲学家不得不将政治同一切超出政治之上和之外的宗教和道德等彻底分离，力图使政治获得自身的独立性或自主性。他们的解决方案是，一方面将国家变成一种无关宗教和道德的公共权力，另一方面同时将宗教和道德世俗化和私人化，使其成为一种纯粹的私人选择。但是，在将政治同宗教和道德分离开来之后，他们很快就面临一个新的问题：一旦国家被"去宗教化"和"去道德化"，国家的道德正当性就变得很成问题。为此，他们又不得不在政治世界内部重建新的宗教和道德规范。但是，基于宗教被私人化和世俗化的现代前提，他们的努力就不可能获得成功，这也使得他们最终无法再为国家的道德正当性进行辩护。这就是自马基雅维里以来的现代政治哲学和现代政治所共同面临的问题。

　　总之，作为一部研究早期现代政治哲学的小书，本书力求抛开无谓的意识形态争论，直接面对现代政治哲学和现代政治的问题本身。这是本书的根本和唯一目标，无论这个目标看起来显得过高，还是显得过低。

第一篇

马基雅维里
与现代政治的自主性

一　马基雅维里的现代性

　　法国当代著名的政治哲学家马内（Pierre Manent）在谈到现代政治的特征时指出，现代政治与前现代或古代政治的根本不同在于，它力求同一切超出政治之外或之上的意见（Opinion）划清界限，切断政治与超越或神圣维度的一切关联，以确保政治世界的自主性或独立性；作为现代政治的基本表征，现代国家也力求恪守道德、价值或善的中立性，在面对各种善或价值的冲突，也就是所谓的"诸神之争"时，保持一种超然或客观的姿态，不仅没有直接介入其中，而且甚至避免表现出任何倾向性。[1] 单就现代政治的这种自主性特征来说，马内的观点似乎并不新鲜。事实上，自洛克以来的现代自由主义政治哲学早已将国家的中立性视为基本原则。在现代自由主义看来，作为公共权力的国家仅仅维持外在的社会和平，保护个人的生命、安全和自由；而善、道德或价值等"意见"则完全属于私人领域，国家既不能也不应该加以干涉。

但是，绝大多数现代自由主义者在捍卫政治的自主性和国家的中立性时，却有意无意地抽离了现代政治的历史语境，将政治的自主性和国家的中立性看成是一种超时空的普世价值，一种放之四海而皆准的绝对真理。由于"历史感"的缺乏，他们既不想、也没有能力澄清自己的先入之见。他们不仅无法理解现代自由主义兴起的思想动因，而且也不愿意正视它的内在困难。正因为如此，马内的看法虽然看起来似乎不够深刻，但他的表面之见却更能让我们注意并且尊重这样一个非常表面的事实：所谓的政治自主性和国家的中立性，不仅对于绝大多数非西方世界来说是闻所未闻，而且即便对于前现

---

〔1〕 Pierre Manent, *A World beyond Politics? A Defense of the Nation-state*, translated by Marc LePain, Princeton and Oxford: Princeton University Press, 2006, pp.27-28.

代的西方世界（希腊—罗马和中世纪基督教）来说也是非常陌生的。在古希腊和罗马，也就是历史学家所说的古代（classic antiquity），几乎所有的政治哲学家都认为，任何现实的政治都受到某种更高的正义或道德秩序的制约、引导或规范。譬如，柏拉图、亚里士多德和西塞罗等政治哲学家之所以探究最佳政体（best regime），也是为了给现实的政体提供某种目标。在中世纪，基督教神学家奥古斯丁关于"上帝之城"与"世俗之城"的区分，更是长时间地影响和支配了人们关于政治的思考和言说。无论古代政治哲学家与基督教神学家对于政治的看法存在着多么大的分歧，但在强调政治的非自主性这一点上却是完全一致的。对他们来说，政治作为一个属人的世界本身注定是有缺陷和不完美的，因此它既不可能、也不应该摆脱某种更高的道德秩序或价值规范的引导。

然而恰恰是在早期现代，这种关于政治的传统看法受到了激烈的质疑、批判乃至彻底否定。一种全新的、同传统政治哲学完全相反的看法认为：传统政治哲学是一个彻头彻尾的错误，因为它对政治的理解并不是立足于实际的政治，而是出于一种主观的愿望和美好的想象；因此古人所追求的理想国家（如古代的"最佳政体"和基督教的"上帝之城"等）并不是真实的国家，而是一种毫无根据的幻想。不仅如此，传统政治哲学对政治的看法还会对实际政治造成灾难性的后果。因为对于从事实际政治的人来说，政治本身作为一个必然性（necessity）的领域，就是一种赤裸裸的权力斗争，任何所谓超政治的道德规范等都不过是一种获取权力的手段。倘若哪一个国家、哪一个国家的统治者将道德规范看成是政治的真正目的，那么等待这个国家和统治者的就是彻底的毁灭。

熟悉政治哲学史的研究者都非常清楚，这场现代政治哲学革命的发起者就是马基雅维里。在《君主论》的第十五章，马基雅维里以极为明晰和冷峻的笔调提出了现代政治哲学的"革命宣言"：[1]

> 可是，因为我的目的是写一些东西，即对于那些通晓它的人是有用的东西，我觉得最好论述一下事物在实际上的真实情况，而不是论述事物的想象方面。许多人曾经幻想那些从来没有人见过或者知道在实际上存在过的共和国和君主国。可是人们实

---

〔1〕 马基雅维里，《君主论》，商务印书馆，1987年第1版，第73页。

际上怎样生活同人们应当怎样生活，其距离是如此之大，以至一个人要是为了应该怎样办而把实际上是怎么回事置诸脑后，那么他不但不能保存自己，反而会导致自我毁灭。因为一个人如果在一切事情上都想发誓以善良自持，那么，他厕身于许多不善良的人当中定会遭到毁灭。

马基雅维里的这番惊世之言，再清楚不过地表达了他的政治哲学的现代性或革命性意义：现代政治哲学不再像古代政治哲学那样从"应该做什么"（what should be done）的道德高度去理解和评价政治，而是反过来从"事实上做什么"（what is done）的现实政治角度去理解和评判政治自身以及一切超政治的道德诉求。正如列奥·施特劳斯所说，马基雅维里将政治返回到一个低俗但坚实的地基，通过降低政治目标的方式来实现目标。[1] 换言之，马基雅维里的所有努力，无外乎是要将政治同一切超出政治之外或之上的道德划清界限，捍卫政治本身的自主性。在他的心目中，政治既不像古希腊

---

[1] 《政治哲学史》（上），列奥·施特劳斯、约瑟夫·克罗波西主编，李天然等译，河北人民出版社，1998年版，第329页。

和罗马哲人所说的那样有一个符合自然的自在目的和秩序，也不像基督教神学家所说的那样来自于上帝的神圣启示；政治完全是一个属人的世界，一个自主的世界，一个赤裸裸的权力妥协和斗争的世界，一个来自人追求生存与安全的必然性并且复归这种必然性的世界。

正是通过对政治与道德，或者说政治的"实然"与"应然"的区分，马基雅维里奠定了现代政治哲学的"新方式和新秩序"（new modes and orders）。[1] 在此之后，霍布斯和斯宾诺莎等现代政治哲学家以现代自然科学为武器，继续推进马基雅维里的革命，将后者的政治哲学发展成为一套全新的自然权利学说。在他们看来，国家完全来自个人的自然权利的让渡，是一种人为的契约产物，跟任何超政治或超国家的自然秩序或神圣启示没有任何关系。卢梭和康德虽然对这种去道德化的政治表示不满，并且试图为现代政治重新奠定道德基础；但是他们所说的道德并不是古代政治哲学所说超政治的道德，而是内在于属人的政治世界，或者更准确地说，是人的

---

〔1〕 马基雅维里，《论李维》，冯克利译，上海人民出版社，2005年第 1 版，第 43 页。另可参见：曼斯菲尔德，《新的方式与制度——马基雅维里的〈论李维〉研究》，贺志刚译，华夏出版社，2009 年第 1 版，第 1—10 页。

自由或自主性（autonomy）的真正实现。就此而言，现代自由主义虽然竭力同马基雅维里划清界限，但从政治的自主性和国家的中立性来看，它在根本上仍然是马基雅维里的现代政治哲学革命的产物。

问题是，马基雅维里为什么要捍卫政治的自主性？难道仅仅是出于哲学思辨的兴趣吗？显然不是。马基雅维里并不是一位学院哲学家，而是一位从事政治实践的政治家。他不仅具有丰富的政治实践经验和敏锐的政治洞察力，而且对现实政治怀有强烈的危机意识和忧患意识。他的政治哲学思考，首先针对的是他的故乡佛罗伦萨和祖国意大利悲惨的政治现实。无论在他的《君主论》、《论李维》，还是在《佛罗伦萨史》和《战争的技艺》中，我们都可以感受到这一点。譬如说在《佛罗伦萨史》中，马基雅维里语带悲凉地告诉我们：自从西罗马帝国灭亡之后直至马基雅维里的时代，一千多年来，意大利一直处在内忧外患的分裂状态；整个意大利世界分裂成为几十个大大小小的王国、公国、城市共和国，甚至还有教皇和教会的领地；这些所谓的"国家"在绝大多数的时间要么热衷于相互战争，要么陷入内部的混战和斗争；除此之外，意大利还屡次遭受法国、西班牙和神圣罗马帝国的入侵，而这些侵略者的"带路党"居然是意大利人自己。

在这同一部《佛罗伦萨史》中，马基雅维里还指出，他写作这部历史的主要目的就是弄清楚这样一个问题："经过一千年的辛勤劳苦之后，佛罗伦萨竟然变得这么衰微孱弱，其原因究竟何在。"[1] 从更广泛的意义上说，马基雅维里的全部政治哲学思考的最初动力无非是要澄清两个相关的问题：其一，包括佛罗伦萨在内的整个意大利世界为什么一千多年来一直陷于各种内忧和外患的分裂状态？其次，意大利怎样才能结束这种分裂状态，成为一个统一和强大的国家，重现古罗马时代的辉煌？倘若将政治哲学家比作医生，那么马基雅维里的政治哲学意图则首先是诊断出意大利现实政治的"病理学"原因，然后是给出正确的药方和解决方案。

就病理学的诊断而言，马基雅维里的结论真可谓是惊世骇俗。在他看来，造成意大利长时间政治分裂的真正病因，恰恰是它一直用来医治自己疾病的两副传统药方：其一是基督教，其二是古代（古希腊—罗马）的政治哲学。原因在于，这两者看似截然对立，但都承诺了

---

〔1〕 马基雅维里，《佛罗伦萨史》，李活译，商务印书馆，1982年第1版，第51页。

某种超政治、超国家的理想标准和道德规范。这种规范不仅否定政治世界的自主性，而且使得个人丧失了对于现实国家的公共利益的认同感，仅仅关心个人的利益和幸福，最终必然导致国家的持续分裂以及现实政治的永久败坏。

一旦找到了病因，那么真正的药方也就变得非常清楚了。在其所有的文字中，马基雅维里要么以隐晦的方式暗示我们，要么直截了当地告诉我们：倘若想要一劳永逸地治好佛罗伦萨和意大利的政治疾病，实现意大利的政治统一和长治久安，那么唯一的方法就是彻底地批判、否定和抛弃包括古代政治哲学和基督教在内的传统政治思想，返回到属人的政治世界，从人追求生存、安全和荣耀的必然性出发，肯定世俗政治或现实政治的自主性。对于马基雅维里来说，这种病理学的诊断以及相应的药方不仅适用于佛罗伦萨和意大利，而且适用于古往今来的一切国家，适用于一切属人的政治世界。马基雅维里之所以成为现代政治哲学的奠基人，原因即在于此。

二　教会与世俗政治

按照马基雅维里的病理学分析，造成意大利长时间政治分裂、动荡和混乱的罪魁祸首就是基督教，或者更确切地说，是罗马教会和教皇。马基雅维里对罗马教会和教皇的批判几乎贯穿了他的所有文字，尽管这些批判的锋芒因不同的写作动机而或隐或现。在《君主论》中，马基雅维里在区分了各种类型的君主国的获得和维持方法之后，谈到了一种非常特殊的君主国，也就是教会，或者说教会的君主国（ecclesiastical principalities）。与所有的共和国和其他类型的君主国不同，[1]

---

〔1〕　马基雅维里，《君主论》，第53页。

这种制度是十分强有力的，而且具有这样一种特性：它们使它们的君主当权，而不问他们是怎样行事和生活的。这些君主自己拥有国家而不加以防卫，他们拥有臣民而不加以治理；但是，其国家虽然没有防卫却没有被夺取，其臣民虽然没有受到治理却毫不介意，并且既没有意思也没有能力背弃君主。

从这段话可以看出，若以一个正常的世俗国家为标准来衡量，教会或教会君主国应该没有任何力量，因为它甚至很难称得上是一个国家：它既没有一个正常国家所必需的武装来保护自己，也没有世俗的法律和官员来统治和管理臣民。但事实却刚好相反：教会"十分强有力"。教会的力量虽然不能强大到实现意大利的真正统一，但却足以阻止其他的世俗君主国、共和国或外来政治势力统一意大利。正因为如此，教会使得意大利永远处在混乱、动荡和分裂的状态。如果说马基雅维里对教会的批判在《君主论》中还只是一个隐含的主题，那么在《论李维》中则是体现得淋漓尽致。在《论李维》的第一卷第十二章，马基雅维里首先表达了对罗马共和国宗教的景仰，然后便将批判的矛头直指罗马教会：[1]

---

〔1〕 马基雅维里，《论李维》，冯克利译，第82—83页。

教会无论过去还是现在，总让这个地域保持四分五裂的状态。确实，一个地方若不能像法国和西班牙那样，由一个共和国或一个君主来统辖，它的统一或幸福便无从谈起。意大利没有这样的境遇，缺少一个共和国或君主来统治它，教会是唯一的原因。它栖身一个世俗帝国，并且控制着这个帝国，它的势力和德行却不足以降服意大利的专制统治，使自己成为它的君主。另一方面，它又没有软弱到这种地步，在面对意大利出现的强人时，没有能力因担心失去对世俗利益的支配权而招纳强权自卫。征诸既往，此类经验可谓历历在目：它曾借查理曼大帝之手赶走了格隆巴德，后者几乎当时已经是整个意大利的君主；在现时代，它先是依靠法国的援助消除了威尼斯人的势力，后又借助瑞士赶跑了法国人。可见，教会的势力虽不足以征服意大利，却不允许别人征服它。意大利无法臣服于一个首脑，苦于诸侯林立，此其故也。

在这段经常被后人引用和评论的文字中，马基雅维里当然不只是为了批判教会对意大利政治统一的危害，更重要的是，他同时点破了教会作为一个"国家"的悖谬性：一方面，教会并不是一个世俗意义的国家，因此它既没有能力、也没有意愿想统一意大利；但另一方面，它却尽一切可能阻止其他政治势力或政治人物统一意大利。因为教会的干涉，一千多年来，意大利一直循环地上演着同一幕这样的悲喜剧：当意大利内部出现一个强大的政治势力，如威尼斯共和国或米兰公国等，有可能统一整个意大利时，教会便主动地充当"带路党"，引入外敌，如法国、西班牙或神圣罗马帝国等，摧毁该政治势力，维持意大利的分裂状态；但是，一旦外敌有可能统一意大利时，教会又马上掉转身份，变成了"爱国者"，号召意大利人团结起来赶走侵略者。无论是什么选择，教会的目的始终如一，那就是继续并且永远维持意大利的分裂状态。[1]

那么，教会是如何能够做到这一点的？它又为什么要这么做？在《佛罗伦萨史》中，马基雅维里对这两个问题都给出了非常清晰和详细的论述。我们先从第一个问题说起。

———————————————

[1] 马内指出了基督教对于政治的这种悖谬态度。参见：Pierre Manent, *Democracy Without Nations, the Fate of Self-Government in Europe*, translated by Paul Seaton, Wilmington Del.: ISI Books, 2007, pp.96-97。

在《佛罗伦萨史》的第一卷，马基雅维里将基督教教会和教皇势力的兴起追溯到西罗马帝国的崩溃。随着罗马帝国首都的东迁，西罗马帝国的力量急剧地衰落，最终被北方蛮族灭亡。这也导致传统上属于西罗马帝国的地区长时间地处在内忧外患的动荡、分裂和战争状态。正是在这种背景下，罗马教会和教皇的势力及权威开始增长。"因为罗马当时无君主，罗马人为了使自己得到安全，感到必须服从教皇。"[1] 在此之后，教会和教皇为了维持并且增加自己的势力，不断地引入蛮族外敌为自己的盟友。[2]

不过，教皇和教会的政治地位的真正确立却是在查理曼大帝时期。当时，为了对付伦巴第人的威胁，教皇西奥多尔一世向法国国王查理求助。查理在打败了伦巴第人之后，和教皇达成了协议：教皇和罗马人推举查理为神圣罗马帝国皇帝，即所谓的查理曼大帝，而查理曼大帝则承认教皇是上帝的代表，不受任何世俗力量统治

---

〔1〕《佛罗伦萨史》，第 14 页。

〔2〕 马基雅维里说，"几乎所有由北方蛮族在意大利境内进行的战争，都是教皇们惹起的；在意大利全境泛滥成灾的成群结伙的蛮族，一般也都是由教皇招进来的。这种做法仍然在继续进行，致使意大利软弱无力、动荡不安。"参见：马基雅维里，《佛罗伦萨史》，第 15 页。

和裁判。在罗马帝国时期，教皇一直都是皇帝选立和任命，但是现在皇帝却反过来需要靠教皇授权和加冕。由此导致的结果是，"帝国不断丧失其权力，而教会却不断取得权力。教会就这样逐渐扩大自己的权威，凌驾于世俗王公之上。"[1] 从此，教会与世俗国家的权力之争和冲突就贯穿了意大利乃至整个欧洲世界的历史。在双方的冲突之中，教会有时候借助别国的武力，有时候通过申斥和赎罪，占据了决定性的优势，成为整个意大利乃至整个欧洲世界最可怕的政治力量。

教会和教皇的威力，在1082年罗马教皇亚历山大二世与神圣罗马帝国皇帝亨利的冲突中体现得淋漓尽致。亨利皇帝希望亚历山大二世放弃教皇职位，并且下令全体枢机主教到德意志去推举一位新的教皇。作为一种对抗和反制，教皇反过来在罗马召开宗教会议，不仅革除了亨利的教籍，而且剥夺了他的帝位和王位。最后，亨利在臣民的逼迫下来到意大利，"赤着脚跪在教皇面前乞求饶恕"。[2] 教皇与皇帝的冲突导致意大利出现了新的内乱，使得几乎所有的意大利共和国和君主国

---

〔1〕 马基雅维里，《佛罗伦萨史》，第 17 页。
〔2〕 同上书，第 21 页。

都产生了党争。在党争之中，支持教皇的一派被称为圭尔夫派（Guelphs），而支持皇帝的一派被称为吉贝林派（Ghibellines）。借助这种党争，教皇更加肆无忌惮地干涉意大利各个国家的内政和外交，时而支持某个党派和家族，时而支持另一个甚至敌对的党派和家族，翻手为云，覆手为雨，致使意大利各国都陷入无休止的内乱和内战。

那么，教会和教皇是如何能够做到这一点的呢？这就涉及了基督教教义和教会政体的特殊本性。马基雅维里尽管没有系统地论述他对这一问题的看法，但从他的字里行间，我们还是能够略窥一二。从教义上说，基督教是非常典型的精神（spiritual）与世俗（temporal）的二元论。这种二元论在《圣经·新约》中已经有其源头，并且在基督教神学家奥古斯丁的《上帝之城》中得到非常清楚和完整的表述。一方面，基督教从根本上排斥和否定世俗政治（即奥古斯丁所说的"尘世之城"）的地位，将人追求政治权力和荣耀的野心和欲望贬低为一种堕落或原罪，认为真正的荣耀应该属于彼岸的精神世界（即奥古斯丁所说的"上帝之城"）。就这一点来说，基督教对世俗政治似乎完全没有兴趣。但另一方面，基督教又自认为担负了拯救世俗政治的使命，因此必须引导、监管并且控制世俗政治，以防止后者在堕落或原罪的歧途上越走越远，越陷越深。正因为如此，基督教对世俗政治表现出一种非常悖谬的态度：它既否定世俗政治，又试图干涉并且控制世俗政治。

　　与基督教的这种二元论教义相对应，基督教教会的"政体"结构也表现出独特的二元论色彩。教会将所有的世俗政治或国家贬低为一种世间权力（temporal power），同时将自己看成是一种精神权力（spiritual power），也就是上帝在世俗世界的代理，并且认为任何世间权力都应该受到精神权力的统治和领导。一方面，教会宣称精神权力高于世间权力，对后者表示极端的鄙视、拒斥和否定，所以它拒绝将自己看成是一个世俗国家。但另一方面，教会又认为自己作为上帝在世俗世界的代理，因此不仅能够、而且应该甚至必须干涉世俗国家。从世间权力的方面来看，教会似乎显得软弱无力，因为它既没有军队，也没有通常意义的官员和臣民。但从精神权力的方面来看，教会的力量却是非常强大，因为它控制了人们的精神思想或信仰：只有教会有权决定一个人是否能够获得拯救，是在死后走向天堂还是被罚进地狱。只要能够控制人们的精神信仰，就能够控制人们的政治行动。正如马基雅维里所说，"教皇如何首先用申斥（censures）的办法、后来又用申斥和武力，有时夹杂着赦罪（indulgences）的办法，逐步使自己成为既可敬又可怕的人物。"[1] 譬如说，神圣罗马帝国皇帝亨利虽然万分不情愿臣服于教皇，但臣民却逼迫他向教皇认罪。原因是，臣民虽然在政治上服从皇帝和帝国，但在精神上却是服从教皇和教会。

在马基雅维里看来，教会之所以极力维持意大利的分裂状态，甚至不惜频繁地充当蛮族侵略者的带路党，正是由于它对世俗政治的这种悖谬态度，也就是说，它既贬斥和否定世俗政治，又试图对之加以干涉和控制。换言之，教会既不愿意自己统治世俗政治，因为它觉得政治统治是一种肮脏和黑暗的野心和罪恶；又不愿意放弃世俗政治，因为它自认为负有拯救后者的使命。因此，只有维持世俗政治的永久分裂状态才是教会唯一的选择，同时也最符合它的悖谬要求。相反，一旦意大利实现了政治统一，那么教会就要么被排除在世俗政治之外，要么臣服于后者；无论是哪一种结果，教会都会失去自己的政治控制力，并且因此最终丧失精神信仰的影响力。

由于教会对世俗政治的这种悖谬要求，它就在根本上摧毁了世俗政治的自主性。马基雅维里认为，任何一

---

[1] 马基雅维里，《佛罗伦萨史》，第 17 页。

个具体和现实的国家都拥有某种自然的界限，譬如朋友和敌人，同胞和陌生人，祖国和外族，忠诚与背叛，自由和奴役，甚至文明和野蛮。一个国家之所以成为一个国家，其前提一方面是对朋友、同胞、祖国、忠诚、自由和文明的认同，另一方面则是对敌人、陌生人、外族、背叛、奴役和野蛮的排斥。换言之，只有在这样一个自然的界限范围内，一个人才能作为公民认同自己的国家，一个公民才能具备真正的公民德性（civic virtue），一个国家才能实现并且维护自己真正的公共利益。这是包括斯巴达和罗马共和国在内的一切伟大的国家所具备的基本特征。

但是，作为一种政治之外或超政治的精神力量，教会却完全否定这种自然的界限。在教会的眼里，既无所谓朋友，也无所谓敌人；既无所谓同胞，也无所谓陌生人；既无所谓祖国，也无所谓外族；既无所谓忠诚，也无所谓背叛；既无所谓自由，也无所谓奴役；既无所谓野蛮，也无所谓文明。毋宁说，所有这些对教会来说都意味着人的堕落和原罪，都需要上帝和教会的拯救。正因为如此，教会才能够心安理得地充当外敌的"带路党"，让他们侵略和奴役意大利，才能够义正词严地干涉任何国家的内政，煽动各种党派斗争和"颜色革命"。

在《佛罗伦萨史》中，马基雅维里淋漓尽致地叙述了教会如何在意大利的各个共和国和君主国挑起内乱和战争。正如他在《君主论》中所说，所有的国家都包含了贵族和人民或少数人与多数人两大阶层。这两个阶层的性情（humors）完全不同：贵族的性情是要求统治他人，并视之为最大的荣耀，而人民的性情却是希望自己不受统治和压迫。在罗马共和国时期，这两个阶层虽然也有激烈的冲突，但结果却非但没有损害或削弱共和国，反而使得它变得更加强大，因为他们双方能够达成相互制衡与妥协。但在意大利，尤其是马基雅维里所在的佛罗伦萨，情况却完全不同。出于对世俗政治的否定，教会一般都会站在人民的一边反对贵族，因为在教会看来，贵族的统治野心和政治荣耀感恰恰代表了真正的堕落和原罪，而人民希望不受统治和压迫的要求则是无辜的。内乱的结果是，贵族阶层在无休止的内部党争中不可避免地衰落下去，直至最后完全消失。但是，贵族的衰亡却并没有使人民获得自由，反而使得他们变得更加自私自利，一盘散沙，更加缺乏公民德性和公共的政治责任感。在消灭了贵族之后，人民自身很快陷入内乱。因此毫不奇怪的是，等待他们的最终结局并不是自由，而是一条不折不扣的"通向奴役之路"：1453 年，佛罗伦萨人欢欣鼓舞地迎回了此前被流放的科索莫·美迪奇（Cosmo de' Medici），把他当成共和国的父亲，心甘情愿地放弃了自己的自由，并且接受美迪奇家族长达半个多世纪的统治和奴役。

在《论李维》一书中，马基雅维里将基督教与古罗马的宗教进行了对比。马基雅维里指出，宗教的确在罗马人的政治生活中占有至关重要的地位，罗马共和国之所以后来变得如此强大和繁荣，除了罗马人的能征善战之外，在很大程度上要归功于罗马第二任国王努马（Numa Pompilius）的立法。正如他所说，"努马引入的信仰，是罗马城幸福的主要原因之一。因为它促成了良好的秩序，良好的秩序又带来了好运，好运使他们的事业多有所成。敬奉神明是共和国成就大业的原因，亵渎神明则是它们覆亡的肇端。"[1] 简言之，罗马宗教的根本特点和优越性在于，它并不是脱离、超越或外在于政治之上，而是同政治完全融为一体。对于罗马人来说，对神的爱就是对共和国的爱，对神的敬畏就是对共和国法律和秩序的敬畏。正是通过宗教，罗马人才能够一方面真正地捍卫自己的自由和公共精神，另一方面建立一

---

[1] 马基雅维里，《论李维》，第 79 页。

支纪律严明并且具有强烈爱国精神的强大军队。相比之下，基督教却使宗教或教会成为一种独立的力量，它不仅独立和外在于世俗政治，而且超越和凌驾于世俗政治之上，由此造成了教会与国家或宗教和政治的分离、对立和冲突。正是这种冲突摧毁了人们的公民德性和公共精神，并且使他们丧失了对于国家的认同感。[1]

除此之外，马基雅维里还比较了基督教与罗马宗教的另一个重要差别：罗马人的宗教信仰是让人们锐意进取，追求现世的荣耀，而基督教却教导人们忽视和否定现世的荣耀，在现世中保持谦卑和忍让，放弃行动，选择苦行、隐修和冥想。正由于这一点，包括佛罗伦萨在内的所有意大利共和国和君主国不仅在政治上越来越败坏，而且在军事上也越来越孱弱。马基雅维里看到，由于公民或臣民普遍缺乏公民德性和尚武精神，意大利各个国家只能依靠雇佣兵打仗。而雇佣兵的本性就是只看

―――――――――――――

〔1〕 正因为如此，英国当代政治思想史大家、剑桥学派的代表人物波科克（J. G. A. Pocock）才说，"德性的共和国相互之间进行战争。因为这一点，基督教的德性和公民德性永远不可能一致；谦卑和对伤害的宽恕在共和国之间的关系中没有任何位置，因为一个共和国的首要律令就是捍卫自己的城邦，并且打败自己的敌人。" J. G. A. Pocock, *The Machiavellian Moment: Florentine Political Thought and the Atlantic Republican Tradition*, Princeton University Press, Princeton 1975, pp.213-214.

重金钱和私利，不仅对雇用他们的国家没有丝毫忠诚感，而且缺乏军人所必备的基本素质和勇敢精神，因此他们尽管在和平时期耀武扬威，但在战场上却是经常临阵倒戈，一触即溃。即使偶尔出现少数骁勇善战的雇佣兵，但其结果却是给雇用他们的国家带来了更大的危害，因为他们往往在野心和利益的驱使下反过来依靠武力夺取这个国家的统治权，从而使它雪上加霜，遭受更严重的奴役和灾难。

在马基雅维里看来，意大利的所有这些危害和灾难归根到底都应该归咎于他们的宗教，也就是基督教，正如罗马共和国的所有伟大成就都应该归功于他们的宗教一样。因为罗马的宗教与政治融为一体，而基督教对世俗政治的既否定又干涉的态度不仅造成了宗教与政治的永久冲突，而且在根本上摧毁了政治的自主性。在《论李维》的第二卷第二章，马基雅维里在对比了罗马共和国宗教和基督教的差异之后，精辟地概括了基督教对意大利现实政治的败坏：[1]

除了现世荣耀等身者，例如军队的将帅和共和

---

〔1〕 马基雅维里，《论李维》，第214—215页。

国的君主，古代的信仰从来不美化其他人。我们的信仰所推崇的，却是卑恭好思之徒，而不是实干家，它把谦卑矜持、沉思冥想之人视为圣贤，古代信仰则极力推崇威猛的勇气与体魄，以及能够使人强大的一切。如果我们的信仰要求你从自身获取力量，它是想让你具备更大的能力忍辱负重，而不是要你去做什么大事。这种生活方式让世界变得羸弱不堪，使其成为恶棍的盘中餐；看到那些一心想要上天堂的民众，只想忍辱负重，从来不思报复，他可以放心地玩弄世界于股掌。这个世界被搞得看上去女人气十足，天堂也被解除了武装，但这种局面无疑是一些人的懦弱造成的，他们在解释我们的信仰时，只图安逸，不讲德行。

简言之，马基雅维里认为基督教对意大利政治的败坏主要体现在两个方面：其一是，它破坏了人们的爱国主义精神和公民德性，使得他们只关心自己的私人和家族利益；其二是，它使人们变得非常软弱无力、消极被动，丧失了行动和进取精神，缺乏保护自己的武装和力量。由于这两点，意大利才屡次遭受蛮族和外敌入侵，任人侮辱和宰割。

马基雅维里还向我们表明，基督教不仅给意大利现实政治带来无穷的败坏和灾难，而且因为长时间地介入世俗政治的权力斗争，所以不可避免地导致自身的败坏。在《君主论》和《佛罗伦萨史》中，我们可以清楚地看到，至少在马基雅维里的时代，教会和教皇的腐败和罪恶甚至连世俗君主也为之瞠目结舌、望尘莫及。他们不仅热衷于行贿受贿、拉帮结派和权术斗争，而且在个人生活方面的堕落和不虔敬也是令人发指。在《论李维》中，马基雅维里更是以辛辣的笔调讽刺说："由于那个教廷（指罗马教会。——笔者注）的恶劣行径，这个地区的虔敬信仰已丧失殆尽，故而弊端与骚乱丛生。敬拜神明的地方，人们事事都往好处想；同理，失去虔敬的地方，人们事事都往坏处想。所以我们这些受惠于教会和僧侣最多的意大利人，变得既不虔敬又邪恶。"[1]

　　在马基雅维里的时代，不少正派和虔诚的宗教人士已经认识到了教会的腐败，并试图通过返回耶稣和福音书来对教会进行改革。譬如马基雅维里的同时代人、多明我修会的修士萨沃纳罗拉（Girolamo Savonarola）就猛烈地抨击罗马教会的腐败和堕落，并且试图按照耶稣和

---

[1] 《论李维》，第 82 页。

福音书的教导重新恢复基督教信仰的虔敬。马基雅维里虽然对他的努力抱有高度的敬意，但却并不认同。因为在马基雅维里看来，对罗马教会的革新，即使获得成功，最多也只能使教会本身恢复信仰的虔敬和纯洁，却丝毫不能解决教会与世俗政治的冲突，因为这种冲突植根于基督教的教义和教会"政体"的本质，是无法化解的结构性冲突。[1] 一个腐败的教会固然无益于世俗政治，但一个虔敬的教会同样不利于世俗政治，甚至它对世俗政治造成的危害比起腐败的教会有过之无不及。因为教会越虔敬，就越是不受世俗政治诱惑，从而也就越有能力否定并且企图干涉和控制世俗政治，摧毁世俗政治的自主性。

马基雅维里认为，要想彻底清除基督教对世俗政治的败坏，必须克服基督教所造成的宗教与政治之间的分裂和对立，恢复政治世界的完整性和自主性。在这一方面，前基督教的古代世界似乎是一个理想的参照系。在

---

〔1〕 费弥亚（Joseph V. Femia）指出，"因此，他（马基雅维里。——笔者注）对教皇的敌视、他想要看到罗马教会被改革的欲望，是受到一种动机的推动，这种动机完全不同于当时异见者和改革者的动机。在马基雅维里看来，天主教会之所以受到鄙视，是因为它在实践上的失败，而不是因为它偏离了正直的道路。"Joseph V. Femia, *Machiavelli Revisited*, the University of Wales Press, Cardiff: 2004, p.39.

古代世界，宗教是政治生活的内在组成部分（尽管是最重要的部分），或者说，宗教与政治原本就是一体两面。在马基雅维里的心目中，古代世界似乎是一面镜子，不仅能够使我们看清楚意大利和整个基督教世界的各种病症，而且也能帮我们发现救治这些病症的药方。

三　复古与革命

　　初看起来，马基雅维里的复古似乎同他的现代政治哲学革命自相矛盾。难道马基雅维里不正是通过对古代的批判和否定成为现代政治哲学的奠基人吗？他的现代政治哲学革命同他对古代的向往之间究竟是什么关系呢？这是每一个马基雅维里的读者都会面临的问题。为了回答这一问题，我们首先有必要澄清一下马基雅维里是在什么意义上返回古代。

　　马基雅维里生活的年代被称为"文艺复兴"时代，他的故乡佛罗伦萨更是被誉为"文艺复兴"的中心。所谓"文艺复兴"（Renaissance）的字面含义正是古代的复兴或再生。倘若古代意味着前基督教的古希腊和罗马时代，那么古代的复兴其实在很早就已经开始了。譬如在十二世纪，亚里士多德的哲学经由阿拉伯和犹太哲学家的翻译和注释，后来传入基督教世界，引发了基督教亚里士多德主义的思潮，它的集大成者就是基督教的"天使博士"托马斯·阿奎那。在十三和十四世纪，但丁和帕多瓦的马西留（Marsilius of Padua）试图用亚里士多德的政治哲学批判罗马教会，梦想着重建罗马帝国的辉煌。自十四世纪中期以来，由薄伽丘和彼得拉克开启的人文主义思潮，直至马基雅维里时代仍然方兴未艾，构成了文艺复兴的主流。对于人文主义者来说，古代意味着一个与神启和神意无关的纯粹自然和世俗的世界，一个真正属人（human）的世界。

但是按照马基雅维里的眼光来看，所有此前的这些返回古代的努力都没有成功，因为他们所发现和返回的古代要么完全被基督教利用和吸收，要么仍然笼罩在基督教的阴影之下。譬如亚里士多德哲学虽然在十二世纪得到了复兴，但它复兴的结果却是被托马斯·阿奎那吸收和改造，并且最终成为基督教神学的一个部分，因此它不但没有削弱、反而加强了基督教的力量。因此，当但丁和马西留后来用亚里士多德的政治哲学去批判基督教时，他们的努力是注定要失败的。有鉴于此，彼得拉克等人文主义者后来抛开亚里士多德，选择了罗马的西塞罗。他们不仅接受了西塞罗的修辞学，而且接受了他的哲学，尤其是他的道德哲学。他们希望复兴西塞罗笔下的罗马德性（virtus），矫正基督教给意大利政治带来的软弱和败坏等弊端。不过，马基雅维里并不认同人文主义者的努力，因为西塞罗的思想来自于柏拉图和新柏拉图主义哲学。同亚里士多德主义一样，新柏拉图主义也同样可以被基督教利用和吸收，成为它的组成部分。[1]

在马基雅维里看来，包括但丁、马西留和人文主义者等先驱者在内，所有此前对古代的重新发现之所以非但不能战胜基督教，反而被它利用和吸收，是因为他们发现和想要返回的古代本身恰恰是很成问题的——他们心目中的古代是古代的哲学，而不是古代的政治。古代的哲学虽然强调自然世界的永恒自足，强调人的自然理性可以认识神，并因此与基督教的创世说和奇迹说等信仰和教义相冲突，但是至少在一个至关重要的方面，它

——————————

[1] 因此我们也就不难理解这样一个看起来似乎非常悖谬的现象：尽管文艺复兴和人文主义的初衷是反对基督教，但后来教会和教皇却反过来成为它的资助者，甚至最后成为这一潮流的引领者，以至于遭到马丁·路德等宗教改革者的批判。

们存在着共识：它们都否定政治世界的自主性。对于亚里士多德等古代哲学家来说，人生在世最高的幸福是理论沉思，而非政治实践；对于基督教来说，人的最高目标是灵魂的拯救，而政治作为一个堕落和原罪的世界理所当然地受到贬斥和否定。

此外，在马基雅维里看来，哲学由于强调沉思的生活对于行动的生活或政治实践的优先性，所以它所追求的不是公共政治和公共利益，而是个人的兴趣和爱好；沉思的生活需要闲暇，而闲暇必然带来懒散，使人们丧失公民德性和尚武精神，最终导致国家的衰落和灭亡。在《佛罗伦萨史》中，马基雅维里除了批判基督教教会和教皇之外，还以非常隐晦的方式揭示了哲学对于意大利政治的败坏：[1]

> 军事上取得辉煌成就之后接着才是产生优秀作品的年代；各城邦各地区的伟大的军人必然是在伟大哲人之前出现。武力既已夺得胜利、胜利又已赢得和平，只有无可厚非地耽迷于文字著作中最能软化昂扬的尚武精神；在一个井井有条的社会里，也

---

〔1〕 马基雅维里，《佛罗伦萨史》，第 231—232 页。

只有懒散闲荡具有最大危险性和欺骗性。当雅典派哲学家戴奥哲尼斯和卡尔内阿德斯作为使节来到罗马元老院时，加图就已看出这方面的问题。这是因为，他觉察到罗马青年如何热情地赞美他们、追随他们；他知道，这样华而不实、懒散闲荡，会给国家带来何等危害；于是他就制定一条法律：不准任何哲学家进入罗马。

倘若将这段话中的罗马替换成佛罗伦萨或意大利，将雅典哲学家替换成崇尚柏拉图、亚里士多德和西塞罗的人文主义者，并且将加图替换成马基雅维里，那么我们就可以清楚地看到，马基雅维里对当时的文艺复兴和人文主义、对古代哲学究竟是什么态度。在他的眼里，古代哲学尽管在言辞上与基督教对立，但在行动的意义上却与后者殊途同归，也就是说，它们的政治效果都是对现实政治的否定和败坏。至于古代哲学与基督教的思想分歧，他认为这纯属言辞之争。重要的是行动，而非言辞。他对言辞之争不感兴趣，除非它有助于行动，或者说本身就是一种行动。

正因为如此，在《论李维》的第一卷"前言"中，马基雅维里含沙射影地讽刺了当时人文主义者的好古

之风：[1]

世人对古代仰慕有加；姑不论众多其他事例，时常有人不惜重金，买回一尊残缺不全的古代雕像，他们希望有此物为伴，他们要用它给自己的居室增光添彩，他们赞赏这种艺术，乐于师法于它；他们在自己的所有作品中，为表现这种艺术而殚精竭虑。然而，最杰出的史书昭示于我们的，乃是古代的王国与共和国、国王与将帅、公民与立法者以及为自己的祖国而劳作者取得的丰功伟绩，它们虽受到赞美，却未见有人效仿。其实，世人不分大事小事，对他惟恐避之不及，故而古人的这种德行，在他们身上已踪迹全无。

简而言之，马基雅维里所肯定的古代是古代的政治，而不是古代的哲学。所以毫不奇怪的是，在《论李维》这部声称最"敏而好古"的史论中，马基雅维里极力讴歌古代的政治，包括古代伟大的国家、立法者、国王、将帅、公民，甚至普通的士兵，而不是包括哲学家在内

<hr>

[1] 马基雅维里，《论李维》，第43页。

的古代文人墨客。他心目中的写作典范是李维这样伟大的政治史家，而不是柏拉图、亚里士多德和西塞罗等哲学家。即使偶尔称赞并且援引某一位哲学家，譬如色诺芬，马基雅维里也有意隐去他作为苏格拉底的学生、作为一位哲学家的身份，只强调他作为政治家和政治史家的一面。马基雅维里津津乐道的是色诺芬的《论居鲁士的教育》，而对其《家政学》和《苏格拉底的申辩》等哲学对话不置一词。正如施特劳斯所说，马基雅维里"对色诺芬所写的苏格拉底式著作视而不见，这就是说，他对色诺芬道德世界的另一极——苏格拉底视而不见。色诺芬的一半，按照色诺芬本人的观点，这是最好的一半，被马基雅维里隐瞒了"。[1]

在否定并抛弃古代的哲学之后，马基雅维里对古代的政治也做了进一步的区分和取舍。在古代的政治中，罗马的政治要高于希腊的政治，因为希腊政治的典范斯巴达是由立法者莱克古斯（Lycurgus）一开始就奠定好的，尽管它一直延续了八百年的时间；而罗马的政治则是在战胜各种机缘和命运、克服了种种困难之后逐步建

---

〔1〕 施特劳斯，《政治哲学史》（上），第349页。另可参见：施特劳斯，《关于马基雅维里的思考》，申彤译，译林出版社，2003年第1版，第466页。

立的。在这两者之中，显然罗马的政治更加能够凸显人的能力和德性。[1] 这样也就很容易理解，为什么斯巴达在八百年的时间里一直固步自封，停留在一个疆域狭小和封闭的城邦（city-state/polis），而罗马却从一个小小的城市逐步战胜和征服其他的国家和民族，变成一个强大的共和国，最后成为一个伟大的帝国。

而在罗马从共和国到帝国的这段历史中，马基雅维里更看重罗马共和国。这一点也不难理解。纵观马基雅维里的所有著述，他对罗马共和国的景仰、赞美和讴歌弥漫在字里行间，无处不在。在《论李维》一书中，共和国时期的罗马人几乎成为马基雅维里心目中的"选民"。罗马共和国几乎将一个共和国的成就达到了极致，实现了个人利益与公共利益完美结合。作为一个似乎堪称完美的典范，罗马共和国映衬着此后一切时代、尤其是基督教时代的政治黑暗、无能、败坏和衰弱。

不过，倘若仅仅到此为止，那么马基雅维里就同但丁、马西留和人文主义者的复古思潮没有本质区别，因为他们都设定了一个完美的古代作为典范，并以此理解

---

[1] 马基雅维里，《论李维》，第 49 页，第 52 页。

和批判当下的现实政治——无论这种典范是古代的哲学，还是古代的政治。正如马基雅维里在《君主论》中所说，用一种"应然"的道德典范去批判"实然"的政治，恰恰是古代政治哲学的根本错误所在。这样一来，他的现代性与革命性就无从谈起。马基雅维里当然非常清楚这一点。为了避免这样的错误，他在赞美以罗马共和国为代表的古代政治的同时，又不得不去贬低甚至否定它的典范性意义。当然，这并不是说，马基雅维里贬低和否定了罗马共和国的伟大成就和德性。恰恰相反，他几乎在所有的地方都在解释它为什么能够取得成功，并且同时为它进行辩护。然而，他的解释和辩护方式却是完全非传统和反古代式的。他的革命性恰恰体现在，他对古代政治进行了一种完全非古代或现代意义的解释和辩护，并以此颠覆了古代政治的权威和典范性意义。这一特点，在他的《论李维》一书中体现得非常清楚。

从标题上看，马基雅维里的《论李维》一书是对罗马政治史家李维的《罗马史》前十卷的注解。在书中大多数地方，马基雅维里对历史人物和事例的援引和解释都同李维并无太大出入。但恰恰在某些关键之处，他的解释不仅偏离了李维，甚至与之完全对立。譬如在第一卷的第4章，马基雅维里在谈到罗马共和国的成功原因

时，将其功归结为人民和元老院之间的不和：[1]

> 我要说诅咒贵族和人民纷争不已的人，他们所谴责的正是让罗马保持自由的元素。他们未看到这些嘈杂喧嚣的纷争收到的良好效果；他们没有顾及共和国皆有两种相反的气质，即民众的气质和大人物的气质，凡是有利于自由的法律，皆来自他们之间的不和，这从发生在罗马的事情便可知晓。

这段话我们现代人听起来或许并不觉得奇怪，因为我们已经接受了马基雅维里的现代政治哲学革命的结果，哪怕我们对此并不自知。我们早已将权力制衡和多党竞争视为理所当然的政治常识。我们都熟悉联邦党人的名言——"野心必须用野心来对抗"，[2]但我们不知道或不愿意知道的一个事实是：联邦党人都是马基雅维里的忠实信徒。

相比之下，马基雅维里的这一论断即使在他自己的时代都称得上是惊世骇俗之言，更不要说在李维所处

---

[1] 马基雅维里，《论李维》，第56页。
[2] 汉密尔顿、杰伊、麦迪逊，《联邦党人文集》，程逢如、在汉、舒逊译，商务印书馆，1980年第1版，第264页。

的古罗马时代了。作为一位古人，李维同柏拉图、亚里士多德、西塞罗、普鲁塔克、萨路斯特和波利比乌斯在内的几乎所有古代政治哲学家或政治史家一样，将一个国家的成功和幸福归结为不同的阶层，尤其是统治阶层（少数人）和被统治阶层（多数人）之间的同心同德、和谐一致，而将他们之间的党争和不和看成是政治生活的头等大恶。

在《论李维》第二卷的第一章，马基雅维里在谈到罗马人建立帝国的原因时，更是指名道姓地批评了李维：[1]

> 许多人，包括普鲁塔克这位稳健的作家，都持有一种看法：罗马人在建立帝国时，更多地受惠于运气而非德性。他为此列举了种种理由，并且说，罗马人的自白表明，他们承认自己的胜利通通来自命运，因为他们为命运之神修建的庙宇，多于任何其他的神灵。李维的想法似乎也与此相去不远，他在谈及罗马人时，一说到德性，几乎也总是提到命运。

---

〔1〕 马基雅维里，《论李维》，第 208 页。

马基雅维里对普鲁塔克和李维的批评，显然依据的是他在《君主论》中关于德性和命运的经典看法：命运是一位女子，喜欢有男子汉气概、能力或德性的男人去征服她。[1] 在他的心目中，罗马人建立帝国的伟业并不是命运的恩赐，而是完全归功于他们自己的能力或德性。但是，李维和普鲁塔克不可能接受这样的看法。他们是古人，尽管是有思想的古人。作为有思想的古人，他们或许不会完全认同普通罗马人对命运女神的崇拜，但至少会敬而远之。同包括普通罗马人在内的几乎所有古人一样，他们承认人的能力或德性具有限度，不可能完全征服命运。

　　在肯定德性可以战胜命运的前提下，马基雅维里将对罗马共和国的辩护，最终变成了对它的贬低和否定。因为，倘若罗马人真的像马基雅维里所说的那样具备如此非凡和伟大的德性，那么它就应该永世不朽、万古长存。但众所周知，罗马终究灭亡了。罗马首先在精神上亡于基督教，然后在军事上亡于北方蛮族；它之所以后来亡于北方蛮族，是因为它首先在精神上亡于基督教。更可悲的是，在罗马灭亡一千多年后，意大利仍然丝毫看不到统一的曙光，更遑论重现罗马昔日的伟大和荣耀。

---

〔1〕　马基雅维里，《君主论》，第 120 页。

所有这些，恰恰隐含了一个非常简单的结论：罗马的德性或能力仍然不够伟大，因此不能最终克服自己朽败和灭亡的命运。这一事实意味着，马基雅维里非常清楚，他所理解和肯定的古代政治仍然不是他心目中真正的政治——前者是一个完全摆脱哲学等超政治维度束缚的自主世界，后者则仍然笼罩在古代政治哲学的阴影之下。归根到底，古代政治的败坏是由于古代政治哲学的败坏。因此，马基雅维里最终是想通过重新解释并且贬低古代政治的方式来否定古代的政治哲学。[1] 而要否定古代政

---

[1] 曼斯菲尔德指出了马基雅维里通过肯定古代来贬低古代的策略："就关于政治的教诲而言，强大的古代同软弱的现代是一致的。因此在《论李维》的第一卷导言中，马基雅维里指出，他希望藉由古代历史、而不是通过模仿古代政治科学来向古代政治表示敬意。他选择的历史是罗马，而非希腊；在接近《论李维》刚开始的地方，他显示了对罗马而非最受政治哲学家支持的斯巴达的偏爱。然而在利用波利比乌斯和李维时，他忽略了波利比乌斯关于他自己受益于希腊政治科学的声明；说得委婉一些，他多次谈到的对李维的利用，也没有表明他接受了李维对于事件的解释。他把自己的解释附加给古代德性，这样一来古代德性就变成了马基雅维里的德性（virtù）。他对规模宏大和帝国主义式的罗马共和国的评价超出了希腊城邦，并且通过它在战争中的运气来判断它的德性，尽管那种德性是在将希腊城邦同其他城邦一并征服的过程中所运用的。在反讽地向古代的权威顶礼膜拜——这样他就可以用它来反对古代的权威——马基雅维里事实上利用古代的事例来指责古代的教诲。他返回古代的目的是改进它们。"参见：Harvey C. Mansfield, *Machiavelli's Virtue*, University of Chicago Press, 1996, pp.161-162。

治哲学，则必须否定它的政治败坏论或政体循环论。

柏拉图在《理想国》中说，"一切生成之物皆有毁灭。"[1] 作为一个属人的世界，政治即使再伟大，也终有毁灭之时。这种关于政治的悲剧感，几乎构成了古代政治的共同底色。并非偶然的是，从修昔底德、柏拉图、亚里士多德到李维、塔西佗、普鲁塔克和波利比乌斯的古代政治哲学家和政治史家，几乎都谈到了政体的败坏和循环，并且认为这种败坏是不可克服的。马基雅维里也在很多地方谈到了这个问题，但他的结论却与古代政治哲学刚好相反：只要抛弃哲学和宗教等超政治维度对政治的约束，那么政治的败坏和政体的循环就并非是不可克服的。

在《佛罗伦萨史》的第五卷一开始，马基雅维里的一段话似乎很容易让人联想到古人的政体循环论：[2]

> 可以看得出来，在兴衰变化规律支配下，各地区常常由治到乱，然后又由乱到治。因为人世间的事情的自然本性不允许各地区在一条平坦的道路上

---

[1] Plato, *The Republic*, second edition, translated with notes and an interpretative essay by Allan Bloom, Basic Books, 1991, 546a.

[2] 马基雅维里，《佛罗伦萨史》，第 231 页。

一直走下去；当它们到达极尽完美的境况时，很快就会衰落；同样，当它们已变得混乱不堪、陷于极其沮丧之中、不可能再往下降时，就又必然开始回升。就是这样，由好逐渐变坏，然后又由坏变好。究其原因，不外是英勇的行为创造和平，和平使人得到安宁，安宁又产生混乱，混乱导致覆亡；所以，乱必生治，治则生德，有德则有荣誉、幸运。

罗马的兴起和衰亡过程，就是对马基雅维里这段话的很好印证。罗马人在最初生存的压力和必然性（necessity）的驱使下建立了自己的城市和国家，并且依靠自己的德性不仅获得了自由和繁荣，而且征服了几乎所有周边其他的民族，最后成为一个强大的帝国。在此之后，罗马慢慢地停止了扩张和征服，并且长时间地处在和平和安宁之中。正是在这种环境下，他们逐渐丧失了进取之心和公民德性，只顾追求个人的享乐，整个帝国都充斥着奢侈、贪欲和淫靡之风。这也导致基督教乘虚而入，并且自下而上地征服了罗马帝国的灵魂。但基督教并没有拯救罗马，反而却使得它变得更加软弱，以至于最后在面对蛮族入侵时无力甚至无意抵抗，终于灭亡。就此而言，征服并摧毁罗马帝国的与其说是蛮族，不如说是基督教。在《佛罗伦萨史》和《论李维》中，马基雅维里在很多地方明示或暗示：倘若没有基督教，意大利即使在罗马帝国崩溃之后，仍然有可能实现统一，无论统一它的是意大利人自己，还是蛮族。但是基督教不仅摧毁了古代政治，而且阻止了它再生的可能，使得它只有"从治到乱"，却没有"从乱到治"。[1]

然而，罗马被基督教征服的事实却反过来表明，表面上软弱的基督教其实比表面上强大的罗马更强大。基督教的力量恰恰来自于它的软弱——尽管它在世俗政治的意义上非常软弱，但在精神信仰的意义上却很强大。在《君主论》中，马基雅维里提出了一个著名的观点："所有武装的先知都获得胜利，而非武装的先知都失败了。"[2] 前者的例子是摩西和穆罕默德，后者的例子是他的同时代人，也就是前文提到的基督教多明我修会的修士萨沃纳罗拉。但他有意略过了一个非武装的先知，也就是基督教的创始人——耶稣。耶稣虽然生前失败了，但他死后却获得了众所周知的巨大成功。就这一点来看，耶稣仍然属于武装的先知，只不过他的武装不是世俗政

---

[1] 马基雅维里，《论李维》，第83页；《佛罗伦萨史》，第29—30页。
[2] 马基雅维里，《君主论》，第27页。

治意义的军事武装，而是思想或精神信仰的武装。正是依靠这种思想的武装，基督教不仅征服了罗马帝国，而且在后者灭亡之后仍然继续主宰意大利的政治命运，并且影响整个欧洲世界的政治生活。

从马基雅维里的角度来看，教会和教皇之所以能够干涉意大利和欧洲各国的内政和外交，也是依靠这种精神信仰的力量。正如前文所说，教会通过影响多数人（人民）的精神信仰来影响少数人（贵族或君主），并且最终得以影响一个国家，甚至整个世俗政治世界。相比之下，包括罗马共和国在内的几乎所有古代政治都是少数人的政治，对于基督教这种依靠精神信仰进行控制的政治手段闻所未闻。因此，古代政治最终被基督教征服也就不让人感到奇怪了。基督教的这种力量倘若超出政治的控制，当然会给后者带来毁灭性的后果。但是，假如它能够在政治上得到正确与合理的运用，那么它无疑会产生巨大的积极作用。因此，如果说马基雅维里对古代政治的肯定同时意味着对它的批判，那么他对基督教的批判就同时也隐含了对它某种程度的肯定。明智的人总是善于借鉴敌人的成功经验。倘若能够以基督教之长补古代政治之短，我们也就并非不可能避免古代政治的败坏，并且克服古代政治哲学家和政治史家所说的政体循环之宿命。

正如曼斯菲尔德所说，马基雅维里的策略是让古代和基督教"相互反对"。[1] 一方面，马基雅维里站在古代的视角将基督教"世俗化"和"政治化"，它不再意味着一种神圣、超验的启示或信仰，而是一种由人创造出来并且用来控制人的精神思想的政治手段。在他的笔下，摩西不再是一位神圣的先知，而是一位能力非凡的世俗君主；教会也不再是上帝在人世间的代理者，而是一个既非常成功、又无比阴险的政治宗派（sect）；就连上帝也被看成是一位残酷、威严的僭主。另一方面，他又站在基督教的视角将古代政治"去自然化"，否定了古代政治的哲学基础，认为政治世界并不是像柏拉图和亚里士多德等古代哲人所说的那样服从一种善（goods）的等级，或者说一种目的论意义的自然秩序，而是一个纯粹人为的世界。

马基雅维里这一策略的结果是，他同时否定了古代政治哲学和基督教这两大传统。通过反对基督教，马基雅维里否定了上帝、彼岸和死后的世界，回到现世的政治世界；通过反对古代，他又进一步否定了政治世界

---

〔1〕 Harvey C. Mansfield, *Machiavelli's Virtue*, p.112.

与自然秩序的关联。从现在起，政治既与上帝的恩典或神意无关，也摆脱了自然秩序的约束，成为一个完全自主和属人的世界。倘若古代意味着"开端"（origin/beginning），那么这个自主的政治世界就是真正的古代，因为它是比一切古代都要古老的纯粹"开端"；倘若现代意味着与古代决裂，那么这个自主的政治世界同时也是真正的现代，因为它不再受任何古代的"应然"权威约束，是一个全新的开端。简而言之，马基雅维里是通过复古的方式来革命，或者更确切地说，他的复古原本就是一种革命。

四　必然性与德性

在否定了古代政治哲学的自然和基督教的上帝之后，政治作为一个完全属人的世界，似乎就变成了一种反复无常的命运，既没有自然目的与秩序，也没有神意的指引。这样一来，马基雅维里就必须面对这样一个问题："命运在人世事务上有多大力量和怎样对抗？"——熟悉《君主论》的读者都很清楚，这正是《君主论》第二十五章的标题。

在这一章的一开始，马基雅维里就猛烈地批评以基督教为代表的命运观。后者认为，人世间的事务完全由上帝和命运决定，人的明智（prudence）等德性"丝毫不能加以改变，并且丝毫不能加以补救"。[1] 人应该做的不是徒劳地反抗命运，而是听天由命。马基雅维里并不否认命运有时候的确超出人的控制，但这并不意味着人就应该无所作为。他说，"命运是我们半个行动的主宰，但是它留下其余的一半或者几乎一半归我们支配。"[2] 他把命运比作河流。当河流怒吼，洪水泛滥时，我们的确无法抗拒它；但是，这并不妨碍我们在天气好的时候修筑堤坝和水渠，以至于下次洪水到来之后，只会顺着河道宣泄，不会毫无控制而泛滥成灾。相反，倘若我们没有做好准备，那么命运的破坏性威力就显示出来了。[3]

仅就这段话本身来看，马基雅维里对命运的看法似乎不过是重复当时人文主义者以及古罗马道德哲学家的老调，并没有显示出什么独到之处。问题的关键是，命运在马基雅维里那里并不是一个抽象的形而上学概念，而是特指属人的政治世界，或者说得更具体些，指的是他所在的意大利政治世界。他把意大利比作"一个既没有水渠又没有任何堤坝的平原"[4]。一旦洪水来临，譬

---

〔1〕 马基雅维里，《君主论》，第 117 页。

〔2〕 同上。

〔3〕 同上书，第 118 页。

〔4〕 同上。

如发生外族入侵的命运，那么意大利就会饱受命运洪流的肆意摧毁。那么，马基雅维里是如何理解政治与人的关系？为了搞清楚这个问题，我们先从他所批判的古代政治哲学和基督教这两大传统谈起。

在古代政治哲学那里，政治的起源和目的是两个完全不同层次的问题。譬如在亚里士多德看来，人之所以要过政治的生活，生活在一个城邦或政治共同体之中，首先当然是为了生存和安全。但是，生存与安全仅仅是政治的起源或开端（beginning），而不是它的目的（end），更不是它的全部。事实上，政治的终极目的恰恰是使人摆脱生存与安全这种必然性（necessity）的制约和束缚，以便能够让人有更好、更高的选择，过一种符合德性的美好（good）或幸福生活。因此，一个人只有在城邦中生活，才有可能实现自己的终极目的，使自己的自然本性获得完善。因此，当亚里士多德说"人在自然上是政治的动物"时，他所强调的恰恰是政治的目的，而非它的起源或开端。与此相反，基督教则极力贬低政治的地位，把它降低到它的起源或开端，也就是维护生命和安全，而政治的更高目的，譬如德性和善等，则被对上帝或彼岸世界的信仰取代。由此可见，基督教虽然贬低政治的地位，但却在政治世界之上安置了一个彼岸或超验的目的。无论这个传统存在多少和多大分歧，但在强调目的高于开端这一点上却是一致的。

前文说过，马基雅维里对古代政治哲学和基督教这两大传统都表示批判和否定。他否定这两者的方式是让它们"相互反对"。作为这一策略的结果，马基雅维里仅仅保留了二者的共同项，也就是政治的起源与开端，却否定了它的目的。或者说，他认为政治的目的就是它的开端——生存与安全——除此之外，别无其他。开端是永恒的，目的则是暂时的。对于人来说，生存与安全当然是绝对的必然性，没有任何其他选择。他们之所以建立国家，过一种政治的生活，正是出于生存与安全的必然性或绝对需要。同样的道理，对于国家来说，生存与安全也是一种绝对的必然性，没有任何选择余地。[1] 当马基雅维里在《论李维》中论述国家或城邦的起源时，他简要但却毫不含糊地表达了这一点。

在《论李维》的第一卷第一章，马基雅维里在谈到城邦的一般起源时，清楚地指出了这一点。他首先区分了两种城邦，一种是由本地人（natives）所建的城邦，一种是由

---

[1] 关于马基雅维里对以亚里士多德为代表的古代政治哲学的批判，可参考：Joseph V. Femia, *Machiavelli Revisited*, the University of Wales Press, Cardiff: 2004, pp.34-36。

外来者（foreigners）所建的城邦。前者是一群人或一个部落迁移到其他地方，譬如雅典和威尼斯；后者则是从外地迁移到本地。在由外来者建立的城邦之中，一种由自由民建立，一种由非自由民建立；前者的例子则是摩西领导的以色列人以及埃涅阿斯建立的罗马，后者的例子是佛罗伦萨和亚历山大里亚。在自由民建立的城邦中，一种是占领当地居民的城市，如摩西和以色列人；一种是另建新城，如埃涅阿斯和罗马人。此外在自由民建立的城邦中，一种是由君主统治，如埃涅阿斯之于罗马，摩西之于以色列人。[1]

马基雅维里做出这么多重区分的主要目的无非是强调，所有的城市或国家都是出于生存与安全的必然性压力而建立的。一个国家越是直面并且成功地应对了这种必然性的压力，那么它就越是自由，它（以及它的建立者）的德性就越大。这是区分一个国家或城邦是否自由的唯一标准。马基雅维里指出，"民众或是受君主统治，或是实行自治，如果因疾病、饥馑或战乱而背井离乡，为自己寻觅一片新家园，则城市的创立者就是自由的。"[2] 相反，那些由共和国或君主出于殖民或炫耀的

---

〔1〕 马基雅维里，《论李维》，第45—46页。
〔2〕 马基雅维里，《君主论》，第46页。

目的建立的城市，因为能够依靠母邦或宗主国君主，无须直接面对生存与安全的必然性，那么它就越不自由。其他的区分标准，如是由本地人还是由外来者所建，是由君主统治还是由自己统治，都不具有根本的意义。就前者而言，本地人与外来者的标准完全是相对的——相对于外来者来说，本地人也是外来者；就后者而言，任何君主的统治都要考虑臣民的利益，正如任何自治国家或共和国也同样需要少数人作为自己的首领。在必然性面前，古代政治哲学有关政体的区分就失去了意义。[1]

马基雅维里认为，生存与安全的必然性不仅构成了建立国家的原因，而且还是它的最终目的。因此，一个国家必须时刻应对各种必然性的挑战，譬如自然环境的变化、外敌侵略和自己的内乱。对一个国家来说，要么是自由，要么是奴役；要么是安全，要么是危险；甚至要么是生存，要么是毁灭。除此之外，别无选择。只有这一开端，这个纯粹和绝对的必然性，才是理解和评判政治世界的唯一标准，其他任何"应然"的目的——无论是古代政治哲学的自然秩序，还是基督教的上帝——

---

[1] 马基雅维里在《论李维》的第一卷第二章的确谈到了古代政治哲学所说的六种政体，但他最终将这六种政体简化为君主制和共和制。参见：《论李维》，第 50—51 页。

都不过是虚幻的假设；任何宗教和道德，倘若与之相抵牾，都会变得毫无意义。

马基雅维里不仅用"必然性"取代了古代政治哲学的自然秩序和基督教的上帝，甚至用它取代了"命运"。正如施特劳斯所说，"人类能否控制自然，能否控制必然性，这个问题，与人类控制偶然机遇的能力所带有的确切特征的这个问题，是彼此等同的。"[1]命运不再是神秘和盲目的外在力量，而是为了生存和安全而不得不面对的环境、不得不做的事，无论对个人还是对国家来说，都是如此。就一个个人而论，倘若他能够最大程度地保全自己的生命和安全，那么他就是一个拥有德性的人；就一个国家而论，倘若它能够成功地克服各种内在和外在压力的挑战，那么它就是一个拥有德性或自由的国家。正是基于必然性的标准，马基雅维里将"德性"这一古老的政治哲学和道德哲学概念"去道德化"，回归了它的日常和本来意义，也就是"能力"。[2]

---

[1] 施特劳斯，《关于马基雅维里的思考》，第 391 页。

[2] 马基雅维里的"德性"（virtus）概念含义非常复杂，在绝大多数情况下意味着跟道德无关的"才能"，只有在极少的情况下具有道德的含义。具体的研究可参考曼斯菲尔德一篇极为出色的论文"马基雅维里的德性"（Machiavelli's Virtue）。Harvey C. Mansfield, *Machiavelli's Virtue*, pp.6-52.

但是，在将政治世界降低或还原为必然性之后，马基雅维里很快就面对这样一个问题：个人的必然性与国家的必然性之间究竟是什么关系？因为，尽管个人是出于生存和安全的必然性建立了国家，但是一方面个人可能同样出于生存和安全的考虑将自己的利益置于国家或公共利益之上，从而损害国家的利益，甚至威胁国家的生存与安全；另一方面，国家在很多时候出于自身生存与安全的必然性考虑也会损害个人利益，甚至会剥夺他的生命。那么，在个人的必然性与国家的必然性之间，究竟哪一个更具有优先性？

　　就政治哲学史来说，个人与国家的关系当然不是一个新的问题。事实上，这是古往今来几乎所有的政治哲学家都必须面对的首要问题。在马基雅维里所反对的古代政治哲学家，譬如柏拉图看来，个人与城邦之间存在着类比关系——城邦作为"大写的个人"，是个人的自然本性的最后实现和终极目的。通过音乐教育和哲学教育，个人与城邦最终能够达到完美的统一。亚里士多德虽然对柏拉图有很多批评，但在强调城邦高于个人并且是人的最终目的这一基本原则上，则是同后者完全一致。在基督教政治思想家如奥古斯丁那里，世俗国家被贬低为一种必要的恶；它不再是人性的最后实现或最高目的，而是成为一种防止世俗世界的野心、贪欲、冲突和战争的手段；真正的"国家"是彼岸世界的上帝之城（city of God），是对必然性的真正克服和超越。[1]

　　既然马基雅维里既不承认国家是个人的终极目的，也否定上帝之城的存在，那么他就只能依靠必然性来协调个人与国家之间的关系。前文提到，马基雅维里区分了一个国家中的两类人——少数人和多数人，或者说贵族与人民；这两者的"性情"完全不同：前者想要统治他人，后者不想要被统治。马基雅维里之所以用"性情"，不用传统政治哲学中的自然本性（nature），是因为他将这两者都视为必然性，并不涉及"好"或"善"之类的终极目的分歧。正如曼斯菲尔德和马内都指出的那样，马基雅维里在这一点上与亚里士多德的看法完全不同。亚里士多德在《政治学》中也谈到少数人与多数人的区别，但这种区别并不是性情或欲望的区别，而是在他们追求的目的或"善"方面的区别。少数人基于德性

---

[1]　对于这两个传统，马基雅维里当然都表示否定和拒斥，但从思想倾向上看，他似乎更接近奥古斯丁所代表的基督教传统，毕竟他们都将国家理解为一个纯粹必然性的领域。只不过与奥古斯丁相比，马基雅维里要激进得多。他不仅否定上帝之城的存在，只承认作为纯粹必然性的世俗国家，而且将国家"去道德化"——国家既然是必然或必要的，那就无所谓善恶。

或财富这类的"善"要求统治城邦，多数人基于平等之善同样要求统治城邦。而在马基雅维里那里，双方的区别被降低或还原到人的最低层次的必然性或欲望：少数人想要统治，多数人不想要被统治。[1]

既然少数人和多数人或贵族与人民的欲望都是必然性，那么这两者就无法相互认同、相互理解，他们不可能通过某种正面的"共同之善"（common good）或共同目的得以和谐相处，同心同德。正如曼斯菲尔德所说，这两者之间只存在"纷争"（tumult）。[2] 譬如在罗马共和国之中，元老院并不是出于正义的道德德性，而是出于自己的利益被迫让人民分享部分权力。但是，纷争对于马基雅维里并非完全是坏事。事实上，罗马共和国正是在贵族与人民的相互斗争中不仅维持了自己的自由，而且使共和国变得越来越强大。

不过马基雅维里指出，在这两者之中，多数人或人民的欲望相对显得公正一些。因为从必然性的角度来看，不想被统治的欲望意味着只想要生存与安全，因此更容

---

〔1〕 曼斯菲尔德，"《论李维》导论"，参见《论李维》，第13—15页。Pierre Manent, *An Intellectual History of Liberalism*, translated by Rebecca Balinski, with a foreword by Jerrold Seigel, Princeton University Press 1994, p.15.

〔2〕 曼斯菲尔德，"《论李维》导论"，参见《论李维》，第15页。

易满足，而想要统治的则超出了生存与安全，不太容易被满足。[1] 一个人只有在生存和安全的欲望得到满足之后，才会想要去统治他人，而想要统治他人则意味着使他人的生存与安全受到威胁。因此比较起来，不想被统治的欲望更有利于和平，或者更符合国家的生存与安全的必然性。倘若将国家的生存、安全或和平看成是最低层次的共同之善或公共利益（common good），那么不想被统治的欲望则是好的或善的（good），而想要统治的欲望则是坏的（wicked）。正如马内所说，"可以看到，这两个群体都没有一个既积极又良善的目的（an end that is both positive and good），两者都无意追求善。贵族有一个积极的目的，但它是恶的：想要压迫。人民没有肯定性的目的，只有一个否定性的目的：不想被压迫。城邦的'性情'并不指向一个为城邦之故的肯定性的善。"[2]

正是在这里，我们看到了马基雅维里对于基督教，或者说教会和教皇的某种肯定。教会固然翻手为云、覆手为雨，肆意干涉意大利各国内政，致使意大利政治一直处在混乱和分裂状态。但是教会和教皇的政治手段和

---

〔1〕 马基雅维里，《君主论》，第 46 页。
〔2〕 Pierre Manent, *An Intellectual History of Liberalism*, p.15.

能力（马基雅维里或许愿意称之为"德性"）却非常高明，值得世俗统治者借鉴。[1]正如前文所说，教皇干涉世俗国家内政的主要方式是挑起人民起来反对贵族和君主，因为人民的"性情"是追求"自由"，不愿意受统治、受压迫。人民的这种要求看起来更容易满足，但反过来说，一旦他们在受到压迫，或者说感觉自己受到压迫时，那么他们也很容易起来反抗。关键在于，如何赢得人民的信任。对于一个世俗君主或其他统治者来说，道理也是一样的。在大多数情况下，他应该同人民站在一起反对贵族或权贵利益集团，因为人民更容易满足，更有利于君主和国家的利益；而贵族的要求却很难被满足，而且满足贵族的要求往往意味着对君主和国家的利益造成损害。为此，马基雅维里强调：

> 如果人民满怀不满，君主是永远得不到安全的，因为人民为数众多；另一方面，君主能够使自己安全地对付贵族，因为贵族人数甚少。君主能够预料

〔1〕 关于马基雅维里对基督教的"欣赏"和利用，我们可以参考曼斯菲尔德的研究：Harvey V. Mansfield, *Taming the Prince: the Ambivalence of Modern Executive Power*, the Johns Hopkins University Press, Baltimore and London, 1989, p.127。

到那些敌对的人民干出最坏的事情，就是他们将来把自己抛弃了。但是，对于那些敌对的贵族，君主不仅害怕他们抛弃自己，还害怕他们会起来反对自己。因为贵族在这些事情上比平民看得更深远而且更敏锐，常常能够及时使自己得救，而且从他们所预期的将会赢得胜利的一方取得帮助。此外，君主总是不得不和上述的人民在一起生活，但是如果没有上述贵族，君主也能够过得很好，因为他能够随时设立或者废黜贵族，并且能够随心所欲给予或者抹掉他们的名声。[1]

由这段话来看，马基雅维里尽管是一位彻底的无神论和敌基督者，但在贬低贵族、肯定人民的意义上，他却不可思议地与基督教站在了相同的立场。或许正因为如此，卢梭在《社会契约论》中说："马基雅维里自称是在给国王讲课，其实他是在给人民讲大课。马基雅维里的《君王论》乃是共和主义者的教科书。"[2] 马内甚至因此将马基雅维里看成是"第一个民主的思想家"

---

〔1〕 马基雅维里，《君主论》，第46页。
〔2〕 卢梭，《社会契约论》，何兆武译，商务印书馆，1980年修订第2版，第94—95页。

(*democratic* thinker)。[1] 无论马内的看法是否言过其实，但他确实看到了，马基雅维里的政治哲学是多么富有革命性。在古代政治哲学家那里，贵族的野心或统治欲虽然有可能带来危险，但这种野心同时也代表了人性的更高追求。譬如在柏拉图的《理想国》中，恰恰是灵魂中这种类似于野心或统治欲的意气（spiritedness），使得人和城邦能够超出饮食男女的动物状态，向着更高的善或目的上升。反过来说，倘若没有这种意气或统治欲，那么城邦就永远停留在"猪的城邦"。但在马基雅维里看来，无论贵族的野心和统治欲从个人的角度多么值得欣赏，但从国家的生存和安全的角度看，这种野心和统治欲的破坏性在总体上却是远远超过其建设性。因此，哪怕贵族自身再优秀，他们的追求再高，但若是他们有可能给国家的生存与安全带来危害，那就应该毫不怜惜地予以摧毁。马基雅维里之所以与柏拉图在这一点上存在深刻分歧，原因并不难理解：前者看重的是城邦的开端，也就是生存与安全，而后者看重的则是城邦的终极目的。

当然，马基雅维里也非常清楚地认识到，人民并不是天使，他们在绝大多数时候出于生存和安全的必然

---

〔1〕　Pierre Manent, *An Intellectual History of Liberalism*, p.16.

性，去做任何在他们看来有利于自己的事情，哪怕是损害他人利益和公共利益。这样一来，即使没有贵族，人民也会因为自私自利和短视而陷入霍布斯式的"一切人对一切人的战争"（war of every man against every man）。因此，不可能指望人民按照某种莫名其妙的"自生自发秩序"建立国家和法律秩序，实现"民有、民治、民享"的梦想。同时，人民的"性情"是被动的，他们只是不想被统治，对于统治他人却既没有强烈的欲望，也没有相应的能力。就这两点来说，人民出于自身的必然性，也就是说，出于生存和安全的需要，也必需有人统治他们。而愿意并且能够统治他们的当然是少数人，甚至是一个人。这些人虽然充满统治的欲望，但他们的统治欲却同国家的生存与安全需要，或者说同公共利益或大多数人的利益是一致的。至于这种统治欲究竟是出于一种高贵的政治荣耀感，还是出于一种卑鄙的个人野心，这一点完全无关紧要。因为无论他们的动机是什么，他们获取统治权力并且维持其统治的手段并没有根本区别。不仅如此，甚至君主国与共和国之间的区分，在马基雅维里那里也失去了意义。任何共和国都需要少数精英来领导和统治，正如任何君主都需要获得人民的支持和拥护。

无论如何，马基雅维里对于少数人和君主的强调，使得他能够在必然性的前提之下，为人的主动选择能力或德性留下了一定的空间。这是他与霍布斯、洛克和卢梭等后继者的根本区别之一。这些后继者认为恰恰是野心、征服欲和统治欲导致了人类社会的战争、不平等和败坏，并且由此将其视为万恶之源，必欲除之而后快。但马基雅维里不同。尽管在充满统治欲的贵族和不想受统治的人民之间，他站在人民这一边。不过在字里行间，他仍然流露出对这种作为"万恶之源"的野心或统治欲的赞美，只是他反复提醒那些充满统治野心的君主们：无论如何，一个君主必须将自己的统治欲望隐藏在人民不愿意受统治的欲望之中，不要冒犯人民的感受，更不要招徕人民的憎恨。不是君主统治人民，而是人民委托一位公仆为人民服务。[1]

　　在所有的君主之中，马基雅维里最看重的是那些创立新国家的新君主。这是因为，"新"（new）首先意味着开端，而开端总是跟"必然性"连在一起。这种必然

---

〔1〕 基于这一点，曼斯菲尔德将马基雅维里看成是现代"执行权力"（executive power）思想的创始人，即政府不是直接统治人民，而是通过执行法律间接地统治人民。参见：Harvey V. Mansfield, *Taming the Prince: the Ambivalence of Modern Executive Power*, pp.139-142。

性首先是国家的生存与安全，其次是君主自身的生存与安全。这两者往往是一回事：一个丧失了国家的君主显然无法保证自己的生命与安全，反之亦然。正是面对这种必然性的挑战，一个君主才会显示出他的能力或德性。倘若一个君主依靠的是自己的德性，也就是马基雅维里所说的能力和武力，而不是运气，那么他的统治就变得非常稳固，他的荣耀也就显得更加伟大。在《君主论》中，马基雅维里之所以赞美摩西、居鲁士、罗慕洛斯、忒修斯等古代伟大的君王，就是因为他们不是依赖于命运和他人，而是凭借自己的德性建立了国家。

一个君主的德性首先体现在这一点上：他为了维护国家的生存与安全，必须不计手段；哪怕那些看起来极端不道德或不正义的事情，他也应该毫不犹豫地去做。譬如，以色列人的首领摩西之所以杀死那些妒忌他的权力的人，也是为了保持以色列人的内部团结。类似的例子还有，罗马第一任国王罗慕洛斯"先是杀死自己的兄弟，后又同意把他选定共享王权的萨宾人提图·塔提乌斯处死"。[1] 在马基雅维里看来，他虽然犯下如此极端的不义之行，但却不是为了个人的野心，而是出于"天

---

〔1〕 马基雅维里，《论李维》，第71页。

65

无二日，国无二主"的必然性，因此应该予以谅解。对于这一点，他在《论李维》中说得非常清楚：

> 以下所言可视为一条通则：任何共和国或王国的创建，或抛开旧制的全盘改造，只能是一人所为，要不然它绝无可能秩序井然，即或有成，也是凤毛麟角。确实，必须由单独一人赋予它模式，制度的建立端赖他的智慧。因此共和国精明的缔造者，意欲增进共同福祉而非一己之私，不计个人存废而为大家的祖国着想，就应当大权独揽。有人以非常的手段治理王国或建立共和国，智者是不会给予责难的。行为使他蒙羞，结果将给予宽宥，此为当然之理。如罗慕洛斯之所为，只要结果为善，行为总会得到宽宥。[1]

正是基于这种必然性的前提，马基雅维里颠覆了传统的道德观，无论是古代的道德，还是基督教的道德。他对传统道德的批判看起来非常简洁有力，可谓一针见血。首先，传统道德预设了个人道德与国家或公共道德

---

〔1〕　马基雅维里，《论李维》，第71页。

的一致性，但这种预设是错误的，因为对于个人是正确的东西，对于国家来说却往往是有害的，反之亦然。譬如一个人的慷慨是美德，但一个君主的慷慨却是恶行，因为这很可能会给国家带来巨大的损害；守信对于个人是一种美德，但对君主来说却差不多是一种恶，因为这很可能会导致国家的灭亡。其次，这种传统道德总是教导我们说，一个君主要想获得并且统治一个国家，应该多行善德，譬如仁慈、诚实、慷慨，如此等等。在马基雅维里看来，这种教导若是能够成立，必须预设这样的前提：绝大多数人是善良的。但是，这是一个毫无根据的假设和想象。事实上，即使凭借经验，我们也能够知道，绝大多数人即使谈不上是邪恶的，至少也是自私自利、欲壑难填。他们的惯常做法是两面三刀，背信弃义。因此，"一个人如果在一切事情上都想发誓以善良自持，那么，他厕身于许多不善良的人当中定会遭到毁灭。所以，一个君主如果要保持自己的地位，就必须知道怎样做不良好的事情，并且必须知道视情况的需要与否使用这一手或者不使用这一手。"[1] 这个道理适用于任何人，尤其适用于一个君主。

---

[1]　马基雅维里，《君主论》，第 74 页。

把马基雅维里仅仅理解为"一位恶的教师"（a teacher of evil），虽然不能说是完全的误解，至少也有失简单。马基雅维里并不是魔鬼，他当然没有变态和疯狂到教导人们无原则和无条件地为恶的地步。姑且不论他在现实生活中其实是一位品行高洁之士，即使在他的文字中，他在绝大多数时候也是教导君主以国家和公共利益为先，对人民仁慈为怀。他心目中的榜样是摩西、居鲁士、忒修斯和罗慕洛斯这样忧国忧民的伟大君主，而不是阿加托克雷这样的僭主。后者虽然凭借各种残酷、暴虐和阴谋的手段成为叙拉古君主，但却远远不能同前几位伟大的君主相提并论。[1] 他并没有完全或者泛泛地否定传统道德的作用。他甚至认为，"君主如果表现出上述那些被认为优良的品质，就是值得褒扬的。"[2] 只不过他承认，就实际状况而言，一个君主不可能拥有所有

---

〔1〕 马基雅维里对阿加托克雷这样评价："屠杀市民，出卖朋友，缺乏信用，毫无恻隐之心，没有宗教信仰，是不能够称作有德性的。以这样的方法只是可以赢得统治权，但是不能赢得光荣。不过，如果考虑到阿加托克雷出入危殆之境的能力和忍受困难、克服困难的大勇，我们就觉得没有理由认为他比任何一个最卓越的将领逊色。然而他的野蛮残忍和不人道，以及不可胜数的恶劣行为，不允许他跻身于大名鼎鼎的最卓越的人物之列。因此，我们就不能够把他不是依靠幸运或能力而得的成就归功于幸运或者才能。"参见：《君主论》，第40—41页。
〔2〕 马基雅维里，《君主论》，第74页。

的优秀品质。因此他说，"如果可能的话，他还是不要背离善良之道，但是如果必需的话，他就要懂得怎样走上为非作恶之途。"[1]

马基雅维里对传统道德的颠覆和革命，并不意味着对它的全然否定和拒斥。他的革命性在于，他将传统道德奠定在全新的基础之上。这个新的基础就是"必然性"。一切道德行为都来自于人的必然性，而不是像传统政治哲学和道德哲学所说的那样出于人的自由意志。或者说得更简单些，道德行为是人不得已而为之，而不是人自觉自愿的选择。[2] 对于一个人来说，这种必然性就是他的生存和安全。而对于一个君主来说，这种必然性则是国家的生存与安全。譬如在谈到慷慨和吝啬时，马基雅维里强调君主应该尽量吝啬，哪怕为此赢得恶名，因为慷慨会损害国家和自己的利益，而吝啬则相反。在谈到残酷和仁慈时，他说，一个君主最好让人民既畏惧

---

[1] 马基雅维里，《君主论》，第 85 页。

[2] 这也是马基雅维里和人文主义者的根本区别，后者崇尚的是以西塞罗和塞内卡为代表的古代道德观。关于这一点，可参考斯金纳和维罗利的相关论述：斯金纳，《马基雅维里》，王悦生、张阳译，中国社会科学出版社，1992 年第 1 版，第 56—76 页；维罗利，《尼科洛的微笑：马基雅维里传》，段保良译，上海人民出版社，2008 年第 1 版，第 149—150 页。

又爱戴；但是如果不能兼而有之，那就应该选择让人畏惧，而不是让人爱戴；因为前者意味着君主不依赖于人民，而后者则意味着君主需要依赖或迎合人民。在谈到是否守信时，他说，一个君主"要保持国家（stato），常常不得不背信弃义，不讲仁慈，悖乎人道，违反神道"[1]。在谈到蔑视和仇恨的问题时，他说，"君主不可能不受到某些人仇恨，他首先必须避免受到广大人民的怨恨；如果不能够做到这一点，那末必须尽最大努力避免受到最有势力的人们的怨恨。"[2]

故此，一个君主是为善还是为恶，完全视国家的生存与安全的"必然性"而定。关于这一点，马基雅维里给出了一个基本原则："对于一位君主说来，事实上没有必要具备我在上面列举的全部品质并且常常本着这些品质行事，那是有害的；可是如果显得具备这一切品质，那却是有益的。"[3]

一个君主的德性总是通过他对人民的统治体现出来。但是，如何让人民心甘情愿地服从君主，却是一个非常棘手的问题。这一困难不仅发生在君主国之中，对于共

---

〔1〕 马基雅维里，《君主论》，第 84 页。
〔2〕 同上书，第 93 页。
〔3〕 同上书，第 85 页。

和国同样是有效的。在《君主论》中，马基雅维里关心的是君主如何赢得人民的支持和拥护；正如在《论李维》中，他关心的问题是如何防止人民的败坏。对于马基雅维里来说，答案仍然是"必然性"：要想让人民服从君主或法律，同样不能依靠道德上的自觉自愿，而是必须诉诸他们想要生存与安全的必然性，或者更明确地说，必须诉诸他们对于死亡和受惩罚的恐惧。

在《君主论》中，马基雅维里也谈到一个意味深长的例子，尽管听起来似乎很邪恶。瓦伦提诺公爵恺撒·波儿亚占领罗马尼阿之后，发现这个地方在前任君主的统治下变得盗贼横行，混乱无序，于是委派了一位残酷但很有能力的官员雷米罗·德·奥尔科去治理该地。奥尔科在很短的时间依靠严酷的手段建立了这个地方的秩序，使它恢复了和平与安宁。但是因为过分残酷，他不久就遭到人民的憎恨。为了平息人民的憎恨和愤怒，公爵在一天早晨将奥尔科一刀两段，暴尸街头，并且在他身旁放了一块木头和一把血淋淋的刀子。"这种凶残的景象使得人民既感到痛快淋漓，同时又惊讶恐惧。"[1]这个例子形象、生动地表明，一个君主若是想要获得人

---

[1]　马基雅维里，《君主论》，第33—34页。

民的服从，一方面必须避免人民的仇恨，另一方面又要让他们感到畏惧。

在《论李维》的第三卷第一章，马基雅维里甚至认为，无论是一个教派、一个共和国，还是一个王国，若想避免自己的败坏，长久地生存，那么它必须经常返回到自己的开端。具体地说：

> 一切教派、共和国和王国的初创时期，必定包含着某些优秀的东西，利用它们可以重新获得最初的名望和生长能力。随着时间的流逝，这些优秀的因素会受到败坏，除非有外力的介入，使其恢复原来的标准，不然的话它必然杀死机体。[1]

这段经常被引用的名言看起来似乎很有亚里士多德的目的论色彩，因此一直有各种各样的解释。但是倘若我们知道开端在马基雅维里那里仅仅意味着必然性，而不是指向某种更高的目的，那么这段话的含义就再简单清楚不过了。它无非是表明，一切国家和教派的德性或优点都是在面对必然性时体现出来的。这些必然性要么

---

[1] 马基雅维里，《论李维》，第 309 页。

是内忧，要么是外患，要么是恶劣的自然环境，总之都是生死存亡的困难和危机。[1] 一个国家或教派面对的必然性压力越大，它所要付出的努力就越多，它最终获得的成就也就越伟大。在强大的外患或外在压力面前，一个国家的人民和君主更能够团结一心，同赴国难。而在压力减少或消失之后，无论是君主还是人民都会慢慢地懈怠下去，不可避免地走向败坏。因此为了防止国家的败坏，就必须让它周期性地返回这个必然性的开端，最好七八年来一次。

在马基雅维里的政治哲学中，必然性不仅构成了政治的开端和目的，而且支配了它的过程。在这个纯粹必然性的王国之中，既没有既定的自然秩序可供参考，也没有上帝的神圣启示或恩典作为指引。政治世界的确获得了自主性，但在这样一个世界之中，人也变得孤立无援，只能独自面对必然性的挑战。但在马基雅维里看来，这并不意味着人在必然性面前就只能束手无策，毫无作为。相反，恰恰是在面对必然性的压力和挑战时，人才会显示出自己的德性与自由。对于一个君主，尤其是一

---

[1] 施特劳斯，《关于马基雅维里的思考》，申彤译，译林出版社，2003年第1版，第251—253页。

个新君主来说，更是如此。必然性的确无法否定和消除（因为否定必然性就意味着否定事物的存在），但这并不意味着它就是不可认识、无法预料的盲目命运。我们诚然既不能否定人追求生存与安全的欲望，也不能消除少数人追求统治他人的野心，但我们可以认识这些必然性，利用它们，并且通过它们来建立一个"长治久安的共和国"（perpetual republic），奠定政治世界的真正秩序，从而获得和平与安全[1]。这就是马基雅维里政治哲学的最终意图。

---

〔1〕 马基雅维里，《论李维》，第 380 页。

五 政治自主性的悖论

　　作为一个病理学意义的政治哲学家，马基雅维里政治哲学的出发点是他对佛罗伦萨和意大利政治的病理学诊断。按照他的诊断，导致这一疾病的原因就是基督教和古代政治哲学，因为它们在政治之上设定了一个超政治的目标，从而否定了政治世界的自主性。因此，要想治愈这一病症，那么正确的药方就是彻底否定并拒斥古代政治哲学和基督教，切断政治与超政治维度的一切关联——不管是古代政治学所说的自然秩序，还是基督教所说的上帝——回到政治世界的开端，也就是人追求生存、安全和荣耀的必然性。对于马基雅维里来说，这个必然性的世界才是政治的真正地基，它虽然看似低俗，但却很坚实，足以能够让我们在它的基础上建立真正的政治秩序，缔造一个"长治久安的共和国"。

但问题在于，将政治世界从目的的高地返回到开端或必然性的地基，是否就一定能够建立一个"长治久安的共和国"，不仅消除基督教给现实政治造成的分裂，而且克服古代政治哲学所说的政体循环和政治败坏？恰恰在这个问题上，马基雅维里对政治的自主性的追求隐含了某种悖谬性。简言之，这种悖谬性即在于：一方面为了维护政治的自主性，马基雅维里将一切超政治的道德和宗教驱逐出政治世界；但另一方面，同样是出于维护政治的自主性的需要，他又不得不将道德和宗教重新纳入政治世界。这种悖谬性，在马基雅维里对政治败坏问题的讨论中体现得非常明显。

同国家的建立一样，防止国家或政治的败坏也是马基雅维里最关心的问题之一。所谓政治败坏无非是指在一个国家中个人的私利压倒了国家利益或公共利益，从而引起纷争和内乱，并且最终导致国家的衰落和灭亡。因此在马基雅维里看来，如何避免使一个国家的统治者和人民将自己的私利置于国家或公共利益之上，就成了事关国家生死存亡的头等大事。在这一点上，马基雅维里与古代政治哲学的关怀并无不同。二者都强调，就一个国家来说，公共利益必须高于个人利益，否则就必然导致国家的衰落和灭亡。不过他们的出发点和根据却是完全不同。在古代政治哲学那里，国家在自然上构成了个人的终极目的，因此国家高于个人，或者说公共利益高于个人利益。但由于否定了古代政治哲学的这种目的论，马基雅维里不可能在目的或道德的意义上为公共利益辩护，只能返回到政治的开端，也就是人的必然性。对君主或统治者来说，必然性则意味着追求统治的野心和荣耀感。而在人民那里，这种必然性意味着追求生存与安全的基本欲望。[1]

就个人的必然性或个人利益来说，马基雅维里并没有区分所谓的好的统治者和坏的统治者，或者说明君与暴君，因为无论前者还是后者都是受追求野心、荣耀等必然性驱使。至于采用何种统治手段，是符合道德还是不符合道德，完全无关紧要，重要的是他们是否获得成功，是否给国家带来和平与安宁。譬如，从传统道德的角度来看，恺撒·波几亚无论如何都应该属于残酷和邪

---

[1] 苏利婉（Vickie B. Sullivan）指出了马基雅维里对待个人利益与公共利益的复杂态度："为了促进公共利益，他（马基雅维里。——笔者注）无意教导公民放弃他们自私自利的激情，正是这种激情创造了两个党派之间的争论。"Vickie B. Sullivan, *Machiavelli, Hobbes, and the Formation of a Liberal Republicanism in England*, Cambridge University Press, 2004, p.78.

恶的暴君，但恰恰是他的野心、贪欲、残酷和工于心计的手段使罗马尼阿恢复了和平和秩序。但是从国家的必然性或公共利益的层面来看，马基雅维里又被迫像传统的政治哲学家一样，将是否关心公共利益并且在多大程度上实现这一目的，作为区分好统治者与坏统治者的标准：前者包括居鲁士、摩西、罗慕洛斯和忒修斯等贤明的君主，后者则是历史和现实中各种无能的统治者和臭名昭著的暴君。譬如，在谈到罗慕洛斯的杀死兄弟和同僚的不义之行时，马基雅维里认为，罗慕洛斯之所以值得谅解，是因为他的所作所为并非为了个人利益，而是为了整个国家的公共利益。

当马基雅维里谈到人民，尤其是共和国的人民时，他对公共利益的强调就变得更加突出了。与君主国最大的不同在于，共和国对于公民德性有着更高的要求。一个共和国的建立固然需要一个具有非凡德性的创立者，但它的维护却需要依靠更多具有公民德性、公共责任感和爱国主义精神的公民。正如他所说，"共和国或王国的安全，不系于生前治理精明的君主，而系于一人妥善谋划的制度，使其死后仍能延续。"[1] 但是，大多数人

---

〔1〕 马基雅维里，《论李维》，第80页。

都是非良善之辈，他们的天性总是倾向于自私自利，结党营私，置国家或公共利益不顾。因此，一切共和国都有可能背离其创立者的初衷走向堕落和败坏，即使最优秀的群体也不能避免。正如斯金纳所指出的，"马基雅维里的推论的困难在于，既然美德的品质不是人民所具有的自然本质，那么怎样才能把这种品质成功地灌输给他们？"[1]

在《论李维》中，马基雅维里提出了培养公民德性的两种手段，其一是宗教，其二是法律。宗教培养人民的虔诚向善之心，法律约束了人民的为恶倾向。在这两者之中，宗教显然更为重要。前文提到，马基雅维里在谈到罗马共和国得以长时间保持自由的原因时，将其首先归功于第二任国王努马所建立的宗教："他牢固地确立了法律的地位，在这个共和国，对神的无以复加的敬畏延续了数百年之久，使罗马元老院或大人物无论筹划什么功业，都更加方便易行。只要看看无论全体罗马人民还是许多罗马人的无数活动，就可以知道，公民害怕违背誓约，更甚于害怕法律。"[2]譬如说，当汉尼拔打败

---

〔1〕 斯金纳，《马基雅维里》，第 92 页。
〔2〕 马基雅维里，《论李维》，第 78 页。

罗马人之后，罗马人打算放弃意大利，投奔西西里，西庇阿听说了这件事情之后，手里拿着利刀威胁他们，逼迫他们在神面前发誓不放弃自己的家园。[1] 在《战争的技艺》中，马基雅维里也指出，"宗教以及入伍宣誓在驯服古代士兵听从命令方面也有着重要作用。因为他们每犯一个错误，便不仅会受到可怕的肉体惩罚，而且也会受到上帝的精神惩罚。"[2] 因此，宗教的意义在于，它使人克制了自私自利之心，培养了他们对于国家或公共利益的热爱。

但是，在肯定宗教的同时，马基雅维里却将它彻底地政治化了。他对宗教的教义本身丝毫不感兴趣，而是仅仅将它看成是一种政治手段。他之所以反对基督教、赞成罗马宗教，并非因为前者在教义上谬误百出，而后者的教义符合真理，而是仅仅因为前者导致了政治败坏，后者则培养了公民德性和公共责任。但是，宗教又如何能够培养公民德性呢？对马基雅维里来说，这并不是因为宗教正面地引导人追求某种善（good），譬如对神的虔敬，而是因为宗教仍然诉诸人的必然性，也就是说，利

---

〔1〕 马基雅维里，《论李维》，第74页。
〔2〕 马基雅维里，《战争的技艺》，崔树义译，冯克利校，上海三联书店，2010年第1版，第136页。

用人对于受神惩罚的恐惧来使人服从。说到底，宗教以及它所维护的公民德性，仍然是来自于人追求个人私利的必然性。[1]

因此，马基雅维里对宗教的态度似乎陷入了某种两难：一方面，为了捍卫政治世界的自主性，防止宗教对政治的威胁，他必须将宗教政治化和世俗化，撕掉它的神圣面纱，将其还原或返回到人的必然性。但另一方面，他又看到，任何现实的国家都需要确立公共利益对于个人利益的优先性，否则就会出现政治的败坏和国家的衰亡。鉴于这一点，他又需要利用宗教来克制人对个人利益、野心和私欲的过分追求，培养他们的公民德性和对公共利益的关怀。马基雅维里的矛盾在于，他既担心人们的宗教感过于虔诚以至于反过来漠视甚至否定现实政治世界，又担心人们不够虔诚以至于变得自私自利，完全丧失公民德性和公共关怀；既担心人变得太善良，又

---

〔1〕 维罗利认为，马基雅维里并没有完全否定基督教，而是将它改造为一种"公民人文主义"（civic humanism）的宗教，一种共和主义的"德性宗教"（the religion of virtue）。但从马基雅维里的整体思想语境来看，维罗利的看法无疑低估了马基雅维里对于基督教的批判和否定程度。参见：Maurizio Viroli, *Machiavelli's God*, translated by Antony Shugaar, Princeton University Press: Princeton and Oxford, 2010, pp.61-63。

担心人变得太邪恶；既担心人变成天使，又担心人变成魔鬼。

在《君主论》的第十八章，马基雅维里似乎暗示了某种解决方案：君主或统治者自己可以不相信宗教，但必须让人民相信它。他认为，一个君主应该同时具备狮子和狐狸的能力，既拥有武力，又善于伪装。他自己可以不虔敬，并且也不应该虔敬，但是他必须装得很虔敬，"使那些看见君主和听到君主谈话的人都觉得君主是位非常慈悲为怀、笃守信义、讲究人道、虔敬信神的人。"[1] 他举例说，西班牙国王费尔迪南多尽管既不虔敬也不守信，但却让人觉得他既虔敬又守信，最后取得了极大的成功。[2] 在这一点上，马基雅维里心目中的榜样正是他所批判的基督教教会。在他看来，基督教的高级教士和宗教首领之所以无恶不作，"是因为他们不惧怕这种他们既看不到、也不相信的惩罚。"[3] 但是，他们却能够成功地说服人民相信惩罚的存在，由此控制了人民的精神思想，并且最终控制了人民的行动。他们将宗教变成了一种思想控制和舆论宣传的手段，而这种手段恰恰可

---

〔1〕 马基雅维里，《君主论》，第 85 页。
〔2〕 同上书，第 86 页。另参见该页的中译者注释。
〔3〕 马基雅维里，《论李维》，第 311 页。

以被世俗统治者利用。他们不用担心这种手段被人民识破，"因为群氓总是被外表和事物的结果所吸引，而这个世界里净是群氓。"[1] 在马基雅维里看来，甚至连摩西和萨沃纳罗拉都是通过伪称与上帝对话赢得了人民的信任。[2] 问题是，在马基雅维里将宗教的神圣面纱完全撕开之后，他还能否并且如何确保人民依然拥有虔敬之心和公共美德？对于这一问题，马基雅维里保持沉默。

无论如何，马基雅维里开辟了现代政治哲学的新大陆。在他之后，霍布斯、洛克、斯宾诺莎等后继者按照他的精神，继续推进他对古代政治哲学和基督教的批判。不仅如此，他们还获得了新的批判武器——现代自然科学。他们一方面对基督教和《圣经》进行了更为系统的批判，另一方面进一步摧毁了古代政治哲学的目的论基础。他们将政治返回到它的开端，也就是所谓的"自然状态"（state of nature）。在这样一个前政治和前宗教的自然状态中，每个人都是一个原子式的绝对个体，都拥有自我保存的自然权利。在他们看来，国家作为人为契约的产物，恰恰来自于个人自然权利的让渡，其目的是为

---

〔1〕 马基雅维里，《君主论》，第86页。
〔2〕 施特劳斯，《关于马基雅维里的思考》，第321页。

了更好地保护人的生命、自由和安全等权利。同马基雅维里一样，他们的意图都是要使政治摆脱宗教和传统道德的束缚和统治，获得真正的自主性。但是，在颠覆了宗教和传统道德之后，他们仍然面临和马基雅维里同样的问题，也就是个人利益和作为公共利益的国家之间的关系。为此，他们不得不重新思考政治世界的道德规范和宗教信仰问题。

曼斯菲尔德说，"马基雅维里相信，他能够将自己的事业推进到某一个关键的地方，好让'另一个人'跨一小步就能够达到目的地。"[1] 的确如此。但是，马基雅维里在将最后的荣耀留给后来者的同时，也给他们留下了一个巨大的难题：在一个完全去道德化和去宗教化的现代政治世界中，我们如何重建新的道德规范和宗教信仰？这个问题不仅困扰他们，而且困扰着自卢梭以来直至现在几乎所有的现代政治哲学家。

---

〔1〕 Harvey C. Mansfield, *Machiavelli's Virtue*, p.120.

| 第二篇 |

霍布斯论政治与宗教

一 政治的去宗教化

一个现代读者在初次阅读霍布斯的《利维坦》时，免不了会产生这样的困惑：一部讨论国家的起源与目的的政治哲学著作，为什么会花一半多的篇幅去诠释《圣经》的历史和基督教的教义？难道它们和政治哲学有什么关系吗？在今天这个所谓的现代甚至后现代社会，这种困惑或许是一种很自然的反应。对于现代西方人，甚至对于绝大多数非西方人来说，宗教早已变成了一种私人领域的信仰选择，无关乎公共领域的政治与国家权力；宗教固然不能凌驾于国家之上，但国家同样不能干涉个人的信仰选择。这就是现代自由主义所强调的政教分离（separation of church and state）原则。它不仅构成了现代自由主义政治哲学的基本原则，而且成为当今世界唯一"政治正确"的话语。在这种主流和强势的政治话语面前，少数被批判为"政教合一"的国家不但在国际政治上承受巨大的道德舆论压力，甚至在国内政治上也时刻面临政治正当性的危机，似乎一个拒绝政教分离的国家就是一个自绝于人类文明的"黑暗王国"，一个彻头彻尾的"邪恶国家"。

但是，"政治正确"并不等于哲学正确。正是由于现代自由主义占据了一种强势和主导的话语地位，它便想当然地将政教分离原则看成是一个不言自明的绝对真理或所谓的"普世价值"。它很少愿意正视、更没有能力去思考一个看似简单但却至关重要的问题：为什么一定要将政治同宗教分离开来？为什么在非西方或非基督教的其他文明世界，甚至在西方漫长的前现代时期，政治与宗教都没有出现分离，甚至在很多时候连它们是否应该分离这样的问题都不存在？是否这些非西方的伟大文明就一直生活在愚昧无知的"黑暗王国"之中？言而归总，我们必须站在一种更广阔的政治哲学视野提出这样一个问题：所谓的政教分离原则究竟是一种不言自明的绝对真理或"普世价值"，抑或仅仅是西方基督教世界在面对内部危机时的一种不得已的选择？只有正视并且澄清了这一问题，我们才能够真正地理解政教分离原则的来龙去脉，并且因此反过来为理解和评判现代政治提供一个更全面的参照。

让我们还是回到霍布斯。生活在十七世纪前期动荡不安的英国，霍布斯对政治世界唯一的经验观感就是战争。如果说马基雅维里的政治哲学所针对的现实困境是佛罗伦萨和意大利的政治动荡和分裂，那么霍布斯政治哲学的思想处境则是英国内战。正如他在《诗体自传》中所说，他一直为"英格兰遭受的痛苦折磨"感到悲伤。[1] 他的一生都笼罩在战争的阴影之中。在早年的人文主义时期，他就对古希腊伟大的史家修昔底德的名著《伯罗奔尼撒战争史》产生了浓厚兴趣，并且将它翻译成英语。由此可见，他对于战争问题是多么敏感。[2] 他的第一部政治哲学著作《法的原理：自然和政治》于1640年完稿，其目的是想为英国政治家提供某种思想资

---

〔1〕 Thomas Hobbes, "The Verse Life", in *Human Nature and De Corpre Politico*, edited with an introduction and notes by J. C. A. Gaskin, Oxford University Press: New York 1994, p.258.

〔2〕 在其《散文体自传》中，霍布斯认为"在所有的希腊史家中，修昔底德是他独特的快乐之源"，并且说，修昔底德的《伯罗奔尼撒战争史》"清楚地揭示了雅典民主的弱点和最终的失败"。Thomas Hobbes, "The Prose Life", in *Human Nature and De Corpre Politico*, p.246.

源以阻止随时可能发生的战争。在英国内战爆发之后不久（1642 年），他将《哲学原理》的第三部分单独抽出来，以《论公民》为题提前发表，希望它有助于英国尽快走出战争状态，恢复和平和秩序。[1] 在 1651 年发表的经典巨作《利维坦》中，他不仅清晰地描述了"一切人对一切人的战争"这种可怕的"自然状态"（state of nature），而且详细地论证了摆脱战争状态的可能途径。即使是在晚年的两部对话录《哲学家与英格兰法律家的对话》和《比希莫特》之中，霍布斯仍然不遗余力地反思英国内战的真正原因。

作为一位政治哲学家，霍布斯关心战争问题并不让人感到奇怪。古往今来，所有伟大的政治哲学家一定都会思考人类社会的战争与和平问题。但是，霍布斯所关心的却是一种非常特殊的战争。这是基督教世界内部所发生的战争。这种战争的内在动力不是或者不只是争

---

〔1〕霍布斯说，"就在我充实其内容，理顺其思路，缓慢而艰难地写作之时（因为我在做透彻的思考，而不是在拼凑修辞练习），适逢我的国家处在内战爆发前的几年，被统治的权利和公民应当服从的问题搞得沸沸扬扬，而这正是战争将至的前兆。这就是我为何要把其他部分搁在一边，匆忙完成这第三部分的原因。"参见：霍布斯，《论公民》的'致读者的前言'"，引自《论公民》，应星、冯克利译，贵州人民出版社，2003 年第 1 版，第 13 页。

夺世俗的权力、领土和财富，而是要争夺上帝在世俗世界的代理权：究竟是基督教教会还是世俗国家是上帝在人世间的代表？借用中国政治哲学的术语来说，这不是"政统"之争，而是"道统"之争。自西罗马帝国灭亡之后，整个西方基督教世界在长达千年的时间里之所以一直陷入无休止的混乱，根本原因无非是基督教与世俗国家之间的"道统"之争。对于霍布斯来说，英国内战在实质上仍然是这种"道统"之争的延续和表征。从政治哲学上说，英国内战所折射出来的真正问题是：在宗教和世俗政治之间，甚至在不同的教派之间，究竟哪一个才拥有至高无上或绝对的主权（sovereignty），或者说，究竟哪一个才是真正的主权者（sovereign）？正所谓"天无二日，国无二主"。一个国家不可能有两个主权者，一个臣民也不可能同时服从两种权威。如果不能化解宗教与政治之间的冲突，那么包括英国在内的所有基督教国家将永无宁日，一直处在动荡、分裂和战争的状态。

　　霍布斯的批判矛头首先指向的是罗马教会和教皇。同他的先驱马基雅维里一样，霍布斯也将教会和教皇看成是导致基督教世界陷入战争和内乱的罪魁祸首。在几乎所有的政治哲学著作中，霍布斯都不遗余力地对罗马教会和教皇进行口诛笔伐。譬如在《哲学家与英格兰法律家的对话》中，霍布斯借一位普通法研究者之口，提到教皇如何篡夺包括司法管辖权在内的世俗政治主权：

> 自诺曼征服以来，教皇天天都在蚕食世俗权力。在每一个政治共同体中，不管什么样事情，只要看起来关系到心灵问题，教皇就会主张并竭力使之归于其管辖之下。为此目的，在每个国家，他都建立了属于自己的教会法庭，几乎没有什么世俗案件他不能受理，通过这样那样的手腕，将其纳入到自己的司法管辖范围内，就这样，把世俗的案件提交到他自己设在罗马、法国或英格兰本地的法庭。[1]

在《利维坦》之中，霍布斯指出了基督教国家发生内乱的主要原因，就是出现了两个主权者，让臣民无所适从：

> 在基督教体系国家中，引起叛乱和内战最常见的借口，长期以来一直是当上帝和人的命令互相冲

---

〔1〕 霍布斯，《哲学家与英格兰法律家的对话》，姚中秋译，上海三联书店，2006 年第 1 版，第 106 页。

突时，两面同时服从的困难；这一困难迄今尚未完全解决。十分明显，当一个人接到两个互相冲突的命令时，如果知道其中一条是上帝发布的，他就应当服从那一条；另一条即是他的合法主权者（不论是君主还是主权议会）或他的父亲的命令，他都不应当服从。所以困难只在于这样一点，当人们在上帝的名义下接受命令时，许多时候都不知道这命令究竟是出自上帝，还是发布命令的人在滥用上帝的名以谋一己之私。因为正像犹太人的教会中有许多假先知以假造的梦和异象在人民之中创牌子一样，在各个时代的基督教会中也有许多假教士以妄诞和虚伪的说法在人民之中创牌子，并依靠这种名声（这是野心的本质）来统治他们，为自己求私利。[1]

霍布斯认为，教会和教皇之所以能够凌驾于世俗国家之上，是因为它声称自己拥有精神或圣灵权力（spiritual power），同时将世俗国家的权力贬低为一种

---

〔1〕 霍布斯，《利维坦》，黎思复、黎廷弼译，杨昌裕校，商务印书馆，1995 年，第 473 页。中译文根据霍布斯的英文原著有所修改，以下同。原文参见：Thomas Hobbes, *Leviathan*, Edited with introduction by Edwin Curley, Hackett Publishing Company, Inc., Indianapolis/Cambridge: 1994。

世间权力（temporal power）。这种关于精神权力与世间权力的二元论，不仅构成了基督教教义的核心，而且也是它的教会政体的基本原则。[1]从神学上说，这种二元论可以追溯到《新约》之中耶稣关于上帝与恺撒的区分。[2]但在霍布斯看来，这种二元论教义的真正来源和基础并不是《圣经》和耶稣的教导，而是希腊哲学，尤其是亚里士多德主义的目的论形而上学。中世纪的基督教神学就是受这种目的论的形而上学影响的产物。它不仅在自然与上帝、世间与精神或此岸与彼岸进行了二元划分，而且还在这两极之间由低到高地建构了一个关于善（goods）的等级秩序。[3]按照这一等级秩序，上帝处在善的顶端，象征着"至善"，而世俗政治则处于最低层次，代表了"至恶"。正是基于这种善的等级秩序，教会才有可能以上帝和精神权力的名义肆无忌惮地干涉世

---

[1] 霍布斯，《利维坦》，第465—466页。

[2] 耶稣的原话是："恺撒的物当归给恺撒，上帝的物当归给上帝。"参见：《新约·马太福音》（和合本），22：21。

[3] 霍布斯在《利维坦》的第四部分重点讨论了希腊哲学，尤其是亚里士多德哲学对于基督教神学的败坏，认为基督教的二元论教义就是来自于亚里士多德的灵魂与身体的二元论。参见：《利维坦》，第516—522、543—544页。另可参考：George Wright, *Religion, Politics and Thomas Hobbes*, Published by Springer 2006, pp.230-231。

俗政治，甚至煽动普通基督徒对抗世俗的统治者，从而使一个国家陷入无休止的内乱和战争。

在霍布斯的时代，基督教内部已经发生了分裂。以路德和加尔文为代表的宗教改革者发起了一场激烈的新教革命，激烈地批判教会和教皇的败坏。他们抛开教会和教皇的代理资格，强调直接返回耶稣的教导或福音，或者说通过个人的良知或认信直接面对上帝。但在霍布斯看来，新教并没有消除宗教与世俗政治之间的冲突，因为它仅仅用所谓的良知（conscience）或个人信仰取代了教会，却没有从根本上否定和消除精神和世间的二元对立。不仅如此，新教对世俗政治的否定和颠覆甚至比天主教有过之无不及。如果说在天主教那里凌驾于世俗国家之上的只有教会，那么在新教那里任何人和任何团体都可以以上帝、信仰或良知的名义批判、对抗和否定世俗国家。在霍布斯的眼里，英国内战的实质，无非就是新教的长老会信徒（Presbyterians）和清教徒（Puritans）等以个人良知和上帝的名义犯上作乱，反对国王。[1]

─────────────

〔1〕 马内指出，霍布斯的意图是通过建构一个"抽象国家"（abstract state），终结由宗教改革所导致的政治混乱。参见：Pierre Manent, *Democracy Without Nations, The Fate of Self-Government in Europe*, translated by Paul Seaton, Wilmington Del.: ISI Books, 2007, p.100。

更有甚者，不仅是新教与天主教，而且包括新教的不同教派，也很可能因为对《圣经》和基督教教义的理解分歧而发生冲突。它们中的每一方都认为只有自己代表了"上帝之言"（Word of God），同时批判其他教派是异端邪说。这些冲突的结果就是，在从十六世纪到十七世纪中期的一百多年时间里，包括英国在内的几乎整个基督教世界都陷入了血腥和残酷的宗教战争。因此，如何消除无休止的宗教战争，并为现实政治世界建构真正的和平与秩序，就成为包括霍布斯在内的几乎所有现代早期政治哲学家所面临的主要问题。

霍布斯并不认为宗教就一定会同政治发生冲突。正如他在《利维坦》中所说，在古罗马，政治和宗教非但没有产生根本冲突，反而是融为一体。譬如说罗马第二任国王努马就通过宗教建立了稳定的政治秩序。[1] 在伊斯兰教世界，政治与宗教也是互为一体的。唯有在基督教世界，宗教与世俗政治之间一直存在着不可调和的冲突。基督教一方面把世俗政治看成是一个野心、堕落和原罪的世界，不愿意与之"同流合污"；另一方面又不能并且不愿意放弃世俗政治，因为它将拯救世俗政治当成

---

[1]　霍布斯，《利维坦》，第 83、87 页。

自己的使命。因此对霍布斯来说，要想消除基督教世界之中宗教与世俗政治之间的冲突，唯一的选择只能是将世俗政治彻底地"去神圣化"或"去宗教化"，使它摆脱一切宗教力量的束缚和控制。

和他的先驱马基雅维里一样，霍布斯为了实现政治的"去宗教化"，首先将宗教和政治这两者还原到它们的共同开端——人。他的理由很简单：既然宗教和政治发生冲突，那就表明它们之间一定存在着共同点——两个没有任何共同点的事物是不可能发生冲突的；鉴于它们在终极的目的（end/telos）或"至善"上存在着根本分歧和对立，那么二者的共同点只能是开端（beginning），而不是目的（end）。说得更清楚一些，霍布斯认为宗教与政治的共同开端就是人的"自然状态"（state of nature）。在这种前政治的"自然状态"之中，每个人都竭尽全力地追求力量或权力以确保自己的生存、安全或荣耀。对他们来说，凡是满足自己欲望的就被看成是善（good），而妨碍自己欲望满足的一切就意味着恶（evil）。但是，正因为每个人都无休止地追求权力，其结果却是每个人都面临死亡甚至"暴死"（violent death）的威胁，并且最终陷入"一切人对一切人的战争"。出于对这种"战争状态"的恐惧感，人们相互之间订立契约，将除生存之外的所有自然权利都让渡或授予国家。

霍布斯返回开端或"自然状态"的结果，就是将政治同一切宗教、神学和形而上学等超政治的"目的"或"至善"划清了界限。作为一个中立的受委托者，国家的目的就是它的起源或开端——人的自我保存欲望和安全感。因此，倘若说国家有什么目的，那么它的唯一目的仅仅是防止"至恶"，防止"一切人对一切人的战争"出现，消除人的不安全感以及对死亡或暴死的恐惧，而不是实现人的"至善"。因为在霍布斯眼里，"善"完全是一种主观的欲望，不同的人出于不同的宗教信仰、价值观或情感等，对于善、尤其是至善的看法很可能完全对立，因此根本不存在人人都能接受的"至善"。倘若强行以某种"至善"为标准要求他人，那么结果就很可能是人与人之间的冲突和战争。事实上，霍布斯认为这就是基督教世界发生宗教战争的根本原因。由是观之，消除宗教战争的唯一方法就是反其道行之，将宗教作为私人信仰同国家划清界限：国家仅仅维持外在的政治和平与安宁，而对不同宗教或教派的"诸神之争"完全保持中立。因此，无论霍布斯是否可以被看成是一位自由主义者，但他的确是自由主义"政教分离"原则的真正奠基人。

在将政治"去宗教化"之后，霍布斯依据自己的自然哲学和公民哲学（或政治哲学）对宗教的起源和本质做出了创造性的阐释。他首先从自然哲学的角度将宗教回溯到人的自然本性。宗教不再意味着一种超自然的神圣启示，而是一种植根于人性本身的自然激情，也就是对未知力量或原因的恐惧。如果说这种未知的力量就是神，那么宗教则意味着对神的崇拜。但这样一来，宗教本身就成了一把双刃剑：它一方面固然可以教导人服从国家，另一方面也能够鼓动人反抗国家。倘若将人们对神的崇拜与对国家的崇拜合而为一，那么效果当然是最好；但是，倘若反过来利用人们对神的崇拜、对未知力量的恐惧来控制甚至反对国家，那么宗教与政治之间的冲突与战争就会出现。就这两种效果而论，古罗马宗教和伊斯兰教代表了前者，而基督教则代表了后者。霍布斯清楚地看到，基督教之所以能够干涉世俗政治，是因为它利用了人们对于死后惩罚和地狱的恐惧。对于绝大多数人来说，这种恐惧的力量远远压倒了世俗国家的威慑力，因此当宗教势力与世俗国家发生冲突时，他们会毫不犹豫地站在宗教一边反对国家。

有鉴于此，霍布斯站在哲学和历史—语义学的立场对基督教的教义做出了全新的解释。他不仅否定了地狱、永恒惩罚、二次死亡等俗见和迷信，而且颠覆了先知、预言、启示、圣灵（精神）的传统含义，将它们从超自然和超理性的启示解释为一种低于理性的想象或隐喻。他完全抛弃了"上帝之国"和"三位一体"等传统教义的神圣色彩，不仅将"上帝之国"看成是一种纯粹的"世俗之国"，甚至把"三位一体"解释成上帝之"位格"（person）在历史中的三次被代表。更有意思的是，霍布斯并不承认自己是一个无神论和敌基督者，相反他坚信只有自己的解释才最符合耶稣的教导和基督教的真义，因为传统的基督教神学早已被亚里士多德的哲学所败坏，堕落成为不折不扣的"黑暗王国"。无论是批判，还是再解释，霍布斯的最终意图当然都是要突出国家的至高无上的权威和地位。

对于霍布斯来说，要想重建世俗国家的主权或绝对权威，我们必须首先返回到一种国家或前政治的状态，也就是自然状态。只有澄清了自然状态的本质特征，我们才能理解国家的起源和目的。

二　自然状态与宗教

不少学者指出，霍布斯的"自然状态"学说是将基督教相关教义进行世俗化的结果。譬如基督教神学家奥古斯丁就首先区分了人的自然状态与恩典状态（state of Grace），然后针对自然状态进一步区分了堕落前的自然状态（伊甸园）和堕落后的自然状态（吃了知识禁果之后）。[1] 只是在借用"自然状态"这一概念时，霍布斯完全消除了它的神学色彩。对他来说，既不存在高于自然状态之上的神圣恩典状态，也无所谓堕落和不堕落的

---

〔1〕 列奥·施特劳斯，《自然权利与历史》，彭刚译，三联书店，2003年第1版，第188页。

自然状态之分。不仅如此,他还使自然状态进一步摆脱了亚里士多德主义的目的论色彩。作为伽利略的同时代人和崇拜者,霍布斯是现代自然科学的坚定捍卫者。他完全在机械论的意义上理解自然。对他来说,自然就是纯粹的物质和力的机械运动,既没有任何内在或终极的目的,也没有神圣的恩典。这一规定不仅适用于一般意义的自然,同样适用于人的自然(human nature)。

就人的自然而言,霍布斯不仅否定了亚里士多德的自然和基督教的恩典,甚至进一步否定笛卡儿的心物二元论。他坚持认为,心灵(mind)并不是独立于身体(body)的另一个实体,而是身体受外物刺激或碰撞的结果。[1] 在《利维坦》中,霍布斯将人的运动区分为生命运动(vital motion)和意愿运动(voluntary motion)。所谓生命运动就是指"血液的流通、脉搏、呼吸、消化、营养、排泄等过程"[2]。而"意愿运动"则是指"按照首先在心中想好的方式行走、说话、移动肢体"[3]。就"意愿运动"来说,当外物作用于人的身

---

[1] 关于霍布斯与笛卡儿的相关思想分歧,可参考王军伟的研究。参见:王军伟,《霍布斯政治思想研究》,人民出版社,2010年第1版,第45—46页。

[2] 霍布斯,《利维坦》,第35页。

[3] 同上。

体感官之后，感官便会留下外物的现象或表象，也就是感觉。当外物的作用消失之后，出于运动的惯性，感觉并不会消失，而是变成了想象或记忆。想象或记忆的结合就构成了人的心理联系（mental discourse），这种心理联系又可以区分为有规则（regulated）的联系和无规则（unguided）或任意的联系。无规则的心理联系当然就是幻觉和迷信，而有规则的联系则包含了内在的因果秩序。因此有规则的心理联系既可以由结果追溯原因，这就是慎虑（prudence）；也可以从原因独立地推导出结果，这就是推理或理性（reason）。倘若我们用语言取代心理观念，那么心理连接就成为一种语言连接，譬如推理就变成一种名词的加减计算。霍布斯认为，虽然心理连接和语言连接是完全对应的，但后者却在很大程度上能够独立于前者，因此只有借助于语言，我们才能形成真正的知识（science）。

当然，人的"意愿运动"并不只是对外物的被动认识，还包含了对外物的主动反应。这种反应的开端被霍布斯称为意向（endeavor/*conatus*）。当这种意向指向某种吸引它的事物时，就成为欲望（desire），当它避离某种事物时，就成为厌恶（aversion）。在霍布斯那里，欲望和爱是同义词，正如厌恶与恨是同义词一样。凡是欲望或爱的对象就是善（good），凡是厌恶或恨的对象就是恶（evil）。对于善的感觉就是愉快，对于恶的感觉就是不愉快或痛苦。鉴于"善"就是欲望的满足，而欲望又随着每个人身体状态的变化而变化，霍布斯否定了"善"的客观性。[1] 所有这些欲望、爱、恨、厌恶、快乐和痛苦等，以及它们之间的各种复杂组合，就构成了心灵的激情（passions）。

霍布斯认为，就意愿运动而言，人的所有认知，包括感觉、想象、慎虑和推理等，都从属于激情，为欲望或激情服务，而这些激情或欲望最终都指向人的一种最基本的欲望——自我保存（self-preservation）。要想保存自己的生命，人需要力量或权力（power），因此顺理成章的是，人的所有欲望或激情都是为了追求力量或权力。对于人来说，权力原本只是他追求自己的善、满足其欲望的手段，但由于不存在终极或自在的善，对权力的欲望本身反倒变成了人的真正和唯一的目的。同其他自然万物一样，人作为生命运动和意愿运动的统一体就是一种不断地追求力量和权力的运动。一旦失去权力，人的运动就会停止，人的生命就会终结。正因为如此，霍布

---

[1] 霍布斯，《利维坦》，第37页。

斯猛烈地批判了以亚里士多德为代表的古代道德哲学家：

> 旧道德哲学家所说的那种终极的目的和最高的善根本不存在。欲望终止的人，和感觉与映象停顿的人同样无法生活下去。幸福就是欲望从一个目标到另一个目标不断地发展，达到前一个目标不过是为后一个目标铺平道路。所以如此的原因在于，人类欲望的目的不是在一顷间享受一次就完了，而是要永远确保达到未来欲望的道路。[1]

霍布斯对于人之自然本性的这种机械论式的理解，的确颠覆了亚里士多德的目的论。倘若用亚里士多德的术语来表述，那么霍布斯仅仅保留了人的质料和潜能，却否认人的终极的形式或目的。[2] 从政治哲学上说，霍布斯断然否定了亚里士多德对于人的经典规定：人在自

---

[1] 霍布斯，《利维坦》，第 72 页。

[2] 曼斯菲尔德对比了霍布斯的权力与亚里士多德的潜能（potentiality）这两个概念，指出二者的根本区别在于，权力不指向更高的目的或形式，而潜能总是指向相应的目的或形式。参见：Harvey C. Mansfield, *Taming the Prince, The Ambivalence of Modern Executive Power*, The Johns Hopkins University Press, Baltimore and London: 1993, pp.171-172。

然上是政治的动物。在霍布斯看来，人在自然上是一个原子式的独立个体，既不属于他人，也不属于国家。[1]不过，正如卢梭后来所批评的那样，霍布斯的反目的论似乎仍然不够彻底。他虽然否定人在自然上是政治的动物，但却认为人仍然同他人生活在一起。[2] 这恰恰是导致人不幸和苦难的根源。因为，倘若一个人需要和他人一起生活，那么他的自我保存和安全就不是像卢梭笔下的自然人那样受制于单纯的自然环境，而是更多地受制于具有同样欲望的他人。[3]

---

〔1〕 马克·里拉认为霍布斯的反对目标是《圣经》和基督教关于人的看法。这显然是不准确的。因为从《利维坦》的第四卷，我们可以很清楚地看到，霍布斯所批判的不仅是基督教神学，而且更主要的是以亚里士多德为代表的古代哲学。参见：Mark Lilla, *The Stillborn God, Religion, Politics and the Modern West*, Alfred A. Knopf, New York: 2007, p.77。

〔2〕 卢梭说："所有这些人不断地在讲人类的需要、贪婪、压迫、欲望和骄傲的时候，启示是把从社会里得来的一些观念，搬到自然状态上了；他们论述的是野蛮人，而描绘的却是文明人。"参见：《论人类不平等的起源和基础》，李常山译，东林校，商务印书馆，1962年第1版，第71页。

〔3〕 对于这一点，奥克肖特有很精辟的论述："人们相互需要，因为没有他人就没有优势，没有优越性的承认，没有荣誉，没有赞扬，没有显著的幸福；然而人人相互为敌，并且卷入对于优越性的竞争，而在这场竞争中，他不可避免地为自己的失败感到不安。"显然，奥克肖特是站在黑格尔的立场来解释霍布斯。参见：Michael Oakeshott, *Hobbes on Civil Association*, foreword by Paul Franco Liberty Fund: Indianapolis: 1975, p.88。

在霍布斯的眼里，人与人之间无论在身体还是心灵方面的能力都大致平等。即使人与人之间在某些方面的确存在着不平等或差异，但这种不平等并不足以保证一个人就能获得比他人更多的利益，因为"就体力而论，最弱的人运用密谋或者与其他处在同一种危险下的人联合起来，就能具有足够的力量来杀死最强的人"。[1] 即是说，在暴死或脆弱性面前，人人平等。尽管人与人是平等的，但人们通常不愿意承认这一点，而是反过来认为自己比他人优秀，所以应该占有更多，甚至应该统治他人。而且，"每个人都希望共处的人对自己的估价和自己对自己的估价相同。"[2] 就此而言，权力在霍布斯那里成了一个相对的概念：一个人拥有多少权力并不取决于自己，而是取决于他人。他对权力的追求犹如逆水行舟，不进则退。即使他的权力相对自身来说已经增长，但是倘若他人的权力增长得更多，那么他的权力就反而变得更少了。

霍布斯区分了人追求权力的两种动机或激情，首先是自我保存的需要，其次是压倒他人的荣耀或虚荣。大

---

〔1〕 霍布斯，《利维坦》，第 92 页。
〔2〕 同上书，第 93 页。

多数人追求权力是为了自我保存，少数人追求权力则不仅是为了自我保存，而是为了享受权力的荣耀，为了"把征服进行得超出了自己的安全所需要的限度之外，以咏味自己在这种征服中的权势为乐"。[1] 但是，恰恰是少数人的征服欲或荣耀感，使得多数人即使是出于单纯的自我保存，也不得不尽可能地追求更大的权力，因为"这种统治权的扩张成了人们自我保全的必要条件，应当加以允许"。[2] 这样一来，一个人无论是出于荣耀还是出于自我保存，无论是自愿还是被迫，都必须尽可能地追求更多、更大的权力。诚如霍布斯所说，"我首先作为全人类共有的普遍倾向提出来的便是，得其一思其二、死而后已、永无休止的权势欲。造成这种情形的原因，并不永远是人们得陇望蜀，希望获得比现已取得的快乐还要更大的快乐，也不是他不满足于一般的权势，而是因为他不事多求就会连现有的权势以及取得美好生活的手段也保不住。"[3]

由于每个人都竭尽全力地追求权力，自然状态必定是一种相互冲突和战争的状态。而且正如霍布斯所

---

〔1〕 霍布斯，《利维坦》，第 93 页。

〔2〕 同上。

〔3〕 同上书，第 72 页。

说，这种战争是"一切人对一切人的战争"。当然，战争未必就一定表现为实际的行动，在大多数时候其实是一种战争和敌对的意图。即使是在和平时期，人与人之间也充满了相互的警惕和防备。因此，战争似乎构成了人类社会的常态，而和平不过是潜在的战争。不过，霍布斯并不认为自己是在攻击人的自然天性。他认为，人的欲望和激情是无辜的，并不像基督教所批判的那样充满原罪。因为在自然状态中，既没有国家，也没有法律，无所谓正义和不正义。就这一点来说，霍布斯的确站在一种纯粹机械论的立场。这显然是一种非道德的（immoral）立场，一种尼采式的"超善恶"（beyond good and evil）立场。

但是，霍布斯的矛盾或犹豫在于，他不可能将这种"非道德主义"或"超善恶"的立场贯彻到底。为了使人摆脱自然状态，他需要一种最低限度的道德标准，他必须按照这种标准来评判人的激情，以区分哪一种激情是善的，哪一种激情是恶的。在他看来，虽然我们不知道"至善"（*summum bonum*）是什么，但我们却清楚地知道，这种"一切人对一切人的战争"及其造成的"暴死的恐惧"是"至恶"（*summum malorum*）。反过来说，人与人之间的和平与安全就成了最低限度的道德规范。

用传统道德哲学的话说，和平与安全是一种"共同之善"或公共利益（common good），而用霍布斯的话说，则是一种自然法（natural law）。按照这种最低限度的道德规范或自然法来衡量，那么在人的自我保存和荣耀这两种激情之间，究竟孰是孰非就再清楚不过了。对于一个人来说，追求自我保存显然是天经地义的（right by nature），因此是一种"自然权利"（natural right）。相反，倘若一个人不是为了自我保存而是出于荣耀感去追求权力，那么他显然是不道德的。在这一点上，霍布斯同马基雅维里的看法非常接近，后者同样认为人民追求生存与安全比贵族追求统治和压迫要符合正义。[1]

在霍布斯的道德哲学中，所谓荣耀、野心、骄傲和虚荣等激情之间的区别似乎消失了，它们都意味着人对超出自我保存之外的权力的欲求。在这种激情的支配下，人追求权力似乎并不是为了自我保存，而是首先为了向他人炫耀。不过比较起来，霍布斯更喜欢用虚荣（vainglory）来命名这种激情，因为它特别点出了这一激

---

〔1〕 马基雅维里，《君主论》，潘汉典译，商务印书馆，1985年第1版，第46页。另可参考曼斯菲尔德和马内的相关评论。曼斯菲尔德，"《论李维》导论"，引自：马基雅维里，《论李维》，冯克利译，上海人民出版社，2005年第1版，第13—15页；Pierre Manent, *An Intellectual History of Liberalism*, p.15。

情的"虚妄"（vain/vanity）。与自我保存相比，虚荣更依赖于他人的认可，对自己缺乏清醒的认识，往往使人过高地估计自己的力量，同时过低地估计他人的力量。因此，如果说自我保存尚能够与理性相容，那么虚荣则与理性格格不入。

霍布斯认为，要想摆脱战争、实现和平，那就必须在肯定自我保存的同时，抑制人的虚荣。就自我保存来说，霍布斯甚至更倾向于从否定的意义上来理解它。有的时候，他更喜欢用对死亡甚至"暴死"的恐惧，而不是自我保存。这是促使人摆脱自然状态的根本动机和最大动力。除此之外，人还拥有理性计算或斟酌的能力，能够认识到和平比战争更有利于他的自我保存。如果说自我保存是人的自然权利，那么和平则是最低限度的道德法则，也就是"自然法"。自然法并不是传统道德哲学所说的那样是一种最高的道德律令，而是一种最低的道德法则。霍布斯重点讨论了前两条自然法：第一自然法是追求和平，第二自然法是契约，也就是权利的相互让渡。这是每一个有理性的人都能认识到并且愿意服从的道德法则。

问题在于，人能否仅仅凭借理性去认识并且服从自然法？正是在这个问题的反衬下，宗教这一主题的重要性凸显出来了。

霍布斯对宗教的理解是同他对人的认识能力的思考分不开的。与基督教神学的看法截然相反，霍布斯自始至终把宗教信仰或启示看成是一种低于理性的想象、幻觉，甚至癫狂，而不是高于理性的神圣启示或灵感。在《利维坦》的第十二章，霍布斯详细讨论了宗教的起源。他首先认为，宗教的根源是人，而不是神。与动物不同，人总有一种探究原因的自然倾向，倘若他不知道一个现象的原因，他就会感到恐惧和焦虑。他对原因的探究与恐惧最终会延伸至第一因（first cause）。为了消除这种恐惧和焦虑感，他便将这种不可知的原因或第一因想象成一种高于人的力量，也就是神，并且用人的方式对它表示崇拜。通过对神的崇拜，人便自以为获得了关于未来的知识，这就是所谓的先知（prophet）或"预言"（prophecy）。

但正如前文所说，宗教是一把双刃剑：它既可能促成人与人之间的和平，也可能导致人与人之间的战争。一方面，宗教让人在神面前感到渺小和恐惧，因此能克制人的野心、虚荣和贪欲；但另一方面，它也让人自认为获得了神的特殊启示或恩典，所以往往使人变得更加自负和骄傲。就这两种效果来说，霍布斯更强调的是后者。当人自以为受到神的启示之后，他就变得非常狂热和非理性，因此无法认识自己的真正利益，即自我保存和安全。[1]"在自以为受到神的启示而且对这种看法着了迷的一群人当中，其愚行的效果常常不能通过这种激情在一个人身上所产生的任何十分过分的行为看出来。但当他们许多人聚谋时，整个一群人的怒狂就十分明显了。"[2]更有甚者，这种宗教的狂热很容易被少数野心家和教士所利用。他们打着信仰或神祇的旗号，挑起人与人之间的纷争与战争，并且煽动人们反抗国家和主权者。无论在《论公民》，还是在《利维坦》中，霍布斯在谈到导致国家解体的内在原因时，首先都会提到宗教。归根到底，宗教冲突和战争的原因是人的激情，尤其是人非理性的虚荣。因此对霍布斯来说，只有把宗教完全"去神圣化"，将其还原为一种人的激情，才能在根本上理解和解决由宗教引起的冲突和战争。

毋庸置疑，霍布斯对宗教的解释完全颠倒了基督教关于理性和启示之关系的古老规定。在基督教神学之中，

---

[1] 施特劳斯指出：霍布斯最终是将宗教看成是受"虚荣"的主导，并且认为这种非理性的激情压倒了自我保存，因此对政治产生很大危险。参见：Leo Strauss, *Spinoza's Critique of Religion*, translated by E. M Sinclair, The University of Chicago Press, 1965, p.96-97.

[2] 霍布斯，《利维坦》，第 55 页。

理性作为启示的婢女完全服从于启示，因为启示是一种超自然的恩典，和人的自然理性不可同日而语。但在霍布斯看来，恰恰是这种所谓超自然的启示使得人们陷入非理性的狂热激情，不能在理性的指导下去认识并追求自己的真正利益，也就是自我保存和安全。事实上，以人的方式理解宗教信仰或启示，本身就已经是对它的贬低甚至否定。当霍布斯将宗教还原为人的一种自然激情时，他就已经消解了宗教或启示的神圣性和神秘性，并且确立了理性对于启示的优先和统治地位：只有理性才能使人获得真正的知识，而宗教或启示不过是一种非理性的想象、幻想甚至迷信。霍布斯指出：

> 这种神的启示的看法一般通称为秘启精神。经常是由于幸运地发现了旁人一般通犯的错误而来的。他们由于不知道或忘记了通过怎样一种推理过程得出了这样一种独特的真理（自信如此，其实许多时候他们所见到的往往是非真理），于是马上便沾沾自喜，以为得到了全能的上帝特别的眷顾，通过圣灵以超自然的方式向他们启示了这样一种真理。[1]

---

〔1〕 霍布斯，《利维坦》，第 56 页。

但是，作为一个彻底的唯名论者（nominalist），霍布斯认为所有的知识都来源于感觉和想象，而感觉和想象都是外物作用人的身体的结果。这就意味着，我们不可能完全抛开我们的身体去认识外物，不可能摆脱主观性去获得纯粹客观的知识。在《利维坦》的第九章，霍布斯将知识分为两种：一种是关于事实的知识（knowledge of fact），另一种是关于断言之间因果推理的知识（knowledge of the consequence of one affirmation to another）。前一种知识是感觉和记忆，被称为绝对的（absolute）知识；后一种知识就是科学，是有条件的（conditional）知识。[1] 按照霍布斯的这种规定，感觉和记忆虽然是无条件或绝对的知识，但却是偶然的经验知识；相反，科学虽然是必然的知识，但却是有条件的。因为科学知识的前提是正确的定义，而所有的定义都是基于感觉和记忆的一种抽象。严格说来，所有的科学知识都是一种假定——它与其说是人对自然的真正发现，毋宁说是一种创造，或者像康德后来所说的那样是"人为自然立法"。

因此，霍布斯的理性主义恰恰隐藏着一种根深蒂固

---

〔1〕 霍布斯，《利维坦》，第61—62页。

的怀疑主义。正如前文所说，霍布斯不仅否定了包括人在内的整个自然世界的内在目的或秩序，而且排除了上帝的恩典。这样一来，整个自然世界就变成一个混乱、无序和无限的世界，一个没有任何方向和位置感的宇宙。正如他的同时代人数学家兼基督教神学家帕斯卡尔所说，"这些无限空间的永恒沉默使我恐惧"。[1] 置身在这样一个混乱无序的世界之中，人的真实处境仿佛是丹尼尔·笛福笔下的鲁宾逊，孤立无援，没有任何外来帮助，既不能依靠自然的内在目的或秩序，也不能指望上帝的恩典。因此，他必须依靠自己的理性能力给这个混乱的自然世界创造秩序。对于人的世界来说，道理也是一样。霍布斯认为，我们也可以并且必须通过自己的理性为这个混乱无序的"自然状态"创造出真正的秩序。

---

[1] 帕斯卡尔，《思想录》，何兆武译，商务印书馆，1985年第1版，第101页。此外，他还说："看到人类的盲目和可悲，仰望着全宇宙的沉默，人类被遗弃给自己一个人而没有任何光明，就像是迷失在宇宙的一角，而不知道是谁把他安置在这里的，他是来做什么的，死后他又会变成什么，他也不可能有任何知识；这时候我就陷于恐怖，有如一个人在沉睡之中被人带到一座荒凉可怕的小岛上而醒来后却不知道自己是在什么地方、也没有办法可以离开一样。因此之故，我惊讶何以人们在这样一种悲惨的境遇里竟没有沦于绝望。"参见：《思想录》，第328页。另可参见：施特劳斯，《自然权利与历史》，彭刚译，三联书店，2003年第1版，第178—179页。

不过，既然理性是一种创造而不是发现，那么理性能否在根本上驳倒并且否定启示，就仍然是一个悬而未决的问题。同样的道理，霍布斯也没有言之凿凿地告诉我们，人能够完全抛开启示、仅凭理性就能达成契约，并且建立国家。相反，他倒是不遗余力地强调，很少有人能够单凭理性自觉自愿地服从自然法，信守契约。因为"不以强力防卫强力的信约永远是无效的"。[1] 大多数人之所以遵守契约，不是因为理性的自觉自愿，而是因为对违反契约的后果感到恐惧。这种恐惧的对象有两种，"一种是不可见的神鬼力量，另一种是失约时将触犯的人的力量。"[2] 前一种力量当然就是宗教，后一种则是赤裸裸的武力。在霍布斯看来，在文明社会之前，宗教对人的威慑力更大。霍布斯说：

> 在文明社会的时代以前，或在战争使文明社会状态中断时，除开各人对自己崇拜如神并看作在背信弃义时会对自己进行报复的那种不可见的力量所感到的畏惧以外，就没有其他东西可以加强通过协

---

〔1〕 霍布斯，《利维坦》，第 106 页。
〔2〕 同上书，第 107 页。

议订立的和平条约，使之不为贪婪、野心、肉欲或其他强烈欲望的引诱所危害。因此，不受世俗权力管辖的两造之间所能做的一切，便是彼此相约到所畏惧的神面前去发誓。[1]

不过在霍布斯的眼里，宗教作为一种激情给人带来的更多是狂热、仇恨和战争。当霍布斯提到英国内战时，他首先想到的原因就是宗教的狂热和仇恨。要想克服这种狂热和仇恨，我们必须建立一种公共权力来压制、对抗甚至统治宗教，将它变成一种纯粹的私人信仰。对于霍布斯来说，这种公共权力就是国家。

---

[1] 霍布斯，《利维坦》，第107页。

三 个人与国家

　　霍布斯向来被看成是现代社会契约理论的首创者。但必须指出的是，用所谓的社会契约理论来概括霍布斯的政治哲学具有很大的误导性。因为他反复强调，契约作为一种自然法或道德法则，仍然属于前国家或前政治的自然状态。自然法本身没有力量作为自己的后盾，因此本身并不具有强制性。在霍布斯看来，没有武力为后盾的契约不过是一纸空文。与此相反，国家却是具有至高无上的权威和强制力量。事实上，按照霍布斯在《利维坦》第九章中对科学门类的划分，契约作为一门"关于正义和不正义的科学"（the science of just and unjust），仍然属于自然哲学的范畴。相反，国家的建立却是公民哲学（civil philosophy）的内容。在霍布斯那里，区分"自然的"（natural）与"公民的"（civil）的唯一标准就是：前者有没有公共权力（common power）作为后盾，后者则拥有这种后盾。自然状态之所以是"一切人对一切人的战争"状态，就是因为它缺乏这种"公共权力"。

"自然的"与"公民的"这一区分表明，霍布斯并没有将国家简单地理解为契约的产物。事实上，在契约和国家之间存在着一个决定性的断裂，不能从前者直接推导出后者。在霍布斯看来，人在自然上并非如亚里士多德所说的那样是"政治的动物"，而是处在混乱、无序和相互敌对的战争状态。我们无法想象，从这种混乱无序和相互战争的自然状态中如何能够"自生自发"地形成某种"秩序"，形成国家。那么，作为"公共权力"的国家究竟是如何产生的？霍布斯的回答是，国家的统治权力来自于人的委托或授予。这就涉及霍布斯政治哲学中的一对非常重要的概念：授权与代表。

在《利维坦》的第十六章，霍布斯用人格（*persona*）这一拉丁文词语来解释授权（authorize）与代表（represent）的含义。

　　一个人格（person）就是，他的言辞或行动要么被看成是他自己的言辞或行动，要么被看成是代表另一个人的言辞或行动，要么被看成是代表了任何其他——无论是真正还是虚拟地被赋予了言辞或行动——事物的言辞或行动。倘若这些言辞或行动被看成是他自己的，那么他就被称为自然人格（natural person）；倘若它们被看成是代表了他人的言辞与行动，那么他就是一个虚拟的或人为的人格（feigned or artificial person）。

所谓自然人格就是授权人（author），而虚拟或人为人格则相应地成了代理人（actor）或代表（representative）。代理人或代表虽然是一种人为的人格，但却能够在授权人的授权范围内代表他的一切言辞和行动，就好像是他本人一样。正是通过授权和代表这一对概念，霍布斯解释了从自然状态（natural condition/state of nature）到公民状态（civil condition）的跳跃，也就是国家的产生过程。在《利维坦》的第十七章（也就是第二部分"论国家"的第一章节），霍布斯将这一过程概括如下：

　　如果要建立这样一种能抵御外来侵略和制止相互侵害的共同权力，以便保障大家能通过自己的辛劳和土地的丰产为生并生活得很满意，那么唯一的道路就是把大家所有的权力和力量付托给某一个人，或者托付给一个能通过多数的意见把大家的意志化为一个意志的多人组成的集体。这就等于是说，指定一个人或一个由多人组成的集体来代表他们的人格，每一个人都承认他们授权给那个承担着他们人格的人，承认他在事关公共和平或安全方面所采取的任何行为、或命令他人所做出的行为，并且承认使他们所有人的意志都服从他的意志，使他们的判断服从他的判断。这就不仅是同意或协调，而是将他们所有人在唯一的人格之中形成的真正统一；这个人格是大家人人相互订立信约而创造出来的，其方式就好像是，每一个人都向每一个人说：我将统治自己的权利授予或转让给这个人或者这个集体，条件是，你也将自己的这个权利转让给他，并且以同样的方式授权给他的一切行为。这一点办到之后，像这样统一在一个人格之中的群体就被称为一个国家（commonwealth），在拉丁文中叫做城邦（civitas）。[1]

这段经常被引用的文字几乎浓缩了霍布斯政治哲学的全部要点。首先需要强调的一点就是，霍布斯将国家

---

[1] 霍布斯，《利维坦》，第 131 页。

理解为一个人为的人格或人造人（artificial man）。也就是说，国家并不是像亚里士多德所说的那样自然地形成，而是人通过理性的技艺（art）创造出来的。作为一种技艺或人为的创造物，国家的质料和它的制造者（artificer）都是人。[1] 在这一点上，霍布斯同此前的马基雅维里一样，都是用人取代了古代政治哲学的自然和基督教的上帝，作为国家和政治秩序的真正创造者。

其次，霍布斯关于国家形成的论述，还奠定了后世关于公民社会（civil society，又译"市民社会"）与国家这一经典区分的哲学基础。因为从逻辑上——当然仅仅是逻辑上，而不是事实上——说，国家的形成可以分为两个阶段：第一个阶段是所有的人相互订立契约，同意将统治自己的权利授予给一个人或一个集体，并且由他或他们来代表自己；第二个阶段是真正的授权，建立国家。[2] 按照洛克与卢梭等后继者的说法，人首先通过契

---

〔1〕 霍布斯，"《利维坦》引言"，参见：《利维坦》，第 1—2 页。

〔2〕 劳伦斯·伯恩斯指出，在霍布斯那里，"社会契约有这样两个部分：①未来国家的每一个成员与他人相互结约承认他们多数一致赞同的人或集团作为最高统治。②投票选举决定谁或什么样的集团作为最高统治者，所有不是契约当事人的人还停留在战争状态，因而是他人的敌人。"参见：《政治哲学史》（上），列奥·施特劳斯、约瑟夫·克罗波西主编，李天然等译，河北人民出版社，1998 年版，第 461 页。

约所形成的正是某种公民社会，或者直截了当地说，人民（people），然后再由人民授权给国家，让国家代表人民言说和行事，保护人民的权利。这种看法虽然与霍布斯的本意相去甚远，但其思想源头却要追溯到他。不少学者就此认为，尽管霍布斯本人在政治上是一位保皇党人和君主制的推崇者，但在政治哲学上却将民主制看成是真正甚至唯一的政体。[1]

抛开这一点不谈，对霍布斯来说，在建立国家的过程中起最终决定性作用的是"授权"和"代表"，而不是契约。因为无论人们相互之间达成何种契约，他们仍然停留在自然状态，因为这种契约并没有一种共同权力的保护。只有在经过授权之后，国家或公共权力才能形成。因此在霍布斯的政治哲学中，国家所代表的不再是高于它的自然或上帝，而是低于它的个人。当代政治哲学家沃格林（Eric Voegelin）认为，这就是霍布斯的"代表"理论对于传统政治思想的革命。[2]

---

〔1〕 塔克，"《论公民》英文新译本导言"，引自：霍布斯，《论公民》，第 268—269 页。Pierre Manent, *An Intellectual History of Liberalism*, translated by Rebecca Balinski, with a foreword by Jerrold Seigel, Princeton University Press 1994, p.31.

〔2〕 Eric Voegelin, *The New Science of Politics, An Introduction*, The University of Chicago Press, Chicago and London: 1952, pp.152-158.

霍布斯不遗余力地指出，在国家这个"人为人格"或"人造人"之中，"主权者"（sovereigns）的地位当然最为重要，因为他是国家的"灵魂"。他之所以用"主权者"而不是传统政治哲学所说的"统治者"，就是为了强调这一点：倘若缺少了"主权者"这个灵魂，那么国家这个庞大的机器或"人造人"就将土崩瓦解，人们就重新退回到"一切人对一切人的战争"或自然状态。更重要的是，"主权者"必须拥有绝对（absolute）和至高无上（sovereign）的权利。因为一旦主权者的权利受到制约和挑战，那么他就不再是主权者，其结果也是国家的分裂或解体。说到底，主权者的权利来自于并且对应于他的责任：他之所以应该拥有无限和绝对的权利，是因为他必须承担无限和绝对的责任，也就是说，他必须尽一切可能防止出现最糟糕的情况——"一切人对一切人的战争"。

在具有绝对权利的主权者面前，传统政治哲学关于政体类型的区分完全失去了意义。因为在霍布斯看来，对一个国家来说，最重要的是有没有人统治（主权），而不是哪一类人在统治（政体）。在《论公民》和《利维坦》中，霍布斯虽然都谈到了君主、贵族和民主这三种政体，但是它们仅仅具有数量的意义，并无好坏之分。他虽然偏爱君主制，但他的理由不是君主制是最佳政体，而是它最便利——它的主权者数量只有一个，所以不会像贵族制和民主制那样容易造成主权者之间的分裂。

主权者之所以拥有绝对和至高无上的权利，是因为他的权利来自个人的授予或让渡，而不是来自于主权者与个人之间的契约。这就是说，主权者不是契约的一方，并没有参与立约。霍布斯这样说道："因为被他们推为主权者的那个人承当大家的人格的权利只是由于他们彼此间的信约所授予的，而不是由他对他们之中任何人的信约所授予的，于是在主权者方面便不会违反信约。"[1]换言之，契约仅仅是在个人与个人之间，而不是在个人与主权者之间。因此，主权者既不受契约的约束，也不存在违反契约的可能。不仅如此，在霍布斯看来，主权还是契约得以最终有效的前提，因为恰恰是主权者的权力为契约提供了保障，否则它便是一纸空文。

既然主权者的所有权利都来自于个人的授予或委托，那么个人便不得以任何理由反对主权者，控告他的不义，因为这等于是反对和控告自己。这个理由听起来

---

[1] 霍布斯，《利维坦》，第 134 页。

似乎既不近人情，也不合理，但却非常合乎霍布斯自己的逻辑：

> 由于按约建立国家之后，每一个臣民便都是按约建立的主权者一切行为与裁断的授权者，所以就可以得出一个推论说：主权者所做的任何事情对任何臣民都不可能构成侵害，而臣民中任何人也没有理由控告他不义，因为一个人根据另一个人的授权做出任何事情时，在这一桩事情上不可能对授权者构成侵害。既然像这样按约建立国家之后，每一个人都是主权者一切行为的授权人。因此，抱怨主权者进行侵害的人就是抱怨自己所授权的事情，于是便不能控告别人而只能控告自己。甚至还不能控告自己进行了侵害，因为一个人要对自己进行侵害是不可能的。[1]

霍布斯这段话无疑是表明，他的绝对主义立场与他的个人主义前提非但不是自相矛盾，反而在逻辑上是完全一致的，甚至可以说，他的绝对主义主权观念恰恰是

---

[1] 霍布斯，《利维坦》，第 136 页。

来自于他的个人主义前提。因为在自然状态之中，每个人都是原子式的、排他性的和绝对独立的个人，拥有绝对和完整的自然权利。当他授权给主权者之后，他所服从的并不是一个具体的"自然人格"，而是一个抽象的"人为人格"。他虽然放弃了除自我保存之外的所有自然权利，但仍然是一个原子式的独立个人，并不依附于除了国家或主权者之外的任何他人或团体。关于这一点，马内有非常精辟的评论：

> 霍布斯立场的力量在于，它保持了个人的完整性。个人想要的是他自己想要的东西，没有任何其他人替这一个人想要自己的东西。假如个人和他的意志是政治正当性的唯一基础，那么有一点就很清楚：从个人的杂多状态中创造出统一性的政治秩序就只能来自他之外。每一个"意志的共同体"，不管是这个个人与其他个人形成的共同体，还是在他与主权者之间形成的共同体，都会侵犯个人的意志，损害他的完整性。他再也不可能成为唯独他自己所能是的东西：政治正当性的源泉和基础。人们禁不住会说，霍布斯是绝对主义者，尽管他坚持个人主义。但反过来说，霍布斯之所以是绝对主义者，是

因为他过于严格地坚持个人主义。[1]

　　这里，马内一方面论证了霍布斯的绝对主义与个人主义的逻辑一致性，另一方面也指出了一个非常重要的事实：在霍布斯那里，政治秩序对于个人来说是完全"外在的"（from the outside）。如果说在卢梭那里个人对国家和法律的服从是内在的"自我立法"（self-legislation），那么对霍布斯来说，个人对于主权者或国家的服从仍然只是一种外在的服从——国家虽然代表了个人，但毕竟不是个人本身。个人与国家之间的这种相互外在性，清楚地见之于霍布斯有关臣民自由的论述。

　　在《利维坦》的第二十一章，霍布斯一开始就给自由下了一个定义："自由一词就其本义说来，指的是没有阻碍的状况。"[2]一切运动的物体只要其运动没有受到阻碍，那么它就是自由的。这一定义也适用于人："自由人一词根据这种公认的本义来说，指的是在其力量和智慧所能办到的事物中，可以不受阻碍地做他所愿意做的事情的人。"[3]简言之，自由与阻碍相对：阻碍越小，

―――――

[1] Pierre Manent, *An Intellectual History of Liberalism*, p.28.
[2] 霍布斯，《利维坦》，第 162 页。
[3] 同上书，第 163 页。

自由就越大；反之亦然。在自然状态中，个人看起来似乎拥有为所欲为的自然自由（natural liberty），但这种自由却是虚幻的，因为它得不到任何有效的保护，随时都会受到外物或他人的威胁。而在国家之中，个人虽然放弃了绝大多数自由或权利，受到法律锁链的约束，但他得到的却是真正的自由。这就是说，"在法律未加规定的一切行为中，人们有自由去做自己的理性认为最有利于自己的事情。"[1]

因此在霍布斯看来，国家及其法律对于个人来说始终是一种外在的约束。个人的自由并不像卢梭所说的那样体现为对法律的服从，而是在法律之外。正如他所说，"臣民的自由只有在主权者未对其行为加以规定的事物中才存在，如买卖或其他契约行为的自由，选择自己的住所、饮食、生业，以及按自己认为适宜的方式教育子女的自由等等都是。"[2] 就此而言，法律作为一道分界线将个人与国家或私人领域与公共领域区隔开来。

但这样一来，霍布斯就面临一个非常致命的问题：在个人或国家之间，究竟哪一个才是绝对的？或者说，

〔1〕 霍布斯，《利维坦》，第 164 页。
〔2〕 同上书，第 165 页。

究竟哪一个才是真正的"主权者"(sovereign)？表面上看来，这个问题的答案似乎再清楚不过了：国家当然是绝对和至高无上的，个人必须服从它。但是，霍布斯并不认为个人对国家的服从是无条件的，因为个人服从国家的根本目的是获得和平与安全，维护自己的权利，尤其是他的自我保存权利。当一个人的自我保存权利或生命权与国家发生冲突时，个人不服从乃至反抗国家虽然在公民法（civil law）的意义上是不正义的，但在自然法的意义上却是天经地义的。原因很简单：个人在授权给国家或主权者时，并没有放弃他的自我保存权利。

霍布斯举了士兵和罪犯两个例子来说明这一点。倘若一个士兵拒绝上战场，那么他的行为可以被看成是怯懦，但却不能说是不义，因为没有任何权利高于他的自我保存权利。就罪犯的情况来说，个人的自我保存权利与国家之间的冲突更明显了。霍布斯虽然认为，"任何人都没有自由为了防卫另一个人而抵抗国家的武力，不论这人有罪还是无辜都一样；因为这种自由会使主权者失去保护我们的手段，从而对政府的根本本质起破坏作用。"[1] 问题是，倘若一个人或一群人真的为了自己所理解的自由（哪怕是

---

[1]　霍布斯，《利维坦》，第 170 页。

错误的自由）起来反抗主权者，并因此犯了死罪，那么当国家要抓捕他们并且甚至杀死他们时，他们的反抗就不是一个不义的行为。正如霍布斯所说，"他们当初破坏义务时诚然是不义的，往后拿起武器时虽然是支持他们已经做出的行为，但却不是一种新的不义行为了。如果他们只是为了保卫人身，便根本不是不义的行为。"[1] 按照这样的逻辑，只要一个人违反了主权者的命令或国家的法律，并且因此导致自己的生命受到威胁时，他对国家的反抗无论如何都是正义的。这样一来，国家的绝对权利和至高无上的权威又如何得到保证呢？

当霍布斯在解释宗教与政治的关系时，他也面临类似的问题。一方面，他将宗教划入私人领域的信仰，将它同作为公共权力的国家完全区分开来，这样教会就不再能够干涉公共政治；但另一方面，国家反过来也无法干涉作为私人领域的宗教信仰。也就说，宗教信仰似乎同自我保存一样，也成了个人无法或缺、无法让渡的自然权利。这样一来，在宗教问题上，个人与国家、私人领域与公共领域、内在与外在的分裂也同样存在。这既是霍布斯解决宗教与政治之冲突的方法，也是他不得不付出的代价。

---

〔1〕 霍布斯，《利维坦》，第 170 页。

四 《圣经》与政治

前文业已指出，霍布斯将宗教的起源归结为人对于不可知力量的恐惧。在他看来，这是宗教的"自然种子"。这个种子可以培育出两种宗教，"一种人根据自己的独创加以栽培和整理，另一种人则是根据上帝的命令与上帝的指示。"[1] 前一种是希腊和罗马等外邦人的公民宗教，后一种则是犹太教和基督教在内的启示宗教。霍布斯虽然认为这两种宗教的目的都是使人"服从、守法、平安相处、互爱、合群"，但从他的具体论述来看，他的真实看法显然是：外邦人的公民宗教更有利于政治秩序，因为它本身

[1]　霍布斯，《利维坦》，第83页。

就是"属人的政治"（human politics），或者说与政治融为一体；而犹太教和基督教则并非如此，因为它们认为自己受到上帝的特殊启示，因此是一种"属神的政治"（divine politics）。这样一来，这种宗教便非但不愿意接受世俗国家统治，反而凌驾于世俗政治之上，因此往往造成宗教力量与世俗力量之间的冲突和战争。霍布斯在谈到罗马帝国的宗教政策时，特别指出，罗马人对于绝大多数宗教都非常宽容，但却禁止犹太教，原因就在于"犹太人（有其独特的天国之说）认为服从任何尘世的君主和国家都是不合法的"[1]。与犹太教相比，基督教的反政治精神有过之无不及。既然这两种宗教都声称自己的教义来自"上帝之言"或《圣经》，那么对霍布斯来说，重新解释《圣经》的教义和历史就是一个无法回避的任务。

在讨论霍布斯的《圣经》解释时，大多数学者都认为，他的解释主要是出于一种修辞和辩护的考虑，因为他处在一个宗教势力仍然非常强大的时代，不得不证明他的政治哲学没有违背《圣经》的教诲。[2] 这一看法某种程

---

[1] 霍布斯，《利维坦》，第 88 页。
[2] Glen Newey, *Routledge Philosophy Guidebook to Hobbes and Leviathan*, Routledge Taylor & Francis Group, London and New York: 2008, pp.212-213.

度上也得到了霍布斯本人的印证。在《论公民》的"致读者的前言"中，霍布斯表达了他讨论宗教问题的意图：

> 在题为"宗教"的第三部分，我打算说明，我在前面运用理性加以论证的主权者对于公民的权利，与《圣经》并不冲突。我首先表明，上帝是通过自然，即通过自然理性的指令，向主权者发出命令，因此这种权利与神授的权利不相冲突。其次，上帝通过让犹太人施割礼的古老约定，对犹太人进行特别的统治。因此这种权利与神授的权利不存在冲突。再次，上帝通过接受洗礼的约定向基督徒发出指令，所以这种权利与神授的权利不相冲突。因此主权者的权利或国家的权利与宗教之间不存在任何冲突。最后，我说明了进入天国不可缺少的义务。[1]

《论公民》的这段话简明扼要地交代了霍布斯解释《圣经》的具体原则和方法，而这些原则和方法对《利维坦》来说也是完全适用的。首先，他将自然理性而不是启示当做解释《圣经》以及传统基督教教义的唯一标准，指

---

〔1〕 霍布斯，"致读者的前言"；参见：《论公民》，第12—13页。

出《圣经》与理性并不相悖；其次，他通过对《圣经》的解释，将从《旧约》到《新约》的"神圣历史"或"救赎历史"还原为一个纯粹的"世俗历史"；最后，他将得救或"进入天国"的条件简化为一点，也就是只需要承认"耶稣就是基督"，这样就完全不需要教会和宗教人士的帮助了。简而言之，霍布斯解释《圣经》的总体意图，就是捍卫主权者在有关宗教问题上的主导和绝对权利。

在《利维坦》的第三部分，霍布斯首先用历史学和语义学的方法辨析了《圣经》的篇数、各篇的写作年代和作者，并指出《圣经》其实是在历史之中形成的，是由人书写、编辑和注释的。他认为，在每一个国家中，唯有经过主权当局确定为正典的篇章才能算是法律。不过，他对《圣经》是否真的是"上帝之言"并不感兴趣。因为即使《圣经》是"上帝之言"或上帝的启示，但上帝究竟启示给了谁、启示了什么内容等等，都无法确定。所以，霍布斯真正关心的问题是："《圣经》各篇究竟是根据什么权威变成了法律？"[1]他给的答案是非常清楚的：这种权威既不是来自个人声称获得的启示，也不是教会，而是一个国家的主权者。除非教会就是主权者，

----

〔1〕 霍布斯，《利维坦》，第306页。

否则它就绝对没有权利要求人们服从。

接下来在解释基督教的传统教义时，霍布斯不仅从历史学和语义学的角度辨析区分了相关词语的本义和各种引申及比喻意义，而且进一步站在自然理性的立场对这些教义完全世俗化。在这些教义中，比较重要的几个是"圣灵"（spirit）、"上帝之国"、"先知"和"奇迹"。关于"圣灵"，霍布斯认为，它的原始和字面含义是一种细微的物质，也就是"气息"、"空气"和"风"，后来被不恰当地加以引申、滥用和以讹传讹，负载上了一系列神秘和复杂的比喻意义，再加上愚昧无知之徒的想象和迷信，最终变成了一种无形的精神实体。

按照霍布斯的解释，"上帝之国"在《圣经》中并不是彼岸的圣灵王国，而是实实在在的世俗王国或民政王国（civil kingdom）。"'上帝之国'原来本是指一些人经过同意后所建立的一个国家，他们服从这个国家是为了求得一个世俗政府，并且在正义问题上不但管理他们对自己的王——上帝的关系，同时也管理他们彼此之间的相互关系，此外还在平时和战时管理他们对其他国民的关系。"[1] 具体地说，上帝之国最初来自于上帝和亚伯

---

[1] 霍布斯，《利维坦》，第 324 页。

拉罕的立约，后来通过摩西和上帝的重新立约变成了具体的犹太国家。只不过在撒母耳时期，犹太人坚持选立一位世俗君主为国王，因此废止了与上帝的立约。再后来，耶稣重建了人与上帝之间的信约，上帝之国又得以恢复。但霍布斯引用耶稣的话说，这个上帝之国"不在世上"，必须等到末日审判、上帝重临人世之后才会变成现实。在此之前，唯一的主权者就是世俗统治者。

在谈到"先知"时，霍布斯指出，先知的本义是上帝之言的传达者，也就是将上帝预先告诉他们的话转告给别人。但在这里，问题的关键并不是上帝如何将自己的话传达给先知，而是我们如何区分真先知和假先知。在传统的基督教教义中，人们通常把超自然的梦或异象看成是区分真假预言的标准。但霍布斯认为，假先知（如异教的巫师）也能通过法术让人们相信他的预言，因此我们很难将他同真先知区分开来。"除非先知就是世俗主权者、或是得到世俗主权者授权的人、在按约建立国家时已经承认服从他了，否则每一个人在听从他们以前都应当加以审察和考验。"[1] 简而言之，霍布斯认为我们首先必须用自然理性去分辨先知的真假，倘若理性不

---

〔1〕 霍布斯，《利维坦》，第 344 页。

能判断，那就应该听从世俗主权者的决定。

"先知"与"奇迹"往往联系在一起，因为他所预言的都是奇异之事。对于"奇迹"，霍布斯的解释同他对先知的看法并无太大分别。对于"奇迹"，霍布斯给出了一个定义："奇迹是上帝通过在他创造世界时所运用的自然方式，为了向选民说明前来拯救他们的特殊使者的使命而行出的业迹。"[1] 这就是说，奇迹与自然理性并不冲突。在大多数情况下，奇迹都不是什么超自然的事件，而是可以通过自然理性来解释。倘若遇到自然理性也无法判断的情况，那么"在所有的时代都应当问问位置仅次于上帝而为神的子民的最高统治者"。[2]

综合起来看，霍布斯认为，判断一个人是不是真先知有两个条件，缺一不可：首先是"传布上帝已经确立的教义"，其次是"显示可以立即实现的奇迹结合这两者"。以此衡量，在耶稣基督之后，奇迹就已经绝迹了，相应地先知也就不可能再出现了。霍布斯说：

现在奇迹既然已经绝迹了，于是便没有留下任

---

〔1〕 霍布斯，《利维坦》，第351页。
〔2〕 同上书，第353页。

何迹象作为承认任何个人自称具有的天启或神感的根据，而且除开符合圣经的教义以外，也没有义务要听取任何教义。圣经自从我们的救主以后就代替了、而且充分地补偿了一切其他预言的短缺。通过明智而渊博的解释，再加上精心的推理，我们对上帝和人类的义务的知识所必需的一切法则和诫条都很容易从圣经中推论出来，而无须神灵附体或超自然的神感。[1]

在解释永生、地狱、得救、来世和赎罪等基督教教义时，霍布斯也依据同样的原则和方法，首先站在自然理性的立场要么把它们解释为一种自然和世俗之物，要么将其贬低为一种想象、幻觉和迷信的产物。倘若出现自然理性不能解释的情况，霍布斯就将最终的解释权留给世俗主权者。严格说来，霍布斯其实并不是关心这些基督教教义的对错，他只关心它们的政治后果。或者说得更直接一些，区分某个教义是真理还是谬误的唯一标准就是主权者是否认可。正如他在区分宗教和迷信时所说，"头脑中假想出的，或根据公开认可的传说构想出的

〔1〕 霍布斯，《利维坦》，第 295 页。

对于不可见的力量的惧怕谓之宗教。所根据的如果不是公开认可的传说，便是迷信。"[1] 倘非如此，便会出现无法调和的教义纷争，而这些纷争一旦为少数野心家和宗教人士利用，就很有可能给世俗政治秩序带来极大的威胁，甚至会酿成残酷的宗教战争。

霍布斯并没有像后来的极端无神论者那样完全否定"属神的政治"。他只是从人的角度去理解和评判《圣经》和基督教教义，并且将它们翻译成"属人的政治"。对于那些无法解释的终极问题，譬如上帝是否存在，他的意志和启示究竟是什么，他将最终的解释权留给世俗的主权者。在他看来，这是解决"属神的政治"与"属人的政治"之争的唯一方案。基于这一原则，他不仅诠释了《圣经》和基督教的教义，而且重构了与《圣经》相关的整个历史。只是经过他的解释和重构之后，这一历史不再是一个体现上帝之意图的"神圣历史"或"救赎历史"，而是一个不折不扣的"世俗历史"，一个纯粹属人的政治历史。

霍布斯将与《圣经》相关的整个历史分成三个阶段：第一个阶段是从亚伯拉罕到摩西、再到先知撒母耳

[1] 霍布斯，《利维坦》，第41页。

的犹太人历史（"旧约"），第二个阶段是从耶稣降临、死在十字架上到他复活的历史（"新约"），第三个阶段是从耶稣之后的使徒时期一直到末日审判、耶稣重临人世。毋庸置疑，这三个阶段分别意味着上帝之位格（person）的三次被代表，也就是圣父、圣子和圣灵："如同摩西和大祭司在《旧约》中是上帝的代治者，救主基督本身作为人在世上时也是上帝的代治者一样；圣灵——在宣传和布道的职位上接受圣灵的使徒以及他们的继任者，在救主基督之后一直代表着上帝。"因此，这三个阶段刚好构成霍布斯版本的"三位一体"教义。[1] 不过，他对其中的具体神学争论完全不感兴趣。他最关心的两个问题是：在这三个阶段，究竟谁是同时掌管政治权力与宗教权力的真正主权者？

在第一个、也就是"圣父"阶段，上帝作为"上帝之国"的王直接统治他的选民——犹太人。他一开始同亚伯拉罕立约，使他成为自己的先知，让他及其家人与后裔服从自己。后来他分别同以撒和雅各立约，并且同样使他们成为自己的先知。但在埃及的时期，上帝的立约中断了。直到摩西带领犹太人离开埃及，上帝和他们

---

〔1〕 霍布斯，《利维坦》，第 305、394—395 页。

才重新立约，建立了一个真正的犹太国家，也就是"上帝之国"，并且由摩西代表上帝统治他们。但霍布斯特别指出，摩西之所以成为犹太人的事实主权者（名义主权者是上帝），既不是因为他是亚伯拉罕的继承者，也不是因为他受到了上帝的启示，而是因他得到了犹太人的同意。"他的权力便像所有其他国王的权力一样，必须以人民的同意以及服从他的诺言为根据。"[1] 在摩西死后，大祭司作为"上帝之国"的主权者掌握民政（civil）和宗教方面的权力。在列王时代，犹太人虽然不再让上帝成为他们的王，而是像外邦人那样选出了一个世俗君王统治他们；但即使在这种情况下，国王作为国家的主权者仍然拥有宗教权力和民政权力。因此就《旧约》而言，霍布斯得出了这样一个结论："任何人在犹太人中具有国家主权时，在上帝的外在敬拜事务方面也具有最高权力，并代表上帝，也就是代表上帝圣父。"也就是说，在"圣父"阶段，主权者无论在民政上还是在宗教上都拥有绝对的权利。

在先知撒母耳时期，犹太人不再信奉上帝为王，而是选择了世俗君主统治他们。这样一来，上帝与人的信

---

〔1〕 霍布斯，《利维坦》，第 377 页。

约就中断了，"上帝之国"也不复存在。直到耶稣降临世界，重新修复了上帝和人的信约，"上帝之国"才重新出现，耶稣也因此成为新"上帝之国"的王。正如霍布斯所说，"因为他是弥赛亚，也就是基督，也就是受膏的祭司和上帝的主权者先知；这就是说，他将具有先知摩西和继任摩西的大祭司以及继大祭司而起的诸王的权力。"[1] 但他同时强调，耶稣本人说"我的国不属这世界"。这意味着，新"上帝之国"要等到末日审判之后才变成现实，耶稣本人也只有到那个时候成为真正的王或主权者。而在此之前，耶稣以及他的门徒仍然必须服从世俗的主权者。

从耶稣复活到末日审判这段时期，就是霍布斯所说的"圣灵"阶段。在这一阶段，上帝的位格由使徒代表，"他们借以说话的圣灵是上帝。"[2] 但霍布斯认为，无论是使徒，还是后来的教会，都不拥有摩西和耶稣所拥有的主权，也就是"强制性的权力"（coercive power）。即是说，"我们的救主并没有将强制权力传给他的门徒，所传的只有这样一种权力，即宣告基督的国，劝人服从基

---

[1] 霍布斯，《利维坦》，第 388 页。
[2] 同上书，第 396 页。

督的国，以诫条和劝谕教示服从者，要怎样做才能在天国降临时被接纳进入天国。"[1] 除非基督教成为国教，世俗主权者同时兼任教会首领，否则教会和教士便没有任何强制权力。[2] 教会既没有征税的权力，也没有开除教籍的权力，更没有强迫他人接受或改变信仰的权力。所谓的教会法典只是一种建议（Counsel），而不是命令或真正的法律。教会只能对他人进行道德规劝，通过良好的榜样引导人过正直、仁爱的生活。一言以蔽之，教会的一切宗教活动都只能局限在私人领域，不能染指国家的公共权力。倘非如此，那么一个国家就必然会出现政治权力与宗教权力的冲突。因此，霍布斯的结论是：

> 在今世之中，除了世俗政府之外，既没有国家的、也没有宗教的政府；也没有国家兼教会的统治者所禁止传布的任何说法能对任何人民是合法的。这统治者只能有一个，否则在一国之内，教会与国家之间、性灵方面与世俗方面之间、以及法律之剑与信仰之盾之间就必然会随之出现党争和内战；比

---

〔1〕 霍布斯，《利维坦》，第 397 页。
〔2〕 同上书，第 441 页。

这更糟的是，在每一个基督徒心中都必然会随之出现基督徒与普通人之间的冲突。教会的博士（圣师）被称为子民的牧者，世俗主权者也有这种称号。如果牧者不是一个服从另一个，使得牧者之长只有一人的活，就会有互相冲突的说法向人们传布，其中双方都可能是错误的，有一方错误则是必然的。这唯一的牧者之长根据自然法说来是谁，前面已经说明过了，那就是世俗主权者。[1]

在澄清了《圣经》的教义和历史之后，霍布斯将基督教的全部教义简化成一句话："耶稣就是基督。"也就是说，相信"耶稣就是基督"是一个人获得拯救或"进入天国"的唯一条件。其他各种复杂的教义、烦琐的宗教仪式以及教会本身，对于个人得救都是完全无关紧要的。通过这种方式，霍布斯最大程度地削弱教会对于信徒、对于世俗政治的影响和控制力。

不过，霍布斯对于《圣经》的解释显然不仅是为了自我辩护，而且具有很强的进攻性。在他的眼里，恰恰是基督教的教会及其神学和教义从根本上背离了《圣经》

---

[1] 霍布斯，《利维坦》，第374页。

和耶稣基督的教导，因为基督教神学家和教会人士受到外邦人的异端邪说、尤其是以亚里士多德为代表的希腊哲学的败坏，发展出了很多荒诞不经的教义，如地狱、圣灵实体、实体转化和鬼魂幽灵等。相反，霍布斯认为只有自己的政治哲学才彻底清除了亚里士多德主义的"黑暗王国"，恢复了《圣经》的原意以及耶稣基督的真正教诲。正是基于这一点，近年来塔克和波科克等学者反过来认为，霍布斯对《圣经》和基督教的态度并不是简单的批判和否定，也不是单纯的政治利用，而是包含了相当程度的肯定。譬如塔克就把霍布斯的宗教思想称为"基督教的无神论"（Christian atheist），而波科克甚至称之为一种"政治末世论"（political eschatology）。[1]

不过，霍布斯的这一做法并非没有代价。当他将全部《圣经》历史和教义都世俗化或"去神圣化"之后，他固然颠覆了基督教教会和神学教义的权威，但他所建构的国家也同时被"去神圣化"了。国家不再具有神圣性，而是变成了一个纯粹的世俗物，一个有朽的神，一

---

[1] Richard F. Tuck, *Philosophy and Government, 1572-1651*, Cambridge University, Cambridge: 1993, p.329. J. G. A. Pocock, "Time, History and Eschatology in the Thought of Thomas Hobbes"; in *Hobbes, vol. II (Great Political Thinkers 8)*, John Dunn and Ian Harris ed., Edward Elgar Publishing Limited, 1997, p.32.

个人造人，一个巨大的怪兽，甚至一个暴力机器。它尽管拥有强大的权力和至高无上或绝对的权利，但这种权利却终归来自人的授予或让渡。而个人对于国家的权利让渡，既不是全部的让渡，也不是无条件的让渡，至少他首先保留了自我保存的权利，其次保留了宗教信仰的自由。因此，当霍布斯将宗教去神圣化并且纳入政治世界之后，他同时将政治与宗教的冲突内在化，使之成为政治世界之中公共领域与私人领域的冲突。从现在起，霍布斯面临的真正问题不再是政治与宗教的外在冲突，而是政治世界内部的公共领域与私人领域、国家与个人之间的冲突。那么，霍布斯是否能够成功地化解这个新的冲突呢？

五 "利维坦"的道德困境

　　霍布斯不仅将国家命名为"利维坦"（Leviathan），而且用它做自己最看重的一本著作的标题，其用心可谓良苦。众所周知，"利维坦"的典故出自《圣经·旧约》的《约伯记》，是一头力大无穷的怪兽，因此被称为"骄傲之王"（king of pride）。霍布斯用它来命名国家，其意图当然是想利用它的力量威慑个人的贪欲，利用它的骄傲克制个人的骄傲或虚荣。[1] 但是，

---

[1] 关于"利维坦"的多重含义以及霍布斯使用这个意象的意图，可参考如下相关的研究：施米特，《霍布斯国家学说中的利维坦》，应星、朱雁冰译，华东师范大学出版社，2008年第1版，第53—66页；王军伟，《霍布斯政治思想研究》，第218—219页，尤其是注释2；王利，《国家与正义：利维坦释义》，上海人民出版社，

霍布斯提醒我们，利维坦是一个"有朽的神"（mortal God）："正如同所有其他地上的生物一样是会死亡的，而且也会腐朽。"[1] 在谈到利维坦的死亡或国家解体的原因时，霍布斯列举了很多原因。第一个原因是外因，也就是一个国家缺乏保护自己的必要力量，从而招致外来侵略和征服。抛开这个外因不谈，霍布斯提到的几个主要的内因都跟个人内心的思想观念有关。第一个危险的思想观念是认为，"每一个私人（private man）都是善恶行为的判断者"；第二个是认为，"一个人违反良知所做的一切都是罪（sin）"；第三个是认为，"信仰和圣洁不会通过学习和理性获得，只能通过超自然的灵感或灌输获得。"后两点在具体表述和意思上与第一点有相当的区别，但实质精神却是一致的，因此都可以归结为第一点。

霍布斯认为，对于国家或"利维坦"来说，最危险的思想观念莫过于认为个人是善恶行为的独立判断者。这种思想观念在自然状态中是完全正确的，因为在国家建立之前，每个人只能根据自己的欲望和理性进行

（接上页）2008 年第 1 版，第 121—132 页；Glen Newey, *Routledge Philosophy Guidebook to Hobbes and Leviathan*, pp.34-36.

[1] 霍布斯，《利维坦》，第 249 页。

善恶判断。即使在进入国家之后，就那些法律没有做出规定的事情来说，这种看法也是合理的。但在法律做出了具体规定的事情上，倘若一个人再坚持认为自己是善恶的唯一判断者，那么这就不但是错误的，而且是非常危险的。因为一旦某个人不管出于什么原因，譬如良知或宗教信仰等，认为国家不符合自己的利益，甚至认为国家代表了恶，那么他就不会服从国家。即使他服从也是表面服从、内心反抗，美其名曰"公民不服从"（civil disobedience），久而久之国家的权威就会受到损害，变得越来越衰弱，直至最后灭亡。

问题在于，霍布斯式的国家很难避免这样的危险。倘若以柏拉图等古代政治哲学家的相关看法为参照，我们就可以更清楚地看出霍布斯的困难所在。对于柏拉图来说，国家或城邦构成了个人的终极目的，因此比个人更真实、更完整；个人之于国家，就好比四肢之于身体。因此在他那里，城邦对于个人的统治不只局限于他的外在言行，而且包括他的思想观念。但在霍布斯那里，国家却是一个人为的人格或人造人，它的所有权力都来自于个人的授权，并且因此成为个人的代表；但是就一个人来说，他所让渡的只能是他的外在言辞和行动，不可能让渡自己的思想。因此，无论在个人还是在国家那里，都会出现内在与外在的分裂。对个人而言，他只需要在外在的言辞和行动上服从国家和法律，至于他的内心思想世界完全与国家无关。国家既不能、也不应该予以干涉。对国家而言，它固然拥有绝对的权力或权威，但它只能外在地统治个人的言行，无法从思想上统治或教化个人。

霍布斯的这一困难在他谈论宗教信仰的问题时，表现得尤为明显。在《利维坦》的第四十章，霍布斯提到，上帝在与亚伯拉罕立约时，只跟亚伯拉罕说过话、给了他启示，并没有给他的家人及后裔直接的启示，但他们却必须服从亚伯拉罕，将他的启示当成是自己获得的启示，并且服从作为真正主权者的上帝。至于他们自己内心究竟是怎么想的，完全无关紧要。霍布斯的结论是：

> 上帝未曾直接降谕的人，就应当从他们的主权者那里接受上帝正式的命令，正像亚伯拉罕的家人与后裔从自己的父亲、主和世俗主权者——亚伯拉罕那里接受命令一样。因此，在每一个国家中，凡属没有得到相反的超自然启示的人，便应当在外表行为和明证宗教信仰方面服从自己主权者的法律；

至于人们内在的思想和信仰则不是人间的统治者所能知道的（因为唯有上帝能知道人的心灵），而且既不能随意支配，也不是法律所造成的结果，而是未表露的意志与上帝的权力所造成的结果，因之便不属于义务的范围。[1]

在《利维坦》的第四十二章，霍布斯提到了一个相反的例子：假如主权者禁止一个基督徒臣民信仰基督，那么这位臣民应该怎么办？对此，霍布斯的回答是，"这种禁止是没有用的，因为信与不信不能由人家命令决定。信仰是上帝的赐与，人无法通过应许报偿而加之，或通过刑罚威胁而夺之。"[2] 这也充分地证明，宗教信仰属于私人领域，是主权者及其法律既不能也不应该干涉的事情。我们甚至可以设想一种更极端的情况：假如一位异教的主权者强迫一位基督徒公民亲口说不信基督，那么他是否应该服从主权者的命令？霍布斯认为，这位公民可以在口头上服从主权者的命令，但在内心却仍然可以坚持自己的信仰。这二者并不矛盾，因为"一个臣民

---

〔1〕 霍布斯，《利维坦》，第 375 页。
〔2〕 同上书，第 399 页。

所做的任何事情，都是为了要服从他的主权者而被迫做出的：他不是为了自己的心，而是为了国家的法律做出的；这行为不是他的，而是他的主权者的；他在这种情形下也没有在人面前不认基督，而是他的统治者和他国家在人面前不认基督"。[1]

施米特指出，霍布斯关于内在信仰与外在服从的区分将强大的国家机器即利维坦撕开了一道裂缝，这使得后来斯宾诺莎和门德尔松等自由派的犹太思想家乘虚而入，将信仰自由逐渐扩大到思想自由和言论自由等；再后来，自由主义又发展出了其他各种各样的自由；这些所谓的自由逐渐掏空了利维坦的领地，使它变成了一个无关善恶之争的政治中立者。就此而言，利维坦最终变成了一个彻底失败的隐喻。[2] 施米特对自由主义的批评当然一针见血。但他并没有认识到，自由主义的去政治化和政治中立化恰恰是霍布斯国家学说的本质和必然结果，因为恰恰是在霍布斯那里，国家不再进行关于善恶的神学决断，而是将这种决断留给个人，而国家自己则力求成为一个超越一切形式的善恶决断的中立者。因此，

---

〔1〕 霍布斯，《利维坦》，第 400 页。
〔2〕 施米特，《霍布斯国家学说中的利维坦》，第 93—101 页。

霍布斯的国家学说恰恰不是政治神学，而是不折不扣的反政治神学。[1]

施米特所说的裂缝并不是霍布斯国家学说的偶然疏忽，而是其内在矛盾的必然体现。这一矛盾植根于国家和个人的关系。前文提到，霍布斯正是因为看到了宗教对于政治的危害，所以才将政治完全去宗教化，回到人的自然状态，并且试图通过人为的方式建立起一个完全属人的国家。这个国家不受任何高于它的宗教力量统治，或者借用韦伯的话说，它被完全"去魅"（disenchanted）了——霍布斯的"利维坦"毕竟不是上帝，而是一个"有朽的神"，甚至是一个"人造人"。

但这样一来，霍布斯就面临一个非常棘手的问题：一个人为什么要服从国家？鉴于国家已经完全"被去魅"，没有任何神圣性，霍布斯只能提供两个世俗和属人的答案：首先，这是出于个人的理性计算，因为他觉得服从国家能给自己带来和平与安全；其次是出于个人对国家的恐惧，因为倘若他不服从国家，那么他就会受到惩罚。就这两点而言，霍布斯更看重的是

---

[1] 马克·里拉说，"《利维坦》的目的就是攻击和摧毁被霍布斯称为'黑暗王国'的整个基督教政治神学传统。"参见：Mark Lilla, *The Stillborn God, Religion, Politics, and the Modern West*, pp.75-76。

后者，因为他觉得能从理性上自觉地服从国家的人毕竟是很少的；对于大多数人来说，对于国家权威和力量的恐惧才是更有效的。但是，无论是理性计算，还是对于国家的恐惧，都不足以让一个人全身心地服从国家。因为对国家的真正认同不仅仅体现为外在的顺从（conformity），而是更多地体现为一种内在的情感、思想和信仰认同。但是，这种全身心的认同需要一个前提：国家必须拥有某种高于人的神圣性。只是这个前提无论如何都是霍布斯不能接受的，因为这等于使政治重新为宗教所主宰，最终又可能导致他所担心的"一切人对一切人的战争"。

霍布斯站在自然理性的立场解释和批判宗教启示，但他并没有能够成功地证明，理性就一定能够战胜并取代启示。相反，他在解释《圣经》时多次暗示，对于上帝的存在以及它的旨意，人的自然理性并不能够把握。他之所以批判基督教神学，就是因为他觉得它受到亚里士多德等古代哲学家的败坏，试图用人的自然理性去解释上帝及其启示。他在哲学上对这一终极问题保持沉默，在政治上则是将其解释和决断权交给主权者。但是，倘若人的自然理性不能真正地通达上帝，那么启示的可能性就仍然存在。进而言之，倘若人不能消除对于死亡、对于生命之有限性的恐惧，那么宗教就必然会存在。一个纯粹世俗的国家或许能够消除人对于"暴死"的恐惧，但却不可能消除人对于死亡本身的恐惧。

但是，霍布斯同样清楚地认识到，一旦人的这种恐惧被宗教势力所控制，那么宗教就有可能凌驾于世俗政治之上，给后者造成致命的威胁。这是霍布斯的两难。

同他的先驱马基雅维里类似，霍布斯批判古代政治哲学和基督教神学的主要原因也是，它们的出发点是"应然"的道德规范，而不是"实然"的权力政治，因此它们"与其说是科学，还不如说是梦呓"。[1] 基于同样的道理，他认为只有降低政治世界的目标，才能成功地实现这一目标。但正如中国古谚所说："取法其上，得乎其中；取法其中，得乎其下。"问题是，"取法其下"是否能够"得乎其上"？事实上，当我们降低了目标之后，却发现目标往往变得更加难以实现。当马基雅维里与霍布斯等现代政治哲学先驱将政治从传统道德和宗教的束缚下解放出来之后，他们就不得不面临一个新的问题：一群只关心自己私人利益的个人何以能够关心公共利益，并且服从国家和法律？

---

〔1〕 霍布斯，《利维坦》，第 541—542 页。

马基雅维里和霍布斯看到了基督教对于政治世界的危害，因此不遗余力地对它进行批判。他们的解决方案是将宗教世俗化和政治化。这一方案一方面消除了宗教与政治的外在冲突，另一方面却导致了政治世界内部的新冲突，即个人与国家、私人利益与公共利益和内在思想与外在言行的冲突。他们的药方固然治愈了旧的病症，但却产生了新的并且更严重的副作用。

　　在他们之后，洛克和卢梭等政治哲学家一方面继续推进对基督教的批判，另一方面将重心放到正面的积极建构上。在对基督教进行无害化的处理之后，他们更努力将它解释成一种自然宗教、公民宗教或道德宗教，使其成为一种维系公民社会的基本道德规范。但是，只要他们接受了马基雅维里与霍布斯的前提，那么他们的努力就是注定要失败的。因为一旦宗教被世俗化和政治化，那么它就必然会丧失它的神圣性，而一种丧失了神圣性的宗教是不可能对人具有真正的吸引力和约束力的。

　　所以对我们来说，真正的任务并不是在承认现代政治哲学的前提之下对它进行修补和改造，而是能够获得一种超出现代、甚至超出西方文明的更高政治哲学视野。只有这样，我们才能够真正地反思并且超越政治与宗教之间的对立抑或分离。

| 第三篇 |

斯宾诺莎与"犹太人问题"

引　论

　　当代学者在谈到"犹太人问题"时，一般都会追溯到十七世纪的犹太裔荷兰哲学家斯宾诺莎（Benedict de Spinoza）。[1] 诚然，犹太人在斯宾诺莎之前一千多年就已经背井离乡，并且在长期的流亡和寄居过程中饱受异族（尤其是基督教民族）的歧视和迫害，但犹太人的身份认同（identity）对他们来说却从来没有成为一个根本问题。在前现代世界，犹太人与异族（如穆斯林和基督徒）之间的冲突，大抵属于一种美国学者亨廷顿

---

〔1〕 Steven B. Smith, *Spinoza, Liberalism, and the Question of Jewish Identity*, New Haven: Yale University Press, 1997, p.xii.

(Samuel Huntington) 所界定的"文明的冲突",其中每一方都坚信只有自己的信仰对象才是真正的"神",而视对方为异端。期间虽偶有个别犹太人和犹太人群体"归化"他族,但大多数犹太人仍然一直顽强地持守自己的"选民"身份。

斯宾诺莎的"同化"(assimilation)思想改变了犹太人的这一历史。"同化"的前提是,犹太人的首要身份不再是犹太人,而是一个独立和自由的个人。从政治哲学上讲,"同化"思想的基础是自由主义的"政教分离"(separation of church and state)原则。作为现代政治哲学的奠基人之一,斯宾诺莎与同时代的霍布斯和洛克等一道,确立了现代自由主义的基本原则,其中最重要的就是政教分离原则。对于这些现代早期的政治哲学家来说,当时欧洲面临的最大问题就是"神学政治问题"(theological-political problem)。通俗地说,这个问题的核心就是:教会和世俗国家究竟哪一个才是真正的统治者或主权者?面对长达几个世纪的无休止的冲突和战争,他们的解决方案是设想出一种前国家和前宗教的"自然状态"(state of nature)。在这一状态中,人的"自然处境"(natural condition)是既不属于家庭或国家,也不属于教会或上帝,而是仅仅属于自己,也就是说,他拥有完整的"自然权利"(natural right)或"自由"(liberty)。相应地，政治统治的权威既非来自永恒的自然秩序，也非来自上帝的恩典，而是来自人的同意或人为的契约创造，其目的是保护个人的"权利"或"自由"。在这个意义上，国家作为公共权力仅仅外在地保护人的"生命、自由和财产"，不能干涉人的宗教信仰，而宗教信仰则变成了纯粹私人领域的问题。

就对"神学政治问题"的思考和论述而言，斯宾诺莎跟霍布斯和洛克相比，并没有显示出多少独创性，更何况他的"自然状态"思想还受到霍布斯的很大影响。[1] 斯宾诺莎的与众不同之处在于，他将"犹太人问题"同"神学政治问题"联系起来，从而大大地加深了"神学政治问题"的复杂性。[2] 在斯宾诺莎看来，犹

<hr>

[1] Edwin Curley, *Behind the Geometrical Method: A Reading of Spinoza's Ethics*, Princeton University Press, 1988, pp.98-108. 洪汉鼎，《斯宾诺莎哲学研究》，人民出版社，1993年版，第114页。

[2] 在严格的字面意义上，最初提出"犹太人问题"的西方思想家并不是斯宾诺莎，而是鲍威尔和马克思。鲍威尔于1843年发表了"犹太人问题"和"现代犹太人和基督徒获得自由的能力"，同年马克思也发表"论犹太人问题"对他提出了批评。马克思认为犹太人的"政治解放"并不意味着真正的解放，因为犹太人唯利是图的"犹太性"同现代资本主义国家是完全一致的。犹太人要想实现真正的解放或"人的解放"，就必须摆脱利己主义的贪婪。用马克思本人的话说，"犹太人的社会解放就是

太人之所以长时间遭到异族的歧视和迫害，只是因为他们坚持一种错误和不合时宜的"选民"意识；唯有经过理性启蒙，把自己变成独立的自由人，并且主动地选择"同化"，放弃自己的身份认同，他们才能像自己的祖先那样"走出埃及"，摆脱被奴役的命运。

"同化"不等于"归化"（conversion）。"归化"要求犹太人放弃自己的宗教信仰，改信其他的宗教（如伊斯兰教或基督教）。"同化"则意味着：犹太人同所有其他持不同信仰的人一样，首先作为自由的个体通过理性的契约成为一个自由共和国（liberal republic）的公民；在这样的国家之中，所有人——不管是犹太人、基督徒，还是其他持不同信仰者——的首要身份都是抽象的自由人和国家公民，拥有平等的政治自由和权利，其宗教信仰也一视同仁地受到法律的保护。在这个意义上，"犹太

（接上页）社会从犹太中获得解放"。不过从总体上看，马克思对"犹太人问题"的思考并没有超出斯宾诺莎的视野，因为后者早就区分了犹太人的"政治解放"与"人的解放"；只不过"人的解放"在马克思那里是共产主义，而在斯宾诺莎那里是哲学沉思。因此，斯宾诺莎虽然没有关于"犹太人问题"的明确说法，但仍然可以被看成是西方第一个真正提出"犹太人问题"的思想家。参见：马克思，"论犹太人问题"，载《马克思恩格斯全集》第一卷，人民出版社，1995年版，第419—451页；Steven B. Smith, *Spinoza, Liberalism, and the Question of Jewish Identity*, p.xi.

人问题"本身就是"神学政治问题"的具体表现,相应地,前者的解决在根本上也就等于后者的解决。

斯宾诺莎坚信,"犹太人问题"的最终解决,完完全全地取决于犹太人能否获得真正的理性启蒙,或者说能否在理智上诚实地面对自己的历史,从而抛弃几千年来一直顽固地信守的"选民"神话。换句话说,犹太人的解放并不只是政治解放,更应该是哲学意义上的理性解放。为此,他们需要辨析预言、先知、选民、神法和奇迹等传统圣教义的真正含义,需要了解《圣经》各篇的成书时间和真正作者,需要知道犹太民族和犹太神权政治的历史真相。就此而论,《神学政治论》不只是一部单纯的个人著述,它在相当程度上是斯宾诺莎为所有现代犹太人撰写的一部新《出埃及记》:如果说在《旧约》的《出埃及记》中摩西曾经带领犹太人走出埃及、摆脱异族的政治奴役;那么,在这部新《出埃及记》中,斯宾诺莎则试图带领犹太人走出自己的"埃及",摆脱神话和迷信的精神奴役。[1]

---

〔1〕 不少学者认为,斯宾诺莎《神学政治论》的写作对象不是犹太人,原因有二:其一,按照犹太教公会的判决,任何犹太人都不得接触被革除教籍的异端或叛教者,也不允许阅读他们的著作,所以他们不太可能有机会阅读斯宾诺莎的书,事实也的确如此;其二,《神学政治论》是用拉丁文撰写的,而当时在犹太人

问题在于，斯宾诺莎提出的方案能否一劳永逸地解决"犹太人问题"？所谓的理性启蒙和"同化"是否真的成为犹太人走向现代"希望之乡"的自由和解放之路？带着这些问题与困惑，我们开始进入《神学政治论》的思想世界。

　　（接上页）中间，很少有能阅读拉丁文著作的人，所以斯宾诺莎此书的阅读对象也就不可能是犹太人。这一看法若仅仅针对斯宾诺莎时代的犹太人，的确非常有道理。但是，这并不能排除另外一种可能：斯宾诺莎针对的不是当时的犹太人，而是将来经过现代理性启蒙的犹太人，否则我们将无法解释一个事实：自门德尔松之后，绝大部分犹太知识精英或多或少都受到斯宾诺莎的影响，而在从十九世纪末到二十世纪三十年代这段时间，几乎每一位犹太哲学家和思想家都非常熟悉斯宾诺莎的《神学政治论》，并且卷入了一场有关"犹太人问题"和"犹太复国主义"的争论。参见：Seymour Feldman, "Introduction to Spinoza's *Theological-Political Treatise*", in *Theological-Political Treatise*, p.xvi-xx, translated by Samuel Shirley: new introduction 1998 by Seymour Feldman, Hackett Publishing Company, Indianapolis/Cambridge, 1991。

一 《神学政治论》的基本意图

1.《神学政治论》的"写作理由"

斯宾诺莎是一个犹太人。但是在大多数人的印象里，斯宾诺莎的主要身份似乎不是一个犹太人，而是一位沉思万物本原、冥想宇宙真谛的纯粹哲学家。在《伦理学》这部伟大的哲学经典中，斯宾诺莎明确地表达了他对人作为个体存在的看法。在他的眼里，人的个体存在同大千世界的芸芸万物并无根本区别，都不过是些即生即灭、过眼云烟的个别"样态"（modes）；所有这些样态，不管是作为广延之样态的身体反应，还是思想之样态的心灵情感，也都不过是同一个"实体"（substance）的分殊（affections）；唯一永恒不变的真实存在，或曰实体，只是那作为整体的"自然"，也就是斯宾诺莎所说的"神"。[1]

不唯如此，在斯宾诺莎的心目中，神或自然永远在"善恶之外"（beyond good and evil），仅仅服从自身的严格必然性，对包括人类在内的自然万物并无丝毫特殊的意旨与关怀。面对这样一个严格必然性的世界，一个人不管是高兴还是悲伤都毫无意义。[2] 1665 年，在他的所在国荷兰与英国发生战争期间，斯宾诺莎在给英国友人奥尔登堡（Henry Oldenburg）的信中平静地说："面对这场骚乱，我既不哭，也不笑，而是进行哲学思考，更切近地观察一下人类的本性。"[3] 这句话给人的印象过于深刻，以至于在很多人眼里，它几乎成了斯宾诺莎本人哲学思想与生活方式的写照。[4]

与这种看似"不食人间烟火"的哲学相对应，斯宾诺莎的思考和写作几乎完全遵循严格的几何学方法：他

〔1〕 斯宾诺莎，《伦理学》，贺麟译，商务印书馆，1983 年第 2 版，第 52—56 页。
〔2〕 同上书，第 208 页。
〔3〕 斯宾诺莎，《斯宾诺莎书信集》，洪汉鼎译，商务印书馆，1993 年第 1 版，第 137 页。
〔4〕 列夫·舍斯托夫，《在约伯的天平上》，董友、徐荣庆等译，三联书店，1989 年版，第 273 页。

首先设定几个简单的定义和公理，然后从中推导出一系列命题和定理，最后演绎出大千世界的本原和法则。这种几何学的精神在相当程度上体现了斯宾诺莎本人所追求的哲学沉思生活：一个人若想获得真正的快乐和幸福，则必须学会漠视自己尘世生命的个别样态，努力摆脱激情（passions）的束缚或奴役，"在永恒形式下"（under a species of eternity）用神的眼光明澈地静观大千世界。倘若以此来衡量，那么斯宾诺莎的哲学著作几乎都可以看成是这种生活的具体实践。对于这样一位"既不哭，也不笑，而是进行哲学思考"的纯粹哲学家，讨论他的犹太人身份以及相关的犹太人问题，看起来似乎并没有太大的意义。

但是，《神学政治论》是一个例外。与《简论上帝、人及其心灵健康》、《知性改进论》、《笛卡儿哲学原理》、《伦理学》和《政治学》等著作相比，《神学政治论》带有明显的斯宾诺莎个人身份特征。首先，从形式上看，它不是一部严格的哲学著作，既没有使用定义、公理、定理和命题等几何学证明方法，也没有多少哲学思辨色彩，而是一部关于《圣经》的诠释著作。其次，从内容上看，它的主要论题不是"实体"、"属性"、"样态"等纯粹哲学概念，而是《圣经》教义、《圣经》的成书过程和犹太民族的兴亡史。最后，或许更为重要的是，《神学政治论》一书原本并不在斯宾诺莎的写作计划之列。

熟悉斯宾诺莎生平与著述的研究者都不会忽视这样一个事实：自 1662 年起，斯宾诺莎就一直在构思并埋头写作《伦理学》，至 1665 年 6 月已经完成了第一部分、第二部分和第三部分前 80 个命题，几乎要完成《伦理学》的整个写作计划。[1] 但此后不久，他就中断了《伦理学》的写作，转而撰写《神学政治论》，直至 1670 年书完稿并出版之后，他才重新开始写作《伦理学》。[2] 那么，究竟是什么原因促使斯宾诺莎暂时离开《伦理学》的哲学沉思世界，转而关注特殊的政治和宗教问题？对此，大多数研究者都认为，斯宾诺莎主要有两点考虑，首先是荷兰当时的政治局势，其次是他本人早年被革除犹太教教籍的经历。这两点正好构成了《神学政治论》的两个基本关怀：其一是"神学政治问题"，其二是"犹太人问题"。我们先从第一点谈起。

斯宾诺莎在避居伏尔堡写作《伦理学》期间，荷兰共

---

〔1〕 按斯宾诺莎的原计划，《伦理学》只有三个部分，而不是像后来定稿时那样包含了五个部分。

〔2〕 W. N. A. Klever, "Spinoza's Life and Works", in *The Cambridge Companion to Spinoza*, Cambridge University Press, 2006, p.36.

和国刚从西班牙的统治中获得解放不久，并且在共和派领袖维特兄弟的领导下渐呈欣欣向荣之势。维特兄弟在政治上主张宗教自由和政教分离，反对奥伦治亲王和加尔文派新教的政教合一立场。斯宾诺莎本人在政治上完全支持维特兄弟。1665 年，正值英荷战争爆发，荷兰内部两派的政治和思想斗争也几乎达到白热化。出于对维特兄弟的支持，同时也是出于自己的共和主义立场，斯宾诺莎觉得有必要撰写一本书为他们的宗教政策进行辩护，因此他决定搁置《伦理学》的写作计划，转而开始撰写《神学政治论》。

就《神学政治论》的意图来看，这种解释并非完全没有道理。在该书的序言中，斯宾诺莎指出，专制统治的主要手段就是利用宗教控制人民的思想，让人民放弃自己的自由和权利，自愿接受被奴役的命运；而他写作《神学政治论》的用意之一，就是揭露政教合一对政治自由和国家安全的危害。[1] 不过，这种解释似乎没有考虑

---

〔1〕 "假如专制统治的秘密主要是欺瞒人民，用宗教的美丽外衣来套在用以压倒民众的恐惧的外面，这样人民便可以为捍卫奴役而战，仿佛他们是在为捍卫拯救而战斗一样。"参见：《神学政治论》，第 11 页。本文所引《神学政治论》之中译文根据英译本稍有改动，以下皆同。英译本参见：*Theological-Political Treatise*, translated by Samuel Shirley: new introduction 1998 by Seymour Feldman, Hackett Publishing Company, Indianapolis/Cambridge, 1991。

到一个非常明显的事实：在《神学政治论》中，斯宾诺莎的主要抨击对象，至少是表面上的抨击对象，并不是占统治地位的基督教——既不是加尔文派新教，也不是传统的天主教——而是犹太教。既然这一解释并不尽如人意，我们不妨再看看第二点。

不少研究者认为，《神学政治论》的写作动机来自斯宾诺莎早期的一段特殊经历。[1] 1656 年，24 岁的斯宾诺莎因发表针对《圣经》的"不敬"之辞，遭到他所在的阿姆斯特丹犹太教公会严厉指控。虔诚的犹太拉比们不仅革除了斯宾诺莎的犹太教籍，而且对他发出了一个叛教者所能遭受到的最大诅咒。更有甚者，他们还向阿姆斯特丹市政当局控告他是最危险的"无神论者"，并要求将他永远驱逐出这座城市。[2] 面对这些严厉的指控和惩罚，斯宾诺莎非但没有表示丝毫退让和屈服，反而坚信自己"比早年离开埃及的希伯来人更为无辜"。不唯如此，在被革除教籍之后，斯宾诺莎还向犹太教公会提交

〔1〕 Steven Nadler, *Spinoza's Ethics, An Introduction*, Cambridge University Press, 2006, p.18.

〔2〕 在斯宾诺莎的时代，无神论不是一个单纯的信仰问题，而是道德败坏与邪恶的代名词。相关的论述可参见：洪汉鼎，《斯宾诺莎哲学研究》，人民出版社，1993 年第 1 版，第 696—698 页；Steven Nadler, *Spinoza's Ethics, An Introduction*, 2006, p.113.

了一份《自辩书》。只因这份《自辩书》佚失多年,后人无从知晓其中的具体内容。但据大多数研究者考证,斯宾诺莎在写作《神学政治论》时,曾将《自辩书》的主要内容收入其中。[1]

单就主题内容来看,《神学政治论》应该有相当一部分来自斯宾诺莎早年的《自辩书》。譬如他对预言、先知、神法和奇迹等《圣经》传统教义的辨析,对《旧约》和《新约》各篇作者和成书年代的考证,对犹太民族和古代犹太神权政治的历史叙述等等,都使我们很容易联想到他本人的犹太人身份以及早年被革除犹太教籍的经历。不过,我们能否就此简单地认定《神学政治论》就是对《自辩书》的扩充或改写呢?答案显然是否定的,原因很简单:当斯宾诺莎开始写作《神学政治论》的时候(1665 年秋),他已经离开自小生长的阿姆斯特丹犹太社区很长时间,同犹太公会并没有什么瓜葛;即使他想为自己辩护,也没有必要选在这个时间,更没有必要耗费五年的时间专门写一本书。

---

[1] W. N. A. Klever, "Spinoza's Life and Works", in *The Cambridge Companion to Spinoza*, Cambridge University Press, 2006, pp.18-22. Steven B. Smith, *Spinoza's Book of Life: Freedom and Redemption in the Ethics*, Yale University Press, 2003, pp.*xxi*. Steven Nadler, *Spinoza's Ethics: An Introduction*, pp.4-10.

既然这两种解释都不够充分，那么我们最好还是听听斯宾诺莎本人的说法。在 1665 年给奥尔登堡的信中，他提到自己正在撰写一本"解释《圣经》的论著"（即《神学政治论》），并给出了三点理由：

> 1. 神学家的偏见；因为我认为这些偏见是阻碍人们思想通往哲学的主要障碍，因此我全力揭露他们，在比较谨慎的人们的思想中肃清他们的影响。
>
> 2. 普通群众对我的意见，他们不断地错误地谴责我在搞无神论。只要有可能的话，我也不得不反驳这种责难。
>
> 3. 哲学思考的自由，以及我们想什么就说什么的自由。我要全力为这种自由辩护，因为在我们这里由于教士的淫威和无耻，这种自由也常常是被禁止的。[1]

在这三点理由中，第二点很容易使我们联想到斯宾诺莎早年的《自辩书》，因为当时犹太拉比们对斯宾诺莎的指控之一，就是认为他是"最危险的无神论分子"；第

---

〔1〕 斯宾诺莎，《斯宾诺莎书信集》，第 138 页。

三点则使我们联想到当时荷兰的潜在政治危机：一旦让加尔文派的宗教狂热分子掌握统治权，他们就很可能推行"政教合一"的统治政策，压制和剥夺人民的思想、信仰和言论自由。不过这两点理由都从属于第一点理由，因为斯宾诺莎之所以反驳无神论指控、捍卫思想言论自由，最终都是为了揭露"神学家的偏见"，扫清"阻碍人们思想通往哲学的主要障碍"。

这样看来，《神学政治论》的写作在相当程度上从属于《伦理学》的整体意图：如果《伦理学》教导我们通过哲学沉思获得真正的自由和幸福，那么《神学政治论》则是引导我们摆脱偏见，为走向真正的哲学道路做好准备。只有确立了这一前提，我们才能够理解斯宾诺莎在《神学政治论》中的两个基本关怀：其一是"神学政治问题"，其二是"犹太人问题"。那么，这两者之间又是什么关系呢？

2. "神学政治问题"与"犹太人问题"

初看起来，"神学政治问题"的外延似乎比"犹太人问题"更宽泛：前者具有普遍针对性，因为它是现代早期欧洲社会所面临的共同问题，而"犹太人问题"只涉及犹太人的身份认同，带有相当程度的特殊性。那么对斯宾诺莎来说，这二者之间究竟是什么关系呢？为了澄清这一点，我们先从一般层面的"神学政治问题"谈起。

在西方现代政治哲学史上，斯宾诺莎的《神学政治论》同霍布斯的《利维坦》和洛克的《政府论》一样，一直被誉为探究"神学政治问题"的奠基之作。就一般的政治哲学原则来看，斯宾诺莎同霍布斯及洛克并无实质区别，譬如说他与后两者一样肯定人在自然状态中拥有绝对的自然权利，强调国家或公民社会是理性契约的产物，并坚持认为教会应该服从世俗国家的法律。只是涉及具体的论述意图和论证方式，斯宾诺莎才显示了他与众不同的地方。

无论在霍布斯还是在洛克那里，"神学政治问题"即使不构成他们政治哲学的全部，也是其核心问题所在。就霍布斯来说，他的所有哲学思考都是针对当时英国政治纷争和宗教冲突的局面。比之少数人的沉思冥想，普通人的自我保存以及整个国家的秩序与安全更是霍布斯的关心所在。当代著名的政治哲学家奥克肖特（Michael Oakeshot）甚至断言，霍布斯政治哲学的思想动力就是他对自己祖国"眼下灾难的悲伤"。[1] 霍布斯探究人性

---

〔1〕 奥克肖特，"《利维坦》导读"，应星译，引自《现代政治与自然》（《思想与社会》第三辑），渠敬东编，上海人民出版社，2003年第1版，第175页。

或人之自然（human nature）的主要目的，就是希望辨析出人性中有哪些因素会导向战争，哪些因素则使人倾向于和平。换言之，哲学（或更广泛意义上的知识）在霍布斯那里并不是终极目的，而是仅仅被当作一种思考和解决政治问题的手段。更何况在他看来，即使作为一种手段，它的能力也非常有限。[1]

洛克尽管在政治立场上同霍布斯有相当分歧，但在将哲学作为解决政治问题的手段这一点上是完全一致的。在《人类理解论》的"引论"中，洛克指出，他对人性（尤其是理解力 [understanding]）的探究是为了指导人们如何获得自己的根本利益——"舒适生活的必需品和进德修业的门径"。[2] 在《政府论》中，洛克更是明确地表示，政治社会的目的就是保护"人民的和平、安全与公共福利"。[3]

---

[1] 霍布斯说，"学识是一种微小的权势，因为它在任何人身上都不是很显著。因而也不易被人公认；而且除开在少数人身上以外，连小权势都不是，在这些人身上也只限于少数事物。因为学问的本质规定它除开造诣很深的人以外就很少有人能知道它。"参见：霍布斯，《利维坦》，黎思复、黎廷弼译，商务印书馆，1995 年版，第 63—64 页。

[2] 洛克，《人类理解论》，关文运译，商务印书馆，1959 年版，第 3 页。

[3] 洛克，《政府论》（下），瞿菊农、叶启芳译，商务印书馆，1982 年版，第 80 页。

但斯宾诺莎的意图完全不同。在他心目中，只有哲学沉思才是真正的自由，才是"符合自然"的幸福生活，因为它是一种对神或自然的"理智之爱"（intellectual love）。相比之下，政治社会最多只能给人提供一种外在自由（即免于恐惧的自由）和安全，却无法满足人对内在自由和真正幸福的追求。就这一点来说，政治对斯宾诺莎仅仅具有外在和否定的意义。《神学政治论》的缘由和经过也提供了这样的暗示：如果不是因为考虑到哲学沉思活动的自由受到了外在政治压制，从而被迫去"扫清通往哲学道路的主要障碍"（即"神学家的偏见"），那么斯宾诺莎或许根本就不会关注所谓的"神学政治问题"。

斯宾诺莎认为，解决"神学政治问题"的关键就是宗教批判。在《神学政治论》中，斯宾诺莎区分了哲学与宗教（或理性与信仰）的不同目的："哲学的目的只在求真理，宗教的信仰……只在寻求顺从与虔敬。"[1]既然《圣经》"并不教人以真理，而是教人以服从"，那么"其中所包含的一切都是适应民众的理解力和既定的意见的"。[2]因此，澄清宗教的自然原因、考证《圣经》的

---

〔1〕 斯宾诺莎，《神学政治论》，温锡增译，商务印书馆，1963年第1版，第201页。
〔2〕 同上书，第202页。

文本历史就成为宗教批判的必要前提。不过，宗教批判并不意味着用哲学取代宗教。斯宾诺莎的本意不过是强调，"在宗教的信仰（即神学）与哲学之间是没有连结或密切的关系的"，二者都有各自的地盘，相互井水不犯河水；哲学固然不必强使所有人都放弃宗教信仰，但宗教也不能干涉哲学思辨的自由。[1]

具体到宗教批判问题，斯宾诺莎也有非常不同于霍布斯和洛克的地方。霍布斯的批判对象是包括天主教和新教（英国清教）在内的几乎所有基督教派别，洛克的批判对象是天主教，而斯宾诺莎的批判矛头则主要针对犹太教和《旧约》。相比之下，他对基督教（不管是天主教还是新教）往往是肯定多于否定，即使偶有批判，其锋芒和力度都无法跟他对犹太教的批判相提并论。正因为如此，包括柯亨（Herman Cohen）在内的很多犹太哲学家和思想家都认为，斯宾诺莎这种做法完全是对犹太教的有意曲解。譬如柯亨认为，"斯宾诺莎的论战成为对犹太教的一个根本误解的来源。"[2] 其实，若是考虑到

〔1〕 斯宾诺莎，《神学政治论》，第 201 页。
〔2〕 Hermann Cohen, *Religion of Reason, Out of the Sources of Judaism*, translated, with an Introduction by Simon Kaplan, Introductory essay by Leo Strauss, Introductory essays for the second edition by Steven S. Schwarzschild and Kenneth Seeskin, Scholars Press, 1995, p.331.

斯宾诺莎所处的险恶环境，他的这种修辞手段并非完全不可理喻。这是他的一种自我保护策略，因为置身一个对犹太人充满敌意的世界，斯宾诺莎预想的读者对象首先不是犹太人，而是在荷兰乃至整个欧洲占绝对统治地位的基督徒群体。

抛开具体的修辞意图不论，斯宾诺莎宗教批判的最大意义在于把"犹太人问题"引入现代"神学政治问题"的视野。"神学政治问题"不再只是宗教与哲学（或启示与理性）之间的一般性冲突，而是具体化为犹太民族历史的选民神话同对这一历史的"解神话"之间的对立。在《神学政治论》中，斯宾诺莎消解了《圣经》和犹太历史的所有神圣和超验色彩，还原出一个真实的世俗历史。斯宾诺莎并不否认，《圣经》中的摩西律法对犹太民族最初建国以及后来的繁荣昌盛都起过相当大的作用；但是后来当犹太人国破家亡、流落巴比伦时，他们就开始有意识地编写《圣经》，重新建构自己的历史；为了确保自己的身份认同，他们在此后漫长的流亡岁月不断地编造各种神话，其中一个最重要的神话就是认为他们自己是上帝的"选民"。一千多年来，他们一直沉湎于这种神话、迷信或偏见的封闭世界，并且强烈地排斥其他民族和宗教，因此反过来也遭到其他民族无休止的歧视和迫害。

　　但在斯宾诺莎看来，犹太人的处境和命运并非犹太民族所独有，而是整个人类之自然本性和历史命运的缩影。事实上，我们人类的"自然状态"就是不顾一切地追求对自己有利的东西，以维持我们自身的存在。但是，我们有各种各样的欲望，却很少有能力实现，于是乎在想象中把这些欲望强加给外物；我们出于自己的喜怒爱恨，将对我们有用的东西称为真、善、美，而将无用或有害之物判定为假、恶、丑；我们以己度物，认为自然本身也一定隐藏了某种内在的目的和秩序，甚至想象有一个神或造物主为了我们的缘故才创造了自然万物及其内在秩序；我们自欺欺人地相信人有自由意志，所以才会有褒与贬、功与罪、天堂与地狱之类的道德观念。[1] 一言以蔽之，我们人类的自然状态就如同寄生虫一般，虽然为黑暗、偏见和迷信包围，却总以为自己是天地万物的中心，是自然世界的"国中之国"（*imperium in imperio*）。[2] 斯宾诺莎认为，所有这些都是因为我们"理智的自然之光"（natural light of intellect）受到想象和

---

〔1〕　斯宾诺莎，《伦理学》，第 37—42 页。

〔2〕　斯宾诺莎，《政治论》，冯炳昆译，商务印书馆，1999 年第 1 版，第 12 页；《伦理学》，第 96 页。

激情的蒙蔽，对自然或神的真实存在（实体）缺乏真正的知识，从而陷入错误、迷信和偏见的黑暗王国。千百年来，人类之所以陷入无休止的冲突、仇杀和战争，是因为他们一直被封闭在这个黑暗王国。

因此，对斯宾诺莎来说，"犹太人问题"的解决同时意味着"神学政治问题"的解决。既然犹太人的"选民"观念不过是一套毫无根据的神话、迷信或偏见，那么他们要想摆脱自己的命运，就不能再自欺欺人地相信这种偏见，而是应该通过理性启蒙或理智的自然之光走出过去的黑暗王国。这一解放之道不仅适用于犹太人，而且适用于所有其他信仰启示宗教的民族（基督徒和穆斯林）。在这个意义上，宗教批判成为解决"犹太人问题"和"神学政治问题"的共同前提。

二 斯宾诺莎的宗教批判

1. 宗教批判的哲学基础

宗教批判的前提是对宗教现象的正确理解，这意味着我们不能站在宗教内部理解宗教，而是必须拥有一个超出宗教之外的哲学视野。斯宾诺莎当然不是宗教批判的首创者。[1] 在古希腊罗马时代，伊壁鸠鲁学派曾对宗

---

[1] 斯宾诺莎的宗教批判并不意味着他批判任何形式的宗教。相反，他在《伦理学》的某些地方恰恰肯定了宗教和虔敬对我们生活的重要作用："当我们具有神的观念或当我们认识神的时候，我们一切的欲望和行为，皆以我们自己为原因，我认为这就算是宗教（religionem）。由于我们遵循理性的指导而生活所产生的为人谋幸福的欲望，我称为虔敬（pietatem）。"这种意义的宗教和虔敬实则与哲学无异，因为在斯宾诺莎心目中，哲学沉思最为崇高的知识就是一种对神的"理智之爱"。斯宾诺莎这种意义上的

教提出过完整的解释和批判。而在西方现代早期，用宗教批判和解释《圣经》的方式去阐述政治哲学主张，更是成为一种潮流。早在斯宾诺莎之前一个多世纪，"现代政治哲学之父"马基雅维里（Niccolo Machiavelli）在《论李维》中已经开启了现代宗教批判的先河。[1] 更不用说在霍布斯的《利维坦》和洛克的《政府论》之中，有关宗教批判和《圣经》解释的文字分别占了一半多的篇幅。和这些先驱者相比，斯宾诺莎的宗教批判思想虽然并没有提出划时代的创见，但却显得更为系统、全面和深入。[2]

（接上页）宗教，实则开启了德国唯心论之"理性宗教"的先河，对康德、谢林、黑格尔等皆有重要影响。因此，当我们在探讨斯宾诺莎的宗教批判时，似乎有必要注意的是，他所批判的并不是这种意义的宗教，而是传统的启示宗教，如犹太教、基督教（天主教和新教）和伊斯兰教等。另外同样值得注意的是，斯宾诺莎在《神学政治论》中还提出过一种"普遍宗教"（universal religion）的观念，其意大抵相当于卢梭和托克维尔等所说的"公民宗教"（civil religion）。参见：斯宾诺莎，《伦理学》，第197—198页；《伦理学》，第260页；《神学政治论》，第198—199页。

[1] 马基雅维里，《论李维》，冯克利译，上海人民出版社，2005年第1版，第82—83页。

[2] 伊壁鸠鲁学派宗教批判的代表人物是古罗马哲学家卢克莱修。他在《物性伦》中认为，宗教（和诸神）来源于人对死亡的恐惧。这一看法对霍布斯产生了很深的影响，因为霍布斯也是将宗教的原因追溯到人对不可知力量的恐惧。不过，二者的思路看起来虽然颇为接近，但意图却完全不同：伊壁鸠鲁学派关心的是

1.1. 实体：神或自然

在斯宾诺莎看来，宗教并不是超自然的现象，而是一种根植于人之自然本性（human nature）的本能或倾向。既然人是自然整体的一个部分，那么要理解宗教现象，我们首先需要获得某种关于自然本身的整体直观。概要地讲，斯宾诺莎哲学的核心是神与自然的绝对同一：神并不是一种超自然的意志或力量，而是内在于自然之中，因为它们本来就是同一个东西——实体（*substantia*）。

"实体"与"样态"相对。按照《伦理学》的定义，实体是"在自身内并通过自身而被认识的东西"，而样态（*modus*）作为实体的分殊（*affectiones*），则是指"在他物内通过他物而被认知的东西"。[1] 二者的根本区

（接上页）通过宗教批判消除个人对死亡的恐惧，获得心灵的平静和快乐；霍布斯关心的却是如何消除宗教对社会政治的影响，获得社会安全和政治稳定。在相当程度上，这也体现出了古代和现代宗教批判的根本差异性：前者批判宗教是为了哲学沉思，后者则是出于政治考虑。斯宾诺莎同时受这两种思路的影响，但却是一种更高层次的扬弃或综合。参见：卢克莱修，《物性伦》，方书春译，商务印书馆，1959年版，第173—188页；霍布斯，《利维坦》，第79—82页。另可参见：Leo Strauss, *Spinoza's Critique of Religion*, translated by E. M Sinclair, The University of Chicago Press, 1965, p.38。

〔1〕 斯宾诺莎，《伦理学》，第3页。

别主要在于：实体是唯一、无限和永恒的自因（*causa sui*），其本质（*essentia*）就包含了存在（*existentia*）；样态则是多样、有限、有生有灭的，其本质并不包含存在。但这并不意味着斯宾诺莎坚持一种二元论的形而上学。恰恰相反，他在《伦理学》中明确地指出，实体与样态或神与万物本是一体："神是万物的内在原因（*causa immanens*），而不是万物的外在原因（*causa transiens*）。"[1] 考虑到神就是自然，那么换一种表述方式道理也是一样：自然在实体的意义上是"创造自然的自然"（*natura naturans*），而在样态的层面则是"被自然创造出来的自然"（*natura naturata*）。[2] 总而言之，神、自然和实体的绝对同一性排除任何形式的超自然（supernatural）或超验（transcendent）设定。

如果说实体就是"自因"、其本质蕴含了存在，那么神或自然作为唯一的实体必然拥有绝对的存在力量（power）。"因为，既然能够存在就是有力，那么一物具有实在性愈多，它能够存在的力量也必定愈多；所以绝对无限之物或神其自身也必定具有绝对无限的能够存在

----

[1] 斯宾诺莎，《伦理学》，第 22 页。
[2] 同上书，第 29 页；《简论上帝、人及其心灵健康》，顾寿观译，商务印书馆，1999 年第 1 版，第 72—74 页。

的力量；所以它绝对地存在。"[1] 因此之故，神或自然不会有任何追求存在的倾向、意志或欲望，而是仅仅遵循自身的严格必然性——力量的法则。与之相反，"样态"的本质并不包含自身的存在，所以必然会竭尽全力地追求力量以维持自身的存在。在这一点上，人也不例外。"像自然界的其他东西一样，人也竭力保全自己的存在。"[2] 因为人并不是实体，而仅仅是实体的众多样态之一，其本质"不包含必然的存在"。[3]

1.2. 激情和想象

这样说来，人与其他自然万物的根本区别就不在于"自我保存"，而是在于自我保存的具体手段或方法。正所谓鹰飞长空、鱼游水底，万物皆有自己的生存之道。[4] 斯宾诺莎认为，最符合人之自然本性的生存之道就是听从理性的教导："在生活中对于我们最有利益之事莫过于尽量使我们的理智或理性完善。而且人生的最高快乐或幸福即在于理智或理性之完善中。"[5] 只有理性

---

〔1〕 斯宾诺莎，《伦理学》，第 12 页。
〔2〕 斯宾诺莎，《政治论》，第 13 页。
〔3〕 斯宾诺莎，《伦理学》，第 45、52 页。
〔4〕 斯宾诺莎，《神学政治论》，第 212 页。
〔5〕 斯宾诺莎，《伦理学》，第 228 页。

才会让我们认识自然万物的因果必然法则，告诉我们如何按照这种必然法则培养自己的德性（virtue）、获得真正的力量。[1]

问题是，绝大多数人在绝大多数情况下并不顺从理性的引导，而是听任激情和想象（imagination）的支配。在斯宾诺莎看来，宗教的根本动力就是人的自我保存冲动，只不过这种冲动被激情和想象引到了错误的方向。那么激情和想象又是从何而来？这个问题涉及人类知识的起源和性质。

在《伦理学》的第二部分，斯宾诺莎指出，所谓激情就是指外物对身体的刺激之后形成的身体反应或身体情状（affections）。[2]当外物刺激身体之后，会在身体中留下某些形象（images）。即使外物消失，关于这些形象的观念仍然留在心灵之中。"当人心凭借它的身体的情状以考察外界物体时，我便称它是在想象那物体。"[3]

---

[1] 斯宾诺莎说，"因为幸福不外是由于对神有直观知识而起的心灵的满足。而所谓使理智完善也不外是理解神，理解自神的本性之必然性而出的神的属性与行为。所以遵循理性指导的人的最后目的，亦即他努力以节制他所有别的欲望的最高欲望，即是能指导他充恰地理解他自己并理解一切足以为他的理智的对象的事物的欲望。"参见：斯宾诺莎，《伦理学》，第228页。

[2] 斯宾诺莎，《伦理学》，第63—70页。

[3] 同上书，第70页。

换言之，想象是将关于外物的形象看成是事物自身。由此可见，想象与激情原本就是相生相伴、相互加强。不过，想象本身并不包含错误。[1] 唯有当我们把想象（或关于身体情状的观念）仅仅同心灵联系起来，而不是在自然整体之中理智地直观其必然法则或秩序，想象才会导向错误的认识。

斯宾诺莎进一步区分了三种类型的知识：第一种是意见或想象，包括感觉经验和"记号得来的观念"；第二种是"对于事物的特质具有共同概念和正确观念而得来的观念"，即通常所说的推理知识；第三种是"直观知识"（*scientia intuitiva*），也就是"由神的某一属性的形式本质的正确观念出发，进而达到对事物本质的正确知识"[2]。在这三者中，"第一种知识是错误的原因，第二和第三种知识必然是真正的知识。"[3] 考虑到第二与第三种知识并无实质差异（前者来自于后者），都属于斯宾诺莎所谓的"真观念"，知识实际上可以更简单地区分为两种：容易引起错误的想象和绝对正确的理性。因此，如果说（斯宾诺莎意义上的）科学和哲学属于后者，那

---

〔1〕 斯宾诺莎，《伦理学》，第 64 页。
〔2〕 同上书，第 80 页。
〔3〕 同上。

么宗教当然只能是前者。

1.3. 宗教和迷信

在《伦理学》的第一部分（"论神"）结尾，斯宾诺莎提到了宗教产生的具体原因。概要地讲，宗教来源于人的这样一种"成见"：

> 我在这里想要指出的那些成见尽基于人们一般地认定自然万物，与人一样，都是为着达到某种目的（finis）而行动。并且他们相信神作育万物皆导向一定的目的。他们说神造万物是为了人，而神之造人又是为了要人崇神。[1]

这种"成见"当然不是出于偶然，而是根植于人的自然本性——自我保存的冲动。斯宾诺莎进一步指出，造成这种成见的原因主要有两个：其一是，"人们生来就昧于事物的原因"；其二是，"人们都有一种欲望要追求对自己有利的东西，并且自己意识到这种欲望。"[2] 这

---

[1] 斯宾诺莎，《伦理学》，第 37 页。
[2] 同上。

两点刚好构成了启示宗教的两个思想基础：自由意志和目的论。一方面，人因为意识到自己有意志和欲望，便产生一种错觉，认为自己的意志是自由的，但对造成自己意志和欲望的原因却一无所知。另一方面，人都以追求对自己有利的东西为目的，所以对于任何发生的事件都只关心其目的因（*causa finalis*），只关心是不是对我有利、是不是符合我的意志或目的。

"自由意志"和"目的论"这两个假定分别对应着启示宗教的两个核心教义：神意（Providence）和创世（Creation）。一方面，从自然本性上说，人皆以追求对自己有利的东西为目的。当他观察外在世界时，很容易以己度物，以为万事万物的存在目的就是为了让人使用，或者说是人用来实现其自我保存的工具。既然这些工具并非为人亲自制造，那么制造它们的一定是某种更高的存在。在他看来，这就是神。另一方面，自然万物并非事事皆合人意，各种天灾人祸也经常给人带来很大的损害。面对这些与信念截然相悖的经验，人的自然反应并不是修正或抛弃自己的信念，反倒宁愿相信这其中隐含着神的某种隐秘旨意，如神通过愤怒对人的罪孽进行惩罚等。

宗教与迷信只有一步之遥。在《神学政治论》的

"序"中，斯宾诺莎指出，迷信来自于人的恐惧，而恐惧则是由于人一方面自我保存时常受到威胁，另一方面却又不知道这种威胁的真正原因。诚然，一个人若是能够完全控制自己的生活环境，并且常有好运（good fortunes）相伴，那么迷信当然就不会产生。但问题是，人的力量跟无常的世事和命运相比实在太过渺小，以至于时常陷入困境。同时人又很容易为激情所左右，在顺境时过于傲慢和自负，在逆境时则陷入绝望和恐惧，"任何可惊可愕之事他们都认为是神或上帝忿怒所致，以为迷信就是宗教的信仰。"[1]

恐惧导致了人的迷信，而迷信反过来又加深了人的恐惧。在恐惧和迷信相互加强的状态中，一个人首先想到的不是运用自己的理智去探究真实原因，而是依靠荒诞不稽的想象、启示、预言或奇迹。"他们骂理智是盲目的，因为理智不能给他们所追求的幻影指示一条正路。他们舍人类的智慧而不用，以为是无益的。他们倒以为幻想、梦和一些别的幼稚可笑的事是上天的启示。用祷告和妇女似的哭泣来求援于上帝。"[2] 大众的这种心理最容易为野心

---

[1] 斯宾诺莎，《神学政治论》，第9页。
[2] 同上书，第10页。

家和宗教人士利用和操纵。一旦后者掌握公共政治权力，他们一定会像犹太教公会对待斯宾诺莎那样，"用法律侵入思辨的领域，把人的意见加以法律的审判、定罪。"[1]这样一来，不仅个人的权利或自由会遭到损害甚至剥夺，而且整个国家也会陷入持久的混乱甚至战争。

考虑到宗教和迷信对个人和政治的灾难性影响，宗教批判就不应该局限于抽象的哲学原则，而是应该深入到宗教的教义本身。因此，为了更好地理解斯宾诺莎本人的意图，我们非常有必要总结一下他对这些教义的阐述和批判。

2. 宗教批判的具体内容

在《神学政治论》前六章，斯宾诺莎以犹太教为主要对象，详细辨析了启示宗教的几个基本教义：预言、先知、选民、神法、仪式和奇迹。

2.1. 预言和先知

对包括犹太教在内的一切启示宗教来说，预言

---

〔1〕 斯宾诺莎，《神学政治论》，第11页。

（prophecy）和先知（prophet）都是最重要的教义之一。在斯宾诺莎那里，预言基本上和启示（revelation）同义，即是指"神启示给人关于某些事情的确定知识"；相应地，先知则是指神的代言人，其作用是"将神的启示解释给那些不能获得确定知识、只能依靠单纯信仰的人"。[1] 诚然，若只关心"确定知识"，那么由"理性的自然之光"（natural light of reason）所获得的"自然知识"无疑更符合预言的定义。但启示宗教所说的预言完全不同，因为自然知识来自人的自然理性，可以为所有人共享，而预言或启示则完全超出了自然理性的理解范围，因而只能为少数人（即先知）所独有。先知之所以获得启示或预言，是因为神将灵（spirit）吹入他们的心中。

斯宾诺莎首先讨论了神给先知以启示的几种可能性："要么是言辞（word），要么是显形（appearance），要么是二者并用。"[2] 而言辞和显形又有真实和想象之分。按照他的考证，在《圣经》中，神的真实显形从来就没有发生过，至于神的真实言辞，唯一听过一次的就只有摩西。在《出埃及记》第二十五章第二十二节中，

---

[1] 斯宾诺莎，《神学政治论》，第 19 页。
[2] 同上。

耶和华对摩西说："我要与你在那里相会，而且我要与你在约箱盖受圣餐，约箱盖位于天使之间。"[1] 由此可见，《圣经》中几乎所有的预言都是来自先知本人的想象，或者说"先知仅仅借助想象力觉知神的启示"[2]。至于所谓的"灵"，其本义不过是"风"，其他各种引申义都是比喻和寓言。原因就在于，"先知的所有理解和教诲几乎都采用比喻和寓言的形式，所有精神事物（spiritual matters）都是用有形之物的形式来表达。"[3]

因此在斯宾诺莎看来，所谓预言就是一种想象，而先知则是那些想象力过分发达的人。那么先知的预言是否就比自然理性的认识更具确定性呢？斯宾诺莎予以断然否认。正如他在《伦理学》中所说，想象依赖于身体和外物的相互作用，因此永远具有不确定性。先知能否获得预言以及获得什么样的预言完全是偶然的，这完全取决于先知本人的"性情、想象的性质和以前的信念"[4]。在这个意义上，先知的预言并不是一种高于自然理性的"确定知识"，而是一种远低于理性的想象，即

---

〔1〕 斯宾诺莎，《神学政治论》，第 21 页。
〔2〕 同上书，第 33 页。
〔3〕 同上。
〔4〕 同上书，第 37 页。

《伦理学》中所说的第一种知识。

2.2. 选民

"选民"（elect）也是犹太教的一个传统教义，意思是说，犹太人是唯一"由神所选"（chosen by God）的民族。犹太人之所以相信自己是神的选民，是因为他们觉得只有他们自己得到了神的帮助（God's Help）。譬如，当初他们在埃及受奴役时，是神帮助他们获得了自由，并且建立了国家。更重要的是，"犹太人亡国之后，并且在流散了很多年，和别的国家离绝了许多年之后，至今还生存着。这是别的民族不能比的。"[1] 这一点也应该归功于神的帮助。

斯宾诺莎认为，犹太人的选民意识只是他们自己的一种狭隘偏见和自负。他们误以为神只关心犹太人，但实际上神并没有什么特殊的意志或命令，只是严格遵循自身的必然性法则，不会偏爱任何人、任何民族。[2] 正如《伦理学》中所说，"神决不会为任何苦乐的情感所激动，所以神不爱人，也不恨人。"[3] 既然神对人完全不

---

[1] 斯宾诺莎，《神学政治论》，第 62 页。

[2] 同上书，第 52 页。

[3] 斯宾诺莎，《伦理学》，第 250 页。

关心，那么"神的帮助"就只能看成是一种比喻。在比喻的意义上，斯宾诺莎将"神的帮助"区分为内在帮助（internal help）和外在帮助（external help）：前者是指人依靠自己的能力很好地实现了自我保存（即西方古谚之所谓"上帝仅仅拯救自救者"），后者则是依靠外在机缘巧合或好运获得利益。

倘若以此来衡量，那么犹太人所谓的"神的帮助"就只能是一种外在帮助，也就是说，他们出于偶然的机缘建立了国家，并且享受了相当长时间的繁荣。因此，"希伯来国之为上帝所选定不是由于这个国家的智慧和心的镇静，而是由于其社会组织和好运获得了优胜权，维持了很多年。"[1] 但是，这种好运并非犹太人所独有，历史上其他民族也同样得到过神的类似（外在）帮助。所以说，"直到现在，犹太人绝对没有什么好让他们夸耀自己拥有而其他民族没有的东西。"[2] 至于说犹太人在亡国之后还能继续生存下去，那只是因为他们一方面尽可能地与其他民族隔绝，另一方面严格维持着自己的传统仪式（如割礼），而不是因为他们是神选的民族。

---

〔1〕 斯宾诺莎，《神学政治论》，第 56 页。
〔2〕 同上书，第 64 页。

2.3. 神法

犹太人素以"律法的民族"闻名于世。他们之所以认为自己是神的选民，很大程度上是因为他们相信神是他们的君主和立法者。换言之，他们以为自己的律法（torah）是由神所立，并交付先知摩西去颁布和执行，因此是一种神法（divine law）；相比之下，其他民族的法都是由人所立，所以是一种人法（human law）。那么，事实是否真的如此？

斯宾诺莎首先辨析了"法"（law）一词的含混性。当我们在说"人法"和"神法"时，"法"的含义完全不同：前者是指一种出自人之意志的命令或法令（statute），后者则是指出自事物自然本性的必然性法则。人法与神法的区别有两点：首先，人法依赖于人的意志，但神法却跟意志——不管是人的意志还是所谓的"神的意志"——毫不相干，而是完全出于必然性；其次，人法的目的是保护个人安全和政治秩序，神法则引导人们追求真正的幸福，即对神的"理智之爱"。根据这一区分，斯宾诺莎给人法和神法作了这样的规定："人法按我的理解是指一种仅仅为保护生活和国家而颁布的行为规范。神法按我的理解仅仅关心最高的善，也就是对神的真正知识和爱。"[1]

---

〔1〕 斯宾诺莎，《神学政治论》，第 67 页。

斯宾诺莎还进一步总结了神法的四个特点：首先，神法是普遍适用于一切人，因为它是来自于人的自然本性；其次，神法是非历史性的，永远不会失效；第三，神法不要任何外在仪式，只需要内心的理解；第四，服从神法本身就是回报，故不需要其他的外在回报。由此看来，犹太人的律法是不折不扣的人法，而不是神法，因为它并不具备神法的任何特点。实际上，犹太人的律法是根据摩西的意志而创立，其目的是保护犹太人的生命安全和国家秩序。犹太人之所以误认为它是神法，是因为他们混淆了神（实体）和人（样式）的界限，把神想象成为一位有意志的君主或立法者，浑然不知神仅仅服从自然的必然性，并没有人所拥有的那种意志。

2.4. 仪式

犹太人的律法不仅仅是公共的国家法令，而且还包含了许多复杂的仪式（ceremonies）。犹太人坚信，它们作为神法的重要组成部分，也是人获得拯救与幸福的必要条件。斯宾诺莎并不否认，仪式对古希伯来国家的社会和平与繁荣的确起过一定的作用。一般而言，社会生活比孤独的个人状态更有利于人的自我保存，因为社会分工与合作更能满足人的需要。但是大多数人并不能认识到这一点，因为他们生来就不服从理性的教导，而是听任想象和激情的驱使。为避免使他们陷入相互冲突和战争，社会就需要有强大的国家权力和强制性的法律。不过斯宾诺莎也承认，国家要想使人民心甘情愿地服从法律，就既不能单纯依靠赤裸裸的权力压制，也不能仅仅诉诸人民的恐惧心理，而是需要赋予法律以某种神圣的色彩。就此而言，宗教仪式就成为法律的必要补充。

犹太人建立古希伯来国家的历史证明了这一点。他们在离开埃及时，尚没有任何法律，完全处在混乱无序的自然状态。后来，摩西凭借自己的德性和功绩被推选为实际的统治者，并且为犹太人制定了法律。考虑到犹太人无法无天的顽劣本性，摩西又创立了宗教，以培养他们的虔敬之心。最后，为了让犹太人无条件地服从统治，摩西又给他们的日常生活制定了详细和严格的仪式，使他们没有任何自由选择的余地。[1] 因此，"仪式法则的目的就是使人永远不能随意行动，而是一直听从另一个人的命令；使他们无论在行动还是在内心思想方面都承认不是能自我主宰，而是完全从属于另一个人。"[2]

---

〔1〕 斯宾诺莎，《神学政治论》，第83页。
〔2〕 同上书，第84页。

由此看来，犹太人关于仪式的信念并没有什么真实的根据。首先，仪式的目的是短暂的国家和平与社会繁荣，跟人的真正幸福几乎不相干。其次，仪式仅仅是古希伯来国的陈规旧俗，而不是基于人之自然本性的神法，因此并不适用于其他民族。最后，即使对犹太人来说，仪式也仅在从摩西立法到被囚禁巴比伦这段有限的时间才发挥作用；相反，犹太人在出埃及之前还没有任何仪式，而在犹太国灭亡之后，也"不一定非遵守他们的礼节不可"[1]。鉴于这些事实，斯宾诺莎断定，"这些仪式与神法无关，因此无助于幸福和德性。"[2]

2.5. 奇迹

和预言、先知一样，奇迹（miracle）也是犹太教（以及所有其他启示宗教）的核心教义之一。概要地讲，奇迹的信仰者认为，存在着某种违反和超越自然法则的事件，这一事件就是神的意志和力量的体现。斯宾诺莎将奇迹观念的起源追溯到早期的犹太人："为了驳斥那个时代崇拜可见之神——太阳、月亮、大地、水、气等

---

[1] 斯宾诺莎，《神学政治论》，第 80 页。
[2] 同上书，第 77 页。

等——的非犹太人的信仰，并且向他们证明这些神不仅软弱、自相矛盾或变化无常，而且服从于一位不可见之神的命令，犹太人便吹嘘自己的奇迹，并且由此试图进一步证明，他们所崇拜的神仅仅为了他们的利益安排了整个自然世界。"[1] 由此可知，犹太人之所以产生奇迹的观念，主要原因是错误地割裂了神和自然。

斯宾诺莎对奇迹观念提出了四点批驳。首先，神的力量和自然的力量是同一个东西，并且遵循自身的"永恒不变的固定秩序"或必然法则，因此任何事件都不可能违反或超越自然的自然法则；在这个意义上，所谓奇迹不过是出于对自然世界真实原因的无知。其次，犹太人的本意是希望用奇迹证明上帝的存在，但是"奇迹若是指一些违反自然法则的事物，不但不能证明神的存在，反使我们怀疑神的存在。我们对于神的存在本来毫不怀疑，因为我们知道自然本身遵循一个固定不变的秩序"[2]。第三，奇迹观念预设了神的意志或命令可以干预自然法则，但他们不知道所谓神的意志恰恰就是自然法则本身。第四，《圣经》一直被犹太人看成是奇迹的真

---

〔1〕　斯宾诺莎，《神学政治论》，第 90 页。
〔2〕　同上书，第 95 页。

实记载，但经斯宾诺莎的考证，"凡《圣经》中真实记述的事情，像别的事情一样，都必然遵循自然的法则。"[1]

那么，《圣经》中所记载的"奇迹"都是如何产生的呢？斯宾诺莎认为，"《圣经》的目的不在用自然的原因来解释事物，而只是在叙述动人想象的事物，用最有效的方法以激起惊奇，因而使大众的心深受感动，以唤起他们的敬神之心。"[2]归根到底，奇迹跟上述其他几个教义（预言、先知、选民、神法和仪式）一样，都不是来自人的自然理性，而是想象的产物。

从以上的简要概述中，我们不难总结出斯宾诺莎宗教批判的两个特点：首先，他的所有批判都是以《伦理学》中一个核心思想——神与自然的绝对同一性——为前提。与此形成鲜明对比的是，犹太教的几个基本教义如预言、先知、选民、神法、仪式和奇迹等，都毫无例外地将神同自然完全割裂开来，认为神是一种高于自然的意志或力量。在斯宾诺莎看来，犹太人这种迷信或错误的原因并非偶然，而是他们诉诸想象和激情、放弃自然理性的必然结果。其次，他的所有分析和批判都跟

---

〔1〕 斯宾诺莎，《神学政治论》，第 105 页。
〔2〕 同上书，第 99 页。

《圣经》有很大的关系——要么是援引《圣经》为论据，要么是指出《圣经》自身的错误。既然《圣经》是犹太教和基督教等启示宗教的策源地，那么在相当程度上，对预言、先知、选民、神法、仪式和奇迹等犹太教教义的批判也适用于《圣经》本身。就此而言，斯宾诺莎的《圣经》解释就是宗教批判的自然延伸。

那么，《圣经》究竟是怎样的一本书？它同犹太人的历史之间又是什么关系？为了回答这两个问题，我们有必要转向考察斯宾诺莎对《圣经》的具体解释。

三 《圣经》的历史与犹太人的历史

    《圣经》向来被犹太人和基督徒看成是"神圣的书"
（Holy Bible），甚至是"唯一的书"（the Bible）。撇开犹
太教和基督教的历史渊源和教义纠纷不谈，《圣经》与
犹太人历史命运的内在关联已是众所周知的事实。不管
是作为"神圣的书"，还是作为"唯一的书"，《圣经》
都传达了犹太人的这样一个信念：他们不仅是一个"神
圣"（holy）的民族，而且是唯一"神选"（chosen by
God）的民族。千百年来，犹太人固然依靠这一信念顽
强地恪守自己的民族和宗教认同，但也因此遭到其他民
族无休止的歧视、仇恨与迫害。既然犹太人的历史同
《圣经》有着难分难解的内在联系，那么在斯宾诺莎看

来，对《圣经》的正确理解就是他们获得自我解放的必要前提。

1.《圣经》解释的原则和方法

1.1.《圣经》解释的一般原则：自然理性

要想正确地理解《圣经》，首先需要确定基本的解释原则和方法。犹太教拉比和基督教神学家都一致认为，既然《圣经》是一部"神圣的书"，它所记载的是"神言"（Word of God），而非"人言"（word of man），那么解释《圣经》的唯一方法就只能是神的超自然启示，而不是人的自然理性。但斯宾诺莎并不这么看。诚然，千百年来关于《圣经》的解释可谓是汗牛充栋，每一个解释者都声称只有自己的解释来自神的启示，因此最符合《圣经》的原意，而其他的解释都是离经叛道或异端。但正是这些所谓的超自然启示不仅激发了无穷无尽的思想论争，而且导致了无休止的宗教冲突、宗教迫害和宗教战争。他们似乎从来没有想过这样一种可能：《圣经》本身既蕴含了真理，也充斥着谬误。而要辨析哪些是真理、哪些是谬误，就不能依靠莫衷一是的启示，而是应该使用人所共有的自然理性。

倘若《圣经》本身也包含着谬误，那么它就不再是"神圣的书"，而是一部人写的书；它所记载的也不是"神言"，而是"人言"。在这个意义上，理解《圣经》同理解其他自然现象一样，首先应该听从理性的教导。这就是斯宾诺莎解释《圣经》的基本原则。与此相反，所有那些号称获得"圣灵"（Holy Spirit）启示的宗教人士和神学家表面上是解释《圣经》，实际上都是"把他们自己的解释沿街叫卖，说是上帝的话"[1]。即使偶尔运用理性，也不过是"根据圣经的原文来附会他们自己的虚构，用神的权威为自己之助"[2]。

就自然理性能否解释《圣经》的问题来说，斯宾诺莎主要批判了两种错误看法，其一是以迈蒙尼德（Moses Maimonides）为代表的独断论（dogmatism），其二是阿尔帕卡（Alpakhar）为代表的怀疑论（skepticism）。迈蒙尼德是犹太教《圣经》解释的权威，他认为《圣经》中的每一句话都符合理性；即便发现《圣经》中有明显自相矛盾的地方，他也不承认这是《圣经》本身的错误，反而宣称这种表面错误的背后一定隐藏着神秘的智慧，

---

〔1〕 斯宾诺莎，《神学政治论》，第 106 页。
〔2〕 同上书，第 107 页。

因此同理性并不相悖。乍看起来，这似乎颇接近于斯宾诺莎本人的立场。但斯宾诺莎却指出，迈蒙尼德不过是打着《圣经》的幌子兜售柏拉图和亚里士多德的哲学，跟《圣经》本身没有任何关系。相比之下，阿尔帕卡则走到了另一个极端。他根本否定理性有解释《圣经》的能力，因此"应使理智辅助《圣经》，完全对《圣经》让步"[1]。而当他发现《圣经》的叙述有自相矛盾的地方时，便认为它们是理性自身不能理解的比喻，其背后隐藏着某种一以贯之的信仰。

斯宾诺莎强调，"解释《圣经》的方法与解释自然的方法没有大的差异。事实上差不多是一样的。"[2] 但从他对迈蒙尼德和阿尔帕卡的批判中，我们不难发现这两种方法其实还是有一定的差异。诚然，对《圣经》的解释不应该违反理性，但光有理性显然还是不够，因为理性只是一个普遍的原则，不能解决诸如《圣经》的真实作者、成书年代、编辑经过等具体的历史问题。在这个意义上，历史—语义学解释（historical-philological interpretation）就是一般理性原则的一个必要补充或具体运用。

---

〔1〕 斯宾诺莎，《神学政治论》，第 202 页。
〔2〕 同上书，第 108 页。

1.2.《圣经》解释的具体方法：历史—语义学

历史—语义学解释关注的是《圣经》自身的历史，它的基本精神是，"我们关于《圣经》的知识只能求之于《圣经》"。[1] 斯宾诺莎这里显然是为了避免迈蒙尼德式的独断论，即以"六经注我"的方式把某种与《圣经》无关的哲学思想强加给《圣经》。具体地说，历史—语义学的解释方法包含了三个要点：

首先，考虑到《圣经》各篇的语言会随着作者时代的变化有很大的差异，我们需要注意"《圣经》各卷写作时所用的以及著者常说的语言的性质与特质"[2]。

其次，《圣经》中充斥着自相矛盾、含糊不清的言辞和段落，甚至不乏篡改和遗漏的地方，这需要我们"把每编加以分析，把每编的内容列为条目。这样，讲某一问题的若干原文，一览即得。最后，把模棱两可和晦涩不明或看来互相矛盾的段落记下来"[3]。对于这些段落，要辨别其字面意思和引申意思，并且尽量把后者还原或追溯到前者，因为《圣经》的字面意思更可靠。

最后，解释《圣经》不能只关注文本，而且应该联

---

〔1〕 斯宾诺莎，《神学政治论》，第108页。
〔2〕 同上书，第109页。
〔3〕 同上书，第110页。

系文本及其作者的历史语境。用斯宾诺莎的话说，"《圣经》一句话的历史必须与所有现存的预言书的背景相关联，那就是说，每编作者的生平、行为与学历，他是何许人，他著作的原因，写在什么时代，为什么人写的，用的是什么语言。此外，还要考求每编所经历的遭遇。最初是否受到欢迎，落到什么人的手里，有多少种不同的原文，是谁的主意把它归到《圣经》里的。最后，现在公认为是神圣的各编是怎样合而为一的。"[1]

以上三点正是现代人解释《圣经》时所普遍采用的方法，斯宾诺莎也因此被誉为现代解释学（hermeneutics）和圣经科学（biblical science）的创始人。不过就其本人来说，斯宾诺莎的初衷显然不是要创立一种所谓的《圣经》解释科学，而是希望通过澄清《圣经》的真实作者与成书历史来解决理性与启示之间的争论，即"神学政治问题"。

2.《圣经》的真实作者与成书历史

2.1. 有关《圣经》各篇作者的疑问

《圣经》并非出自一人之手，这一点在斯宾诺莎

---

[1] 斯宾诺莎，《神学政治论》，第 111 页。

之前就早已成为定论，即使是极端的"基要主义者"（fundamentalist）也无法否认。不过，传统宗教人士和神学家却坚持认为，《圣经》的作者虽然不是神自己，但却是先知们依靠神的启示或灵感（inspiration）写作出来的，因此《圣经》作为"神言"的地位仍然不可动摇。从《摩西五经》、《历史书》、《诗歌·智慧书》到《先知书》，神的启示贯穿了《圣经》的各个篇章。撇开基督教与《新约》暂时不谈，就犹太人本身而言，《圣经》的历史并不是一个世俗历史，而是一个关系到犹太人受到神选的"神圣历史"和"救赎历史"。但斯宾诺莎依据历史—语义学解经法对《圣经》进行考证，却得出了完全相反的结论。

在《圣经》各篇中，《摩西五经》（《创世记》、《出埃及记》、《利未记》、《民数记》和《申命记》）的地位最为重要，历来被公认为西方三大启示宗教（犹太教、基督教和伊斯兰教）的共同思想源头。在斯宾诺莎之前，传统的权威看法基本认定摩西是这些经书的作者。但斯宾诺莎经过仔细的考证得出结论说，摩西不可能是它们的作者，否则将无法解释其中为什么有那么多自相矛盾的地方。比如说在《创世记》第二十二章第十四节，摩利亚山叫做"上帝的山"，但这个名字在摩西的时代并没有出现，而是建造圣殿之后才有的。可见写这段话的人并不是摩西，而是后人。再比如说，《申命记》中记载摩西去世时说，"在以色列从来没有一个预言家赶得上摩西，摩西直接为主所知。"这更清楚地说明，摩西不是《申命记》的作者，否则我们将无法理解一个人在死后竟然还能叙述自己的死亡。其他类似的证据表明，摩西也不是《出埃及记》、《利未记》和《民数记》的作者。

对《历史书》各篇（包括《约书亚记》、《士师记》、《路德记》、《萨母耳记》[上、下]、《列王记》[上、下]、《历代志》[上、下]、《以斯拉记》、《尼希米记》和《以斯贴记》）来说，道理也是一样。斯宾诺莎经过仔细考证后指出，其中每一篇都包含了很多前后不一和自相矛盾的地方，比如年代和地点错误、人称不统一等，甚至有很多莫名其妙的衍文和遗漏，因此它们的作者不可能像传统解释所认定的那样，就是标题中提到的那些先知。譬如说，《约书亚记》记载约书亚上了年纪、召集了一个全体民众大会，甚至提到他最后辞别人世，这就表明约书亚不可能是《约书亚记》的作者。以此类推，其他各篇皆然。

同样的道理，《先知书》各篇（包括《以赛亚书》、《耶利米书》、《耶利米哀歌》、《以西结书》、《但以理书》、

《何西阿书》、《约珥书》、《阿摩司书》、《俄巴底亚书》、《约拿书》、《弥迦书》、《那鸿书》、《哈巴谷书》、《西番雅书》、《哈该书》、《撒迦利亚书》、《玛拉基书》）的作者也不是各篇标题所提到的众先知，而是出自其他人的手笔。《诗歌·智慧书》各篇（包括《约伯记》、《诗篇》、《箴言》、《传道书》、《雅歌》）也大抵如此。如《约伯记》的作者肯定不是约伯，因为他根本不是以色列人。其他各篇的作者也不可能是所罗门，因为里面记载的事件有很多是在所罗门之后发生的。

2.2. 《圣经》各篇的真实作者

既然《圣经》各篇的作者并不是传统认定的那些先知，那么真正的作者又是谁呢？斯宾诺莎认为，答案就在《圣经》之中。先从《摩西五经》说起。首先，从后人的反复记叙中我们可以得知，摩西本人的确写过一本书，内容即是后世所说的"摩西十诫"，只不过篇幅非常小，而且在圣殿被毁之后就失传了。其次，倘若将《摩西五经》与《历史书》前几篇放在一起看，便可发现，它们的主题有相当的统一性，叙述风格也有很强的连贯性。由此可推知，《摩西五经》的作者固然不是摩西，但必定出自同一人之手。斯宾诺莎结合写作时间、个人风格和写作意图等多种因素，推测这些经书的真正作者是《以斯拉书》中的先知以斯拉（《以斯拉记》第七章第十节）。不仅如此，依据同样的证据还可以推定，以斯拉同时也是《约书亚记》、《士师记》、《路德记》、《萨母耳记》（上、下）、《列王记》（上、下）的作者。

不过斯宾诺莎同时指出，严格说来，以斯拉也很难称得上是《摩西五经》及《历史书》前七卷（《约书亚记》、《士师记》、《路德记》、《萨母耳记》［上、下］、《列王记》［上、下］）的真正作者。事实上，他不过是将许多散乱的犹太人历史文献汇编起来，加以修改、润色、删减和补充，以便形成一个统一和完整的历史叙述。但是他显然没有时间完成这项浩大的修史工程，因此有很多经书都没有来得及加工整理，甚至根本就没有完成。由此也可以说明，为什么这十二卷经文中有那么多的矛盾、重复、遗漏和异文。

以斯拉虽然没有完成自己的使命，但毕竟为后世犹太人留下了很多文献资料和历史叙事方式。以此来看，《历史书》的后几卷（《历代志》［上、下］、《以斯拉记》、《尼希米记》和《以斯贴记》）是后人对以斯拉遗留下来的文献进一步整理加工的产物，但因缺少以斯拉的叙事能力和眼光，故显得非常混乱，谬误丛生。《诗歌·智慧书》各篇大概是约西亚王的时代搜集、整理的文献，其真实作者或编者已不再可考。至于《先知书》各篇，斯宾诺莎认为并没有确定的作者，而是不同的编者从其他的经卷中摘录、编辑而成，"而且并不总是完全按着预言家所说的或写的次序写在书里的，而只是东采集一点西采集一点，所以是支离破碎的。"[1]

《圣经》各篇的作者和编者固然很多，并且因年代久远大多数已经不可考，但《圣经》的最后成书却是相当晚的事情。斯宾诺莎经考证后认为，《圣经》各篇的最终审定者其实是法利赛人，原因是，"在马卡比人的时期以前，没有圣书的经典，而我们现在所有的圣书是在殿宇修复的时代法利赛人（他们也创制了祈祷的固定的形式）从很多别的圣书中选录了来的。圣书之为人所接受，法利赛人是负全责的。"[2] 法利赛人在犹太人中间以擅长律法著称，正是他们召集了一个会议，决定哪些书应该收录进《圣经》，哪些书应该被排除在外。这就是《圣经》最终成书的经过：

　　《圣经》不是一个人写的，也不是为一个时期的

---

〔1〕　斯宾诺莎，《神学政治论》，第159页。
〔2〕　同上书，第166页。

人写的，而是出自脾气不同的许多著者的手笔，写作的时期自首至尾几乎有两千年，或许比这更要长些。[1]

2.3.《圣经》与犹太人的真实历史

斯宾诺莎对从《圣经》各篇真实作者及成书历史的考证意在表明：《圣经》本身并不是一部"神圣的书"，更不是"唯一的书"，而是不同的人在不同的时代以不同的方式加工、整理、编辑、修改、删减、润色而成的书，几乎每篇经书中都充斥着年代、地点、人物、事件、语言等方面的错误和自相矛盾之处，更不用说在漫长的历史过程中因保存不善而时有遗漏和异文，甚至经常遭到有意篡改，因此完完全全地是一部由人所写的人言或"人书"（human book）。

既然《圣经》是由不同的人编写而成，其成书历史也极为复杂和曲折，那么这是否意味着它就缺乏任何内在的统一性呢？斯宾诺莎当然不这么看。事实上，《圣经》的历史本来就同犹太人的历史紧紧地联系在一起。综合斯宾诺莎的考证，我们不难还原出这段真实的历史。

---

〔1〕 斯宾诺莎，《神学政治论》，第 194 页。

216

犹太人最初在埃及备受异族奴役，后来在他们的首领摩西带领下走出埃及。考虑到他们桀骜不驯的天性，摩西决定给他们制定律法约束他们；同时为了使他们心甘情愿地服从统治，摩西还制定了一系列宗教仪式，赋予律法以神圣性，并宣称他们是受神耶和华的统治，因此是唯一神选的民族。在律法和宗教的约束下，犹太人最终到达迦南，并赶走当地民族，成功地建立了一个神权统治的国家。但是后来他们不满律法的约束，决定像其他民族一样建立世俗王国，不久便因律法废弛而陷入内战，并且最终为亚述人所灭，整个部落也遭俘虏并被囚禁巴比伦。在波斯人打败亚述人之后，犹太人获准从巴比伦回到耶路撒冷。在流亡巴比伦期间（公元前六世纪），先知以斯拉目睹犹太人国破家亡的悲惨命运，痛定思痛，于是开始整理国故，决定编写一部关于犹太人之律法与救赎的历史，以殷鉴后人勿忘亡国之痛。但他仅仅完成了《圣经》前十二卷的编写，剩下的历史文献经后人不断整理，便陆续形成了《圣经》其他各卷。这些经卷由熟知律法的法利赛人加以筛选修订，最终成为犹太人统一认可的《圣经》。

　　在斯宾诺莎看来，犹太人在写作、编辑、修改、传承和审定《圣经》的过程中，始终贯穿着一种强烈的自我认同意识：他们的民族是唯一受到神选的"神圣民族"（Holy Nation），他们的经书也是唯一的"神圣经书"（即《圣经》[Holy Bible/the Bible]）。《圣经》的最早作者以斯拉就是一个典型的例子。"他不但满心要寻求主的律法，也要把这律法宣示出来。"[1] 以斯拉编写《圣经》的主要目的就是让犹太人不要忘了自己的律法，并且告诉他们律法是由他们的神耶和华所立，因此不仅是犹太人作为"神选民族"或"神圣民族"的见证，而且也是他们获得拯救的唯一途径。其他编写者和修订者也怀着同样的意图，将律法与神选或拯救作为历史叙事的主题。正是犹太人这种强烈的自我认同感构成了《圣经》历史的内在统一性。

3. 斯宾诺莎《圣经》解释的意图

在前文中我们提到，斯宾诺莎写作《神学政治论》的理由之一就是回应人们对他的无神论指责。但是，他的宗教批判和《圣经》解释似乎非但没有洗脱自己的无神论罪名，反而印证了这种指责。因为至少在表面上看，他不仅彻底颠覆了《圣经》作为"神言"的神圣地位，

---

〔1〕 斯宾诺莎，《神学政治论》，第 140 页。

而且完全解构了《圣经》所宣示出来的"神圣历史"。其实，这种指责也在斯宾诺莎意料之中。在《神学政治论》第十二章，他略带嘲讽地说：

> 那些认为《圣经》是上帝从天上给人们送来的口信的人一定会叫起来，说我犯了冒犯圣灵的罪，因为我说《圣经》是有错误的，割裂了的，妄改过的，前后不符的；说现在的《圣经》是断简残篇，并且说上帝和犹太人定的神约的原文已经失传了。[1]

那么，斯宾诺莎究竟是不是无神论、是不是真的否定了《圣经》的神圣性呢？对此，他当然予以否认。他以《耶利米书》中耶利米关于神殿的看法为例，认为："任何东西，离开心灵，便没有自身绝对是神圣的，或渎神的不洁的，而只是相对的。"[2] 所以说，神圣性并不取决于外在的形式，而是在于心灵（mind）是否虔敬。

---

[1] 斯宾诺莎，《神学政治论》，第 177 页。
[2] "耶利米说（第七章第四节）他那时候的犹太人称所罗门的殿为上帝的殿是错误的，因为，如他在同章中接着所说，只有在殿有崇拜上帝和卫护正义的人去的时候才叫做上帝的殿，但是，如果变成杀人犯、盗贼、邪教徒以及别的坏人去的地方，那就变成恶人的窟穴了。"参见：斯宾诺莎，《神学政治论》，第 180 页。

"若是一件东西原为的是提倡虔敬，这件东西就被称为是神圣的，并且只要是为宗教所用，就继续称为是神圣的。若是用的人不虔敬了，这东西就不称为是神圣的了。若是这东西沦为卑贱的用途，从前称为神圣的就变为不洁与渎神的。"[1]

若以此衡量，那么《圣经》的神圣性就并非体现在外在的经卷和文字，而是在于是否有虔敬（piety）与仁爱（charity）之心，这才是宗教的根本意义所在。换句话说，尽管《圣经》充满年代、地点、人物、事件、语言等方面的错误，但只要阅读它的人心怀虔敬与仁爱，那么它就是神圣的（sacred and divine）。斯宾诺莎甚至认为，只要我们认为《圣经》的核心是"真正的宗教"，而不是外在的经书，那么将神看成是《圣经》的作者也未尝不可。[2] 正是在这个意义上，斯宾诺莎为自己的《圣经》解释进行了辩护："我没有说任何对不起《圣经》的话，凡我说的话没有我不能用最显明的论证证明其为真的，所以我确信我没提出任何不虔诚甚或有不虔诚的意味的话来。"[3]

---

[1] 斯宾诺莎，《神学政治论》，第 179 页。
[2] 同上书，第 182 页。
[3] 同上书，第 178 页。

不过，倘若考虑《神学政治论》的另外两个写作理由，那么斯宾诺莎《圣经》解释的意图显然不只是为自己作辩护，而是试图对宗教和信仰提出自己的全新理解，由此重新界定哲学与信仰（或理性与启示）之间的关系。就犹太人问题而言，经过斯宾诺莎的历史—语义学解释之后，《圣经》诚然已不再是唯一和神圣的经典，犹太民族也不再是一个"神选"的神圣民族，但只要他们在理性的自然之光启蒙之下，认识到自己的真正利益或自我保存之道，同时又心怀虔诚和仁爱之心，他们就能够真正地获得"拯救"，即"神的内在帮助"。

　　不过在斯宾诺莎看来，"神的内在帮助"意味着我们一方面必须将哲学从宗教的传统束缚下解放出来，另一方面要在政治上划定二者的界限、保护它们各自的权利。这就是"神学政治问题"的关键所在。就这一点来说，斯宾诺莎的宗教批判和《圣经》解释的最终意图，就是要化解哲学与宗教（或理性与信仰）之间的古老冲突，解决马基雅维里、霍布斯和洛克等现代早期政治哲学家为之殚尽虑竭的"神学政治问题"。毋庸置疑，"犹太人问题"的答案就在这其中。

四　从"神学政治问题"到
"犹太人问题"

1. 哲学与信仰的分离

斯宾诺莎对其《圣经》解释的自我辩护颇显意味深长。表面上看，他认定自己的解释并没有偏离《圣经》，甚至能从《圣经》之中得到验证，但实际上已经把它降到了一种可有可无的地位。他之所以认为自己的解释没有违背《圣经》的原意，是因为他从中引申出一种普遍宗教（universal religion），其核心教义是：有一个爱正义和仁爱的最高存在，所有人若想得救都必须服从他，都必须践行正义和对邻人的仁爱以示对他的崇拜。[1] 说得更简单些，

---

〔1〕　斯宾诺莎，《神学政治论》，第185页。

普遍宗教的目的就是教导人"爱神"（虔敬）与"爱邻人"（仁爱）。一个人倘若有虔敬和仁爱之心，那么即使他对《圣经》一无所知，也会得救。这样一来，《圣经》又有什么存在的必要呢？

这一疑问正好反映了斯宾诺莎对《圣经》的暧昧态度。在《神学政治论》中，斯宾诺莎的确不止一次地说过，《圣经》是一本写给大众的书，跟理智或智慧无关："《圣经》的教义里没有高深的思辨，也没有含有哲理的推理，其中包含的只是些简单的事物，是智力最迟钝的人所能了解的。"[1] 或者更准确地说，《圣经》是由无知的先知写给无知的大众："《圣经》不但是适合预言家的智力，也迁就形形色色浮躁的犹太大众的智力。"[2] 若按斯宾诺莎在《伦理学》中对两类知识的区分，那么不管是《圣经》的作者还是对象所拥有的都只是"意见或想象"，而不是理性知识。换言之，不管是先知的预言或启示，还是大众的信仰都是出自这样一种无知的想象：神为犹太人的缘故创造了自然。

不过按照斯宾诺莎的说法，这种想象似乎并非一无

---

[1] 斯宾诺莎，《神学政治论》，第 188 页。
[2] 同上书，第 193 页。

是处。毕竟，在从走出埃及到建立希伯来国家这段不算太短的历史时期，犹太人依靠这种想象塑造了对律法的顺从和虔敬之心，并且赢得了政治稳定和社会繁荣。譬如说，摩西让犹太人服从就不是通过理性说服，而是首先依靠契约、誓言和恩惠；倘若他们不服从或违反律法，他就威吓说要进行惩罚，而若是服从律法，便对他们许以奖赏。"这一切都不是教人以知识的方法，而是为了使人顺从。"[1] 这样看来，《圣经》至少在历史中发挥过一定的作用。在这个意义上，斯宾诺莎又肯定了《圣经》的重要意义："所以神学和圣经的这个整个基础虽不能用数学来严正加以证明，却可以得到我们判断力的认可。对这样充分的预言家的证据证明了的事情，并且对那些成为理智比较弱的人的很大的安慰，以及对国家有很大利益的事而不予以承认，是愚蠢的。而且这是一种教理，相信它毫无害处。"[2]

斯宾诺莎由此认为，"宗教的信仰（即神学）与哲学之间是没有连结或密切的关系"，因为哲学（理性）与宗教（神学、启示、信仰）的目的完全不同：

---

〔1〕 斯宾诺莎，《神学政治论》，第 195 页。
〔2〕 同上书，第 209—210 页。

哲学的目的只在求真理，宗教的信仰我们已充分地证明，只在寻求顺从与虔敬。不但如此，哲学是根据原理，这些原理只能求之于自然。宗教的信仰是基于历史与语言，必须只能求之于《圣经》与启示。[1]

既然哲学与宗教或理性与神学都有各自不同的目的，那么二者就应该各守自己的范围，互相不能干涉："理性的范围是真理与智慧，神学的范围是虔敬与服从。"一方面，理性之所以不从属于神学，是因为神学的唯一目的就是教导人顺从和虔敬，既不能也没有必要追求真理和智慧；另一方面，理性也不应该侵入神学的范围，因为神学的基础是这样一种信仰或启示——信神者必获拯救，但是"神学的这一基础是不能用自然理性来研究的，至少也可以说从来没有人用这种方法来证明它，因此之故，启示是必要的"[2]。

不过若深究起来，斯宾诺莎之所以断定神学与理性的互不从属，是因为他觉得这两者之间存在着根本性的

〔1〕 斯宾诺莎，《神学政治论》，第 201 页。
〔2〕 同上书，第 210 页。

紧张冲突。不管是神学还是理性都对神提出了一种排他性的总体理解：在前者看来，神是一种高于自然的超验意志或力量，可以任意干预自然；在后者看来，神就是自然本身，完全遵循自然的必然性法则。因此之故，神学与理性之间的冲突不可能基于任何一方单独化解。面对这样一种两难的"神学政治"困境，要想使神学和理性的各自自由或权利不受对方侵犯，那么唯一的解决之道就是在两者之外寻找"第三条道路"。在斯宾诺莎看来，这条道路就只能是社会契约——首先将理性与神学的冲突追溯到人在自然状态中的自然权利，然后通过自然权利的让渡达成契约并建立国家，最后由国家保护哲学与信仰（或神学与理性）的各自政治自由或权利。

2. 自然权利与国家

2.1. 自然状态与自然权利

同霍布斯和洛克等现代早期的社会契约论者一样，斯宾诺莎也是将国家的起源和正当性基础追溯到人的自然状态（state of nature），但对自然状态的具体理解却同他们有相当的不同。斯宾诺莎承认自然状态是一种前政治（pre-political）和非政治（unpolitical）的状态，但他认为这不仅仅是一个属人的世界。事实上，正如前文所说，就竭尽全力地追求力量（power）以维持自身的存在这一自然本性而言，人同万物并没有根本区别。"每个个体都为自然所限，在某种方式中生活与活动。每个个体应竭力以保存其自身，不顾一切，只有自己，这是自然的最高的律法与权利。所以每个个体都有这样的最高的律法与权利，那就是，按照其天然的条件以生存与活动。"[1] 也就是说，人和万物都拥有维持其存在的自然权利（natural right）。

不仅如此，这种权利在人的世界之中也是为每个人所同等拥有。斯宾诺莎认为，人与人固然有贤愚强弱之分，但都毫无例外地利用一切手段追求力量以保全自己的生命："个人凡认为于其自身有用的，无论其为理性所指引，或为激情所驱迫，他有绝大之权尽其可能以求之，以为己用。凡阻碍达到其目的者，他都可以视之为他的敌人。"[2] 原因在于，"并不是一切人都是生来就依理智的规律而行；人人都是生而愚昧的。他们同时也不得不尽其所能单借欲望的冲动以生活与保存自己。"[3]

---

〔1〕　斯宾诺莎，《神学政治论》，第 212 页。
〔2〕　同上书，第 213 页。
〔3〕　同上。

既然人和万物的自然本性都是努力追求力量以维持自身的存在，那么在自然状态中，谈论善与恶、正义与不正义、合法与非法等都没有任何意义。因为在自然状态下，"每人是他自己的裁判人，有绝对之权力为他自己立法，对所立的法随意解释。如果他认为废除所立的法方便，他就废除。"[1] 除了受自然本身的必然性限制之外（如人不能像鱼那样生活在水中），"凡欲望所指示的任何方法都不禁绝"，哪怕是"争斗、怨恨、忿怒、欺骗"[2]。换言之，只要能有助于人获得更大的力量，那么任何手段对人来说都是正当的（right），或者说无所谓正当不正当。

　　不过斯宾诺莎同时强调，在自然状态中每个人固然有追求其存在的平等权利，但这并不意味着其权利的大小或范围也完全相同。事实上，一个人能拥有多少权利完全取决于他能获得多大的力量或权力（power），或者说得更简单些，权利就是力量。但是一个人的力量跟包括他人在内的自然整体相比简直微不足道，更何况绝大多数人在绝大多数情况下都是受到激情和想象支配，每

---

〔1〕　斯宾诺莎，《神学政治论》，第 215 页。
〔2〕　同上书，第 213 页。

每为阴谋、仇恨、欺骗、妒忌左右，不可避免地陷入冲突和战争。这样一来，人人都会生活在无限的恐惧之中，他们的自然权利也因此变得极其脆弱。"想到这里我们就可明白，如果人要大致竭力享受天然属于个人的权利，人就不得不同意尽可能安善相处，生活不应再为个人的力量与欲望所规定，而是要取决于全体的力量与意志。"[1] 在这种情况下，人与人之间达成契约将其自然力量让渡给另一个人，并且服从他的统治和命令，这对保护他们的生命安全当然是更为有利。斯宾诺莎认为，这就是国家的起源和正当性所在。

初看起来，斯宾诺莎对国家起源与正当性的理解与霍布斯等并没有什么本质差异。这一印象，若只就他们的精神实质而论，当然不能说完全没有道理。斯宾诺莎的自然权利学说不仅受霍布斯很大影响，而且同他分享很多共同的前提，譬如他们一致认为，人在自然上并不像古典政治哲学家所说的那样是政治的动物，自然状态是一种战争状态，国家让人民遵守契约和服从法律不能只靠理性说服而是必须辅以强大的武力威慑……凡此等等，皆是现代社会契约思想的基本原则。但是，这些基本原则并不能抹

---

〔1〕 斯宾诺莎，《神学政治论》，第214页。

杀他们在一个重要问题上的分歧：国家或公民状态（civil condition）的建立究竟是否出于多数人的理性选择？霍布斯的答案相当暧昧。他一方面强调自然状态的非道德性，认为人"得其一思其二、死而后已、永无休止的权势欲"并不代表人性本恶，另一方面却又认为自然状态仍然隐含了某种道德原则，即"己所不欲勿施于人"的自然法（natural law），而大多数人出于对暴死（violent death）的恐惧或自我保存的欲望会自愿服从自然法的教导，理性地选择契约并建立国家。相比之下，斯宾诺莎则认为绝大多数人都没有理性选择的能力和愿望，而在遭遇生命威胁时更容易为激情和想象（尤其是迷信）所控制，而且所谓的自然法也没有任何道德含义，而仅仅是自然力量的必然性法则，因此契约的达成以及国家的建立与其说是来自多数人的理性选择，不如说是他们力量对比的结果。

那么，斯宾诺莎的自然权利学说以及他与霍布斯的相关分歧对我们思考"神学政治问题"和"犹太人问题"又有什么意义呢？要回答这一问题，我们必须回到斯宾诺莎关于人之自然本性的看法。

2.2. 神权政体与民主政体

人并非在自然上就是"政治的动物"，没有人生来愿意接受别人的统治。这不仅是马基雅维里、霍布斯和洛克等现代政治哲学先驱的教诲，同样是斯宾诺莎思考政治问题的出发点。就人的自然本性而言，人与人的差异不在其追求自我保存的欲望或冲动，而在于他们追求自我保存的手段。诚然，最符合人之自然本性的生存之道就是听从理性的教导，问题是绝大多数人往往受非理性的激情和想象支配。尽管从理性上说国家更有利于他们的自我保存，更能保障他们的生命、财产和安全，但是他们受激情和想象的局限不可能理解这一道理。况且在自然状态下，他们每个人不仅拥有同等的自然权利，而且是自己利益的裁判，因此想通过理性手段说服他们自愿放弃自己的权利和自由，将其转让给他人并且服从他的统治，就变得异常困难，甚至近乎不可能。

因此，政治统治或国家的实际建立过程往往是由于现实力量的对比，譬如说，某个具有强烈政治统治欲望的人突然抓住机会赢得了统治地位。尽管他可能并不比别人更优秀、更有智慧，但是由于"统治一切人的权利是属于有最大权力的那个人"，他仍然可以确保其统治地位不受动摇。"他可以用武力以驱人，或用大家都怕的死的惩罚这种威胁以禁制人；他能维持行使他的意志的力量的时候，他才能保持这种统治权；否则，他就要在他的王位上动摇，凡比他力量大的没有一个会违背自己的意志必须听从于他。"[1]

　　尽管统治者可以通过威胁和惩罚的方式让人民服从自己，但若仅仅诉诸赤裸裸的权力或被统治者的恐惧，那么这种统治注定是难以长久，因为一旦人民对统治者产生了恐惧心理，那么他们就无法忍受自己的被统治地位，甚至不惜一切代价来反抗。因此审慎的统治者一般避免直接使用赤裸裸的权力或暴力，而是都诉诸人民的想象和信仰，所以它们便将自己的统治追溯到某种更高的力量或神，要么宣称自己是神的后代，要么认为自己是神的代言人或先知；相应地，人民也不认为他们服从的是一个和他们一样的凡夫俗子，而是相信统治的的的确确是神的后代，甚至就是神本身，"这样人民便可以为捍卫奴役而战，仿佛他们是在为捍卫拯救而战斗一样。"[2] 毫无疑问，这种统治方式就是斯宾诺莎在《神学政治论》中加以猛烈抨击的专制统治或神权政体（theocracy），其原型正是犹太人在古代所建立的希伯来王国。

---

〔1〕　斯宾诺莎，《神学政治论》，第 216 页。
〔2〕　同上书，第 11 页。

斯宾诺莎并不否认神权政体在历史中的确起过一定的作用，为此他相当程度地肯定《圣经》对教导人民虔敬和顺从的重要意义。但这种政体的最大弱点是必须依靠宗教和迷信来维持统治，因此必然追求政治和宗教的合一。一旦政治权力和宗教权力产生抵牾，那么其统治基础就必然遭到动摇，甚至走向瓦解。斯宾诺莎以古代希伯来王国为例，力陈神权政体的弊端。犹太人在摩西统治的时候还不能算是严格的神权政体，因为摩西一人独掌宗教（律法或立法）权力和政治（行政）权力。但他知道除他之外其他人不能拥有这种权威，因此便将统治权力一分为二，由亚伦掌握立法权（宗教律法的解释权），约书亚掌握行政权（民政和军事权）；摩西死后，立法权集中到利未人手里，而行政权则由其他各部族首领分享。在此后相当长一段时间里，由于统治者遵守律法和正义，人民亦有爱国和虔敬之心，希伯来国家也因此走向政通人和、繁荣昌盛。但是后来，利未人逐渐将律法作为谋求私利的工具，极为苛刻地压制其他部族首领，后者也出于私利和野心不再服从律法，这样律法便逐渐废弛，整个国家也走向内战、分裂和最后灭亡。

这样看来，神权政体的统治之所以非常脆弱，是因为它将宗教凌驾于世俗政治权力之上，而宗教在野心的驱动下逐渐堕落成迷信。基于迷信的政治必然禁止任何形式的思想自由，而在斯宾诺莎看来思想自由恰恰是一种绝对无法让渡的自然权利。在这个意义上说，神权政治最终会蜕变成一种纯粹的暴力统治，长久以往必然会遭到人民的激烈反抗。这就是神权统治为什么不能长久维持下去的主要原因。[1]

与神权政体相反，民主政体的建立过程虽然也并非出自理性的契约选择，但它的统治基础和目的却最符合理性。民主政体的本义就是多数人统治，也就是说，人民看上去是服从他人，实际上只是服从自己制定的法律。在民主政体下，人民固然将自己的自然权利（和相应的权力）让渡给统治者，但是基于人民和统治者之间的绝对力量对比（人民在数量上占据绝对的多数），人民不必担心统治者的不合理统治，因为统治者"不能不顾全他们自己的利益。他们顾全公众的利益，按照理智之命行动才能保持他们的权力"[2]。因此在斯宾诺莎看来，"民主政体的基本

---

[1] 斯密（Steven B. Smith）认为，"国王与祭司之间的持续争斗，而不是神圣的惩罚，是希伯来国家崩溃的真实原因。斯宾诺莎的叙事之道德寓意是，祭司体制的制度化是导致国家死亡的原因。"参见：Steven B. Smith, *Spinoza's Book of Life: Freedom and Redemption in the Ethics*, p.133。

[2] 斯宾诺莎，《神学政治论》，第217页。

与目的在于避免不合理的欲求，竭力使人受理智的控制，这样大家才能和睦协调相处。"[1] 因此民主政体最接近于自然状态的地方就是每个人依然享有自由，不同之处仅仅在于，在自然状态中他们拥有的是不受约束的自由，而在民主政体中他们则成为自我统治的公民或理性的自由人。换言之，民主政体与神权政体的最大不同在于，前者的统治是基于理性，后者则是基于迷信和恐惧。

3. 民主政体、神学政治问题与犹太人问题

对斯宾诺莎来说，民主政体显然不只是一种与君主和贵族政体并列的统治形式，毋宁说它是唯一合乎理性的统治形式。若以此为标准，那么其他一切非民主的政体（甚至包括前现代的民主政体）或多或少都带有神权政体的成分，因为它们最终只能诉诸想象与激情或迷信与恐惧，企图将宗教权力凌驾于国家或世俗政治权力之上，并且用国家权力干涉人的思想自由。但依斯宾诺莎的看法，思想自由是一种绝对无法剥夺或让渡的自然权利，这当然不是出于道德理由，而是基于人之自然本性的必然性，因为任何

---

[1] 斯宾诺莎，《神学政治论》，第 217 页。

统治哪怕再严厉也都只能控制人的外在行为，却无法控制人的内心思想。倘若强行为之，那么最终会引起人民的激烈反抗，其统治也很难维持下去。

与神权政体的不同在于，民主政体尊重并且保护思想自由这一无可剥夺或让渡的自然权利。在斯宾诺莎看来，不管是哲学还是宗教都属于内心思想的范围，因此它们的自由都应该受到同等的保护。哲学固然不应该否定宗教信仰的权利，但宗教信仰更不应该干涉哲学思考的自由。相比较而言，后一种危险更大。因为宗教是出自人的想象和激情，而大多数人都缺乏理性的能力，更容易受想象和激情支配，并且在宗教人士和野心家的煽动下压制哲学思考的自由。因此从政治上讲，民主政体保护思想自由的最重要原则就是促成政教分离。具体地说，一方面国家尊重个人宗教信仰的自由，但另一方面却将其严格地限定在私人领域，绝对不允许它借助公共权力干涉他人的信仰自由。换言之，民主政体固然不能一劳永逸地解决哲学与宗教或理性与信仰的古老冲突，但却能够将这一冲突从公共政治领域转移到私人思想领域，使它们井水不犯河水，这虽然不是什么终极答案，但却是相当有效的权宜之计。在这个意义上，民主政体似乎成为斯宾诺莎解决"神学政治问题"的最好甚至唯一的选择。

但若深究起来，斯宾诺莎对于"神学政治问题"的这一解决方案之态度着实相当暧昧。事实上我们发现，不管是他的宗教批判、《圣经》解释还是政治论述，始终都贯穿了一个基本的对立：其中一方是哲学或理性，另一方是宗教、神学、启示、信仰（甚至包括偏见或迷信）；而这种对立最终可以追溯到《伦理学》中理性与想象这两类知识的区分。在斯宾诺莎看来，所谓的宗教、神学、启示、信仰其实都不过是一种想象，并且同激情密不可分。一旦承认这一点，那么理性与启示（或哲学与信仰）的关系似乎就不是井水不犯河水那么简单，而"神学政治问题"的解决也并非只能是一种政治的权宜之计。

在《伦理学》第二章，斯宾诺莎指出，神作为实体具有无限的属性，其中能够被人认识到的属性是广延和思想。就此来说，人的一切思想或心灵观念样式都是在神之内，或者说来自于神。"思想是神的一个属性；因此在神内必定有神自身的观念以及神的一切分殊的观念，因此在神内必定有人心的观念。"[1] 任何观念只要同神联系在一起，就是正确的观念或者说真观念，而一旦仅

────────

[1] 斯宾诺莎，《伦理学》，第67页。

仅同人的心灵相关，便不再是真观念，而是不正确、片断和混淆的观念。[1] 在这个意义上说，理性和想象就其作为神的两种思想样态而言并无根本区别，因为它们都是来自于神的分殊（affections）。不同之处仅仅在于，理性是"在某种永恒的形式下来考察事物"，也就是说它认为事物是必然的，而不是偶然的，而事物的必然性归根到底是"神的永恒本性自身的必然性"，因此理性所获得的必定是真观念或真理[2]；相反，"只要人心想象着一个外界物体，则人心便对它没有正确的知识"，这是因为任何想象都是基于身体与外物的相互作用或身体情状（affection），极容易受外物刺激或身体反应支配，故而只能获得片面、错误和偶然的知识。[3]

在斯宾诺莎心目中，理性显然并不是一种与想象并列和对等的认识方式，相反它的地位远远高于想象，因为理性是一种对神的"理智之爱"，是"在某种永恒的形式下来考察事物"，并且"我们的心灵只要能在永恒的形式下认识它自身和它的身体，就必然具有对于神的认识，

[1] 斯宾诺莎，《伦理学》，第 75 页。
[2] 同上书，第 64 页。
[3] 同上书，第 70 页。

并且知道它是在神之内，通过神而被认识"[1]。因此在斯宾诺莎看来，理性完全可以取代想象，或者说，哲学完全可以取代启示（信仰、宗教或神学）。在理性面前，任何形式的启示宗教都只是一种想象或迷信，相应地，犹太教、基督教和伊斯兰教等启示宗教之间的冲突并不是真理与真理的冲突，而是迷信与迷信之间的冲突。因此，"神学政治问题"的最终解决方案，就是从理性上认识到这一问题只是一种基于想象的错觉，并不是一个真正的问题。借用维特根斯坦的话说，问题的答案往往就在于问题自身的消失。

单就"神学政治问题"本身而论，民主政体及其政教分离原则的确只是一种权宜之计。不过在斯宾诺莎看来，绝大多数凡夫俗子极易受想象和激情支配，非但不能从理性上认识神，反倒将理性或哲学看成是洪水猛兽，尽一切可能对其进行压制。因此，民主政体虽然只是一种权宜之计，但对哲学本身来说却极为重要，因为它保护哲学思考的自由不受宗教和迷信的压制。但反过来说，哲学对民主政体的意义也非同寻常。原因有二：一方面哲学对宗教的认识使宗教避免堕落成为一种迷信，而是

---

[1] 斯宾诺莎，《伦理学》，第257页。

变成一种教人顺从和仁爱的力量；另一方面哲学对人之自然状态及自然权利的澄清，使民主最大程度地避免了迷信、奴役和宗教压制的危险。因此，尽管在当代主流自由主义看来，民主和哲学这两者似乎是格格不入，但它们在斯宾诺莎心目中却有着唇齿相依的内在联系。

对犹太人来说，这一结论当然也适用。依斯宾诺莎之见，犹太人要想获得真正的解放，就必须抛弃他们心中根深蒂固的"选民"神话，甚至抛弃自己的犹太人身份，并且同所有其他持不同信仰的人一样，首先变成一个民主政体的自由公民。换言之，不管是犹太人、基督徒，还是其他持不同信仰者，其首要身份都是自由的公民，拥有平等的政治自由和权利，他们的宗教信仰也一视同仁地受到法律的保护。这就是所谓的"同化"。不过"同化"的前提是政治和宗教的分离，而这只有在保护思想自由的民主政体中才能做到。只有在这样的国家之中，犹太人才能摆脱几千年来一直承受的被歧视和被迫害之命运。毋庸置疑，这就是斯宾诺莎关于"犹太人问题"的最终答案。

结语　斯宾诺莎、"犹太人问题"与现代自由民主社会的困境

　　按照斯宾诺莎的本意，倘若《伦理学》——作为对神的"理智之爱"——是他心目中真正的《圣经》，那么相应地，《神学政治论》便堪称是一部新的《出埃及记》(New *Exodus*)。作为这样一部新的《出埃及记》，《神学政治论》与《旧约·出埃及记》最大的不同在于，它不仅彻底否定了摩西式的"神道设教"，而且抛弃一切形式的宗教、神话和迷信。换言之，在新的《出埃及记》中，唯一的自由和解放之路就是理性启蒙和"同化"。不唯如此，《神学政治论》还隐含了一个更为宏大的目标：斯宾诺莎不仅想要以此消除非犹太民族对犹太人的歧视和敌意，彻底解决"犹太人问题"，而且希望

平息包括犹太教、基督教和伊斯兰教在内的一切宗教冲突——不仅是这些宗教相互之间的冲突，而且包括它们各自内部不同教派之间的冲突——甚至最终化解人类政治世界的一切价值冲突，终结一切"诸神之争"。一言以蔽之，理性启蒙和"同化"似乎成为斯宾诺莎解决一切问题的万能灵药。

问题是，斯宾诺莎的努力究竟是否获得了成功？要回答这一问题，我们显然不能停留在《神学政治论》的文本本身，而是要将它放在具体的历史语境中追溯它在犹太人内部和西方主流世界的影响史和接受史。

众所周知，《神学政治论》虽然早在斯宾诺莎生前（1670 年）就已经匿名出版，但其最初的读者群体却是基督徒，尤其是加尔文派的新教徒，而不是犹太人。而且，即使是在非犹太人的西方基督教世界，《神学政治论》的接受过程也并非一帆风顺。在十七世纪后期至十八世纪中期，由于天主教会还拥有相当大的政治影响力，《神学政治论》一直遭到人们的严厉批判和拒斥，并且被贴上种种标签，如"有害和恶毒"、"最危险"、"无法容忍地不节制"、"颠覆性"、"渎神"、"魔鬼"、"无神论"和"马基雅维利主义"

等等。[1] 这一点当然不难理解，因为任何明眼人都能看得出来，《神学政治论》所抨击的绝对不只是犹太教，而是包括犹太教、基督教和伊斯兰教在内的一切传统宗教。只是到了十八世纪中后期，随着现代启蒙思潮的逐渐普及以及现代民族国家的相继建立，《神学政治论》的正面意义才慢慢地为西方世界所接受，尤其是斯宾诺莎在其中所提出的宗教宽容、政教分离、言论和思想自由等一系列主张，逐渐成为现代自由主义的核心原则。

不过，对非犹太的西方世界来说，《神学政治论》的意义显然不止于此，事实上它为后世西方哲学家思考宗教问题开辟了一个全新的方向。从倍尔、孟德斯鸠、伏尔泰、卢梭、孔多塞等法国启蒙哲学家的“自然宗教”，到德国唯心论哲学家康德、费希特、谢林和黑格尔的“理性宗教”，一直到费尔巴哈和马克思的唯物主义或无神论宗教批判——这些哲学家的具体看法与斯宾诺莎当然又有很多不同甚至完全对立的地方，但在将传统启示宗教世俗化、自然化或理性化这一点上，则是同斯宾诺

----

[1] Seymour Feldman, "Introduction to Spinoza's *Theological-Political Treatise*", in *Theological-Political Treatise*, p.vii.

莎完全一致。在这样一个被"理性的自然之光"照亮的现代世界，似乎所有的宗教纷争和价值冲突都烟消云散，似乎每一个人——不管是犹太人、基督徒、穆斯林，还是任何其他持不同信仰者——都可以成为一个"大同世界"（Cosmopolis）中的自由公民。

相比之下，《神学政治论》在犹太人世界的命运则显得更加曲折。自问世之后，在长达近两个世纪的时间里，《神学政治论》在犹太人群体中一直鲜有真正的读者。[1]这种境况到了十八世纪后期才有所改变。一方面，由于西方世界理性启蒙思潮的影响不断扩大，越来越多的犹太知识精英也开始了解并且接受斯宾诺莎的理性主义哲学，甚至自觉地认同他的"同化"方案。这其中最具代表性的就是门德尔松和莱辛。门德尔松尽管不同意斯宾诺莎对待犹太教的全盘否定态度，但却完全赞成后者的宗教宽容、政教分离、言论和思想自由等主张。[2]而按

─────────────

〔1〕 造成这种结果的主要原因有两个：其一，《神学政治论》是用拉丁文写成的，而绝大多数犹太人根本不懂拉丁文；其二，犹太教会禁止任何人阅读像斯宾诺莎这样被开除教籍者所写的文字和书籍。参见：Seymour Feldman, "Introduction to Spinoza's *Theological-Political Treatise*", in *Theological-Political Treatise*, p.xvii。

〔2〕 摩西·门德尔松，《耶路撒冷：论宗教权利与犹太教》，刘新利译，山东大学出版社，2007 年第 1 版，第 46—50、75—77 页。

照美国学者斯密的看法，莱辛不仅对斯宾诺莎的哲学推崇备至，认为"除了斯宾诺莎的哲学之外，别无哲学"，甚至将斯宾诺莎的《圣经》解释和宗教批判精神发挥到极致，以至于将《旧约》和犹太教作为人类童年时期的不成熟产物彻底扫入历史的垃圾堆。[1]另一方面，法国大革命之后，随着犹太人在不少西方国家逐渐获得公民权，"同化"几乎成为犹太人、尤其是犹太经济精英和知识精英的压倒性选择。对于那些渴望被解放的犹太人来说，"同化"几乎成了一张进入现代西方世界的门票，甚至是唯一的门票。

这样看来，不管是在犹太人世界、还是在非犹太的西方世界，斯宾诺莎的《神学政治论》似乎都获得了巨大的成功。问题是，这种成功是否足以表明《神学政治论》就是一部带领犹太人走向现代"希望之乡"的新《出埃及记》？倘若我们以犹太人在现代西方世界的实际命运为参照，那么答案刚好相反。事实上，几个世纪以来，尤其是在刚刚过去的二十世纪，正是在号称理性、自由和民主的现代西方社会，犹太人所遭受的歧视和苦

---

〔1〕 Steven B. Smith, *Spinoza, Liberalism, and the Question of Jewish Identity*, pp.170-180.

难远远胜过往昔，以至于理性启蒙和"同化"本身似乎成了对斯宾诺莎的巨大反讽。那么，问题的症结究竟在哪里呢？

深究起来，"犹太人问题"的根本困境恰恰在于理性启蒙和"同化"本身。按照斯宾诺莎的说法，现代自由民主社会的基本原则之一就是公共领域与私人领域或国家与社会的分离，这其中包括国家与教会的分离（"政教分离"）。具体地说，在公共领域，国家一视同仁地保护一切宗教派别的政治自由和权利，禁止任何形式的宗教歧视与迫害。因此，与传统或前现代社会相比，至少在法律的层面上，现代自由民主社会对犹太人的宗教歧视与迫害即使不能说完全没有，也可以说是已经降到了历史的最低点。在十九世纪的很多西欧国家，犹太人不但获得了政治解放，而且相当一部分上层犹太人甚至融入了西方主流世界。不过，所有这些并不意味着对犹太人的歧视已经完全消除了。恰恰相反，随着理性启蒙的不断普及和深入，西方非犹太世界对犹太人的歧视不再以宗教或上帝的名义，而是改头换面，演变成为文化、种族、血缘、意识形态等各种世俗形式的排斥和歧视。与旧的宗教歧视相比，这些新的歧视变得更加隐蔽，从而在人们的内心世界也潜伏得更深。不仅如此，更为重要的是，对于这些歧视，国家既无权也没有能力予以干涉，因为它们属于个人的内心世界或私人领域，而一旦法律或公共权力侵入这个领域，那么自由民主社会的根基也就随之土崩瓦解。就这一点来说，德国犹太人的命运就是最好的例证。

众所周知，犹太人虽然是在大革命之后的法国（拿破仑时代）第一次获得公民权，但他们获得完整意义的政治权利则是在德国魏玛共和国时期。实际上，正如二十世纪的犹太裔政治哲学家列奥·施特劳斯所说，德国犹太人长久以来对德国本身，无论是在政治上、还是在文化上，都形成了很深的依赖性。在魏玛时代，他们更是真诚地相信，他们同其他德国人一样都是实实在在的德国人——唯一的差异性不过是：他们是信仰犹太教的德国人，而其他德国人则是信仰基督教的德国人。他们之所以认为这种差异性在政治上无足轻重，是因为他们觉得，魏玛共和国作为一个崇尚信仰自由和宗教宽容的自由民主国家，一定会对犹太教与基督教的差异性保持中立。但是，事实刚好相反。在俾斯麦时代，犹太人同其他德国人一样，都不是真正意义的自由公民（citizens），而是同属帝国的臣民（subjects）。这一共同的身份（identity）在很大程度上掩盖了犹太人和其他德国人在宗教信仰和种族等方面的差异性，因此他们虽然也遭受歧视，但却并不那么严重。而在魏玛共和国时期，德国犹太人在获得完整政治权利的同时，他们同其他德国人的差异性却变得更加突出。正因为如此，恰恰是在自由民主的魏玛共和国，犹太人所遭受的歧视远远地超过俾斯麦德国时期。对于普通德国人对犹太人的这种歧视，魏玛共和国既没有能力、也没有权利加以干涉。在施特劳斯看来，希特勒的纳粹帝国在很大程度上就是这种歧视的产物，因为它唯一的意识形态基础就是反犹主义（anti-Semitism）。[1]

"犹太人问题"的悖谬性当然不只是局限于犹太人本身。作为现代"神学政治问题"的具体表征，"犹太人问题"的悖谬性恰好折射出现代自由民主社会自身的内在困境。正如上文所说，现代自由民主社会之所以建立，其最初动因之一就是应对西方现代早期之"神学政治问题"的挑战，平息西方世界内部的宗教战争以及教会与世俗国家的相互冲突。在斯宾诺莎看来，一切宗教歧视、宗教迫害、宗教冲突和宗教战争的原因，说到底都是宗

---

[1] Leo Strauss, "Preface to the English Translation", in *Spinoza's Critique of Religion*, pp.4-5.

248

教人士（教士或祭司等）的政治野心和贪欲。这一点不仅适用于古希伯来王国的历史，而且同样适用于现代早期西方国家的历史。因此，同"犹太人问题"一样，"神学政治问题"的解决方案也是理性启蒙和同化。斯宾诺莎认为，只有经过理性启蒙的洗礼，人们才能摆脱宗教迷信的束缚，认识到自己真正的自然权利，并由此通过契约建立符合理性原则的自由民主国家。在这样一个国家之中，宗教完全退出了公共政治领域，变成了纯粹私人领域的事务，每个人都同其他人一样，其首要身份是一个自由民主共和国中的自由公民。

不过，这幅美好的蓝图并没有如斯宾诺莎所设想的那样变成真正的现实。恰恰相反，几个世纪以来，西方现代世界自身的活生生历史和现实清楚地显示，所谓的理性启蒙或同化非但没有消除、反而大大地激化了不同民族的文化价值以及不同宗教之间的纷争与冲突，甚至在一个民族内部也不断地挑起各种价值冲突和宗教纷争。事实上，现代理性启蒙和同化造成了这样一种巨大的反差：一方面，在公共政治领域，人们都变成彻底"同质"（homogeneous）的原子式自由个体，每个人都拥有平等的政治身份和相同的政治权利；另一方面，在政治之外的私人领域，人们又反过来成为完全异质化

(heterogeneous) 的私人，人与人之间的分歧和差异性从过去的宗教信仰、道德情感和文化价值，逐渐扩散至种族、阶层、职业、地域、性别、语言、肤色、性取向等社会生活的各个方面。

在现代理性的"启蒙"之下，一切旧的身份认同（identity）都随时会遭到挑战和颠覆，一切差异性（difference）都要求获得自身的权利，每一个特殊的群体都可以基于某方面的差异性提出某种特殊的排他性政治权利和诉求。但是，正是由于这种差异性以及相应的政治诉求，他们往往更加受到其他群体的歧视、排斥和敌对——尽管这种歧视、排斥和敌对看上去比过去显得更加"理性"和"文明"。同时，由于这种歧视属于人的内心世界或私人领域，国家并没有权力进行干涉。其结果就是，一旦这种冲突超过双方容忍的极限，那就很可能导致残酷的争斗甚至血腥的战争。

因此，不管是就"犹太人问题"，还是就"神学政治问题"来说，斯宾诺莎的"同化"方案都没有获得成功。"同化"不仅没有实现不同群体和族类的和平共处，反而大大地凸显了他们的各种分歧与差异，并且因此加剧了他们相互之间的冲突。这种极端悖谬性的结果恰恰表明，斯宾诺莎的"同化"方案本身存在着不可克服的困难，而这一困难的源头正是斯宾诺莎的哲学本身。

对于斯宾诺莎来说，"同化"方案能否成功，取决于人能否通过理性启蒙把自己变成一个"自由人"。那么，什么是自由人呢？在斯宾诺莎看来，自由人首先是拥有理性能力的人。因为理性是人之自我保存的最佳手段，它能够让人认识到自己的真正利益，譬如仁爱和相互帮助比仇恨和妒忌对人更有好处，而通过社会契约建立一个民主政体也比一个人的孤独生活更为有利。但是，斯宾诺莎又再三强调，理性启蒙只能适用于少数人，而不适合多数人。多数人只是激情和想象的奴隶，并不服从理性的教导。相应地，民主政体作为多数人的统治虽然符合理性、符合人的自然本性，但其实际统治却不能依靠理性的说服，而是必须采取强制的手段。

因此，无论是怎样的理性"启蒙"，都改变不了人类世界之"上智下愚不可移"的根本事实。即使是在民主政体下，绝大多数人虽然拥有法律所保障的各种权利和自由，但他们却注定不可能成为真正的自由人。因为在斯宾诺莎心目中，真正的自由人不是受想象和激情的左右，而是在理性的教导下过着一种真正符合自然之必然性的生活、一种神圣的幸福生活。换言之，这种神一般的自由幸福生活从来都只是少数人的特权，而非大多数愚昧的大众所能问津。问题在于，对于这些真正的少数自由人来说，这种"从心所欲不逾矩"的自由之境，难道真的是仅凭他们的"自然理性之光"就能达到？为了回答这一问题，我们有必要再次回到斯宾诺莎哲学的起点。

如前所述，斯宾诺莎的哲学是以两个基本区分为前提，其一是实体与样态，其二是理性与想象。这两个区分直指斯宾诺莎全部哲学思考的要害——人与神之间的关系。先从第一个区分谈起。按照斯宾诺莎在《伦理学》中的定义，实体是无限和自因，而样态则是有限和以他物为原因。但是，这并不意味着人作为有限的样态本应同无限的神（实体、自然）之间存在着不可逾越的绝对界限，因为斯宾诺莎同时不遗余力地强调，"神是万物的内在原因（*causa immanens*），而不是万物的外在原因（*causa transiens*）。"[1] 神是人的内在根据，人是神的外在分殊。这意味着，人与神本是一体，并不存在绝对的界限。

就第二个区分来说，倘若人与神之间并不存在绝对的界限，那么理性与想象之间的截然对立似乎也可以打破。正如斯宾诺莎所说，"一切观念都在神内，而且就它

---

[1] 斯宾诺莎，《伦理学》，第22页。

们与神相关联而言，它们都是真观念和正确的观念。只有就它们与某人的个体心灵相关联而言，才会有不正确的或混淆的观念。"[1]同一个观念，倘若仅仅局限于人的心灵自身来考察便是想象，而"在永恒形式下"来看便是理性。换言之，理性与想象的区分仅仅对人有效，对神来说完全没有意义。原因就在于，"我们的心灵只要能在永恒的形式下认识它自身，和它的身体，就必然具有对于神的知识，并且知道它是在神之内，通过神而被认识。"[2]说到底，人的理性之所以能够认识神，是因为它在根本上就是神对自身的认识。

在斯宾诺莎看来，人对神的理性认识是一种"理智之爱"。进而言之，这种"理智之爱"实则不过是神对自身的爱："心灵对神的理智的爱，就是神借以爱它自身的爱，这并不是就神是无限的而言，而是就神之体现于在永恒的形式下看来的人的心灵的本质之中而言，这就是说心灵对神的理智的爱乃是神借以爱它自身的无限的爱的一部分。"[3]在这种"理智之爱"中，人同神达到了完全融为一体的无限圆满状态：人通过理性变成了神，

---

[1] 斯宾诺莎，《伦理学》，第 75 页。
[2] 同上书，第 257 页。
[3] 同上书，第 260 页。

神通过人的理性返回自身。正因为如此，斯宾诺莎把这种"理智之爱"看成是至高无上的幸福和真正的拯救。

但是在《伦理学》中，斯宾诺莎既没有告诉我们自由人如何能够实现从有限的样态到无限的神或实体的终极"跳跃"，也没有说明自由人如何达到这种"人神合一"的无限圆满状态。譬如说，美国学者纳德勒表达了这种疑惑："斯宾诺莎事实上并没有告诉我们，一个人如何成为（或者至少接近）一个自由人。"[1] 斯宾诺莎不仅把自由人当作不言自明的前提，而且更是视作终极结论。如果非得给出一种解释，那么我们只能说，这种无限圆满状态与其说是来自人对神的理性认识，不如说是来自神对人的启示。考虑到人与神之间的内在统一性，结论似乎只能是：所谓"理性认识"、"真理"、"拯救"、"幸福"、"神"云云，都不过是人的一种信念、信仰、假定，一种自以为是的意志决断。倘若如此，斯宾诺莎同那些他所批判的传统宗教（犹太教、基督教和伊斯兰教等）信仰又有什么区别呢？说到底，所谓的理性启蒙也只是用一种新迷信取代了各式各样的旧迷信而已。

这，难道就是斯宾诺莎的本意？

---

〔1〕 Steven Nadler, *Spinoza's Ethics: An Introduction*, p.248.

我们并不知道答案。事实上，斯宾诺莎在西方哲学史之中本来就是一位形象非常复杂的哲学家，他的哲学能够允许各种各样、甚至完全相反的解释。譬如尼采就独出心裁地认为，斯宾诺莎的几何学证明方法不过是其哲学的保护伞，如同"智慧女神"雅典娜用来保护其智慧的坚硬盔甲一样；事实上，作为一位彻底地"超善恶"（Jenseits von Gut und Böse）的哲学家，斯宾诺莎的真正智慧恰恰在于，他根本否认理性可以认识真理（实体、自然或神）。[1] 倘若赞成尼采此说，那么对我们来说，斯宾诺莎关于"犹太人问题"的思考和论说似乎可以视作一种告诫：作为价值冲突或"诸神之争"的一种具体表现，"犹太人问题"原本就属于人类政治生活的常态，属于人无法克服的命运，不可能找到一种一劳永逸的终极解决方案；对于命运，我们应该平静地接受，甚至由衷地热爱；倘若我们不满足于此，而是想要找到一种万能灵药来征服命运，那么结果必然会是更多、更残酷的冲突和战争。

---

〔1〕 Friedrich Wilhelm Nietzsche, *Jenseits von Gut und Böse*, 5; in *Kritische Studienausgabe* (KSA), Band 5, Herausgegeben von Giorgio Colli und Mazzino Moninari, Dünndruck Ausgabe, Deutscher Taschenbuch Verlag GmbH & Co. KG, Müchen: Walter de Gruyter, 1988.

但是，主流的解释却刚好相反。在绝大多数的哲学史或思想史著作中，斯宾诺莎被看成是一位现代理性主义的启蒙哲学先驱。在斯宾诺莎之后，"公开地运用理性"更是成为一种时髦、一种自由和勇敢的象征，任何欲望和激情都能够找到自身的正当性，任何想象、偏见、迷信和蒙昧都可以披上理性的外衣。尽管理性启蒙将现代政治世界日益变成一个不同宗教和文明之间相互冲突与仇杀的战场，但它直至今天仍然继续被当作一种消除这些冲突与仇杀的万能灵药。倘若将这服万能灵药的发明权归功于斯宾诺莎，那么我们真的不知道，这一切究竟是意味着他的成功，还是他的失败。

第四篇

洛克政治哲学视野中的
政治与教育

引　论

　　现代自由主义的一个重要原则是政治与教育的分离，这意味着，作为公共权力的国家不再承担塑造人性完善和教育德性的义务。这一原则在今天已经变得不言自明，以至于人们似乎忘记了它的最初革命意义。作为那场革命的发起者之一，洛克在《政府论》中明确地宣布，国家或政治社会的目的不是教育人的德性，而是维持公共和平与安全，保护个人的自然权利，譬如生命、自由和财产。自古希腊直至中世纪晚期，两千多年来西方无数政治思想家无不为这样一个至关重要的问题殚尽虑竭：如何通过政治来教育人的德性，实现人性的完善？洛克的革命如此成功，以至于这个问题似乎从现代自由主义的视野中消失了。

不过就洛克本人来说，问题似乎并不那么简单。洛克不仅是自由主义政治哲学的开创者，而且是现代教育思想的奠基人之一。作为一位思考政治社会之起源和目的的政治哲学家，洛克的确否定了政治社会的教育功能，并且强调了权利（right）对于德性（virtue）或善（good）的优先性；但是，作为一位关心人性之健康发展的教育思想家，洛克却不遗余力地强调了德性教育的重要性。正是洛克作为政治哲学家和教育学家的双重身份，使他的政治哲学变得不再那么清晰透明，而是充满了复杂性。

有鉴于此，我们今天似乎仍然有必要提出两个相关的重要问题：首先，洛克究竟出于什么原因把德性教育排除在政治领域之外？其次，既然洛克否定了政治的教育功能，那么他为什么要同时强调德性和教育问题的重要性？在本文看来，这两个问题不仅是把握洛克政治哲学的关键，而且为我们理解自由主义在当今西方世界的复杂处境提供了相当有益的指引。与这两个问题相应，本文的主体分为两个部分：上篇处理的是洛克区分政治与教育的理论依据，下篇处理的是德性和教育问题在洛克政治哲学中的位置。

上篇 政治社会与家长制

一 洛克对费尔谟家长制观念的批评

要想理解教育问题在洛克政治哲学中所占的位置，我们首先需要知道，洛克究竟出于什么原因把教育排除在政治领域之外。为此，我们可以简单地比较一下洛克的两部经典之作——《政府论》和《教育漫话》——的写作方式和主题安排。《政府论》是一篇严格的学术论文（Treatise），它的主要内容是从理论上论证政治社会的起源和目的。但是，洛克撰写《教育漫话》的初衷却不是为了论证一种教育理论，而是为了给那些为父母者提供一种如何教育孩子健康成长的实践技艺，所以看上去更像是一篇娓娓道来的随笔。这两部著作在表达方式上的区别，也暗合了它们在主题上的差异。大抵而言，《政府论》很少直接处理德性和教育问题，而《教育漫话》也不大涉及政治社会的起源与目的、权利与义务这类比较理论性的政治问题。因此，如果说《政府论》的主题是权利而非德性，那么反过来讲，《教育漫话》的主题则是德性而非权利。

洛克在这两部著作中的独特处理方式，正是为了凸显这样一个基本事实：权利属于公共的政治领域，而德性和教育则属于私人的家庭领域。这样一来，我们似乎就不难理解，洛克为什么要把德性和教育问题严格地排除在政治领域之外。在洛克看来，政治社会之所以不能承担德性教育的功能，是因为政治社会同家庭之间存在着根本的界限。换句话说，不管就正当性来源、目的还是范围来说，作为公共领域的政治权力同作为私人领域的家长权力都存在着无法化约的根本差异，绝对不可以相互混淆。那么，二者的区别究竟何在？洛克为什么由此否定了政治社会的教育功能？在《政府论》上篇中，洛克给出了充分的回答。

《政府论》上篇的主要内容是批判保皇党人费尔默（Sir Robert Filmer）的"君权神授"（divine right of king）

思想。费尔默认为，一切政治权力的正当性都是基于人类始祖亚当的父亲身份（fatherhood），而这种身份则最终归功于上帝的"选任"或"授予"。在这个意义上，君主就好比是父亲，臣民则是子女；因此，君主对臣民的统治就如同父亲对子女的占有一样是天经地义或"自然正确"（right by nature）。费尔默不仅从根本上否定了人在自然上的自由和相互平等地位，而且也由此否定了除绝对君主制以外的一切政体或统治形式。概要地说，费尔默的论点来自一个简单的类比：政治社会是放大的家庭，家庭则是缩小的政治社会；正如在家庭中父亲对子女拥有绝对的占有和支配权力，在政治社会中君主对臣民也拥有绝对的统治权力。由此导致的结果是，费尔默最终把政治权力还原为家长权力。[1]

依靠亚当和以色列民族的政治历史，费尔默一方面说明了政治权力的来源，另一方面也描述了政治权力的继承。就前者而言，按照洛克的转述，费尔默认定："世界上最初的政府是一切人类之父的君主制，亚当受命滋生人类，遍于地上，制服世界，并取得对一切生物的统

---

〔1〕 Robert Filmer, *Patriarcha and Other Writings*, edited by Johann P. Sommerville, Cambridge University Press 1991, pp.6-7, pp.11-12.

治权，因此他就成为全世界的君主；他的后裔除了得到他的授权、许可或依据对他的继承，都无权占有任何东西。"[1] 显然，在费尔默看来，政治权力来源于人类共同的"父亲"占有和支配子女和万物的权力。至于亚当为什么拥有这样不可思议的绝对权力，费尔默将其归结为上帝创造世界和人类的绝对意志："基于上帝的明白授予，亚当一创生，就是世界的所有者，因为基于自然的权利，亚当应是他的后裔的统治者。"[2] 就后者而言，费尔默秘而不宣地认可了"长子继承制"：当父亲去世以后，长子依据父亲的许可、上帝的旨意和自然的继承成为新君主，拥有同样支配自己兄弟姐妹、奴仆、其他臣民和万物的权力。

费尔默这两个主要论点都遭到洛克的反驳。对于第一点，洛克认为上帝创造亚当只是给了他生命以及为维持生命所必需的自然物，并没有授予他统治或支配其妻夏娃以及子女的权力，而且在最初状态下，一切东西都为亚当、夏娃等一切人共有。对于第二点，洛克更是指

---

〔1〕 Robert Filmer, *Patriarcha and Other Writings*, p.7. 洛克，《政府论》（上篇），瞿菊农、叶启芳译，商务印书馆，1982 年第 1 版，第 20 页。
〔2〕 Robert Filmer, *Patriarcha and Other Writings*, p.7. 洛克，《政府论》（上篇），第 15 页。

出：首先，长子继承制在以色列的历史中并没有成为惯例，在许多情况下，以色列人的国王或统治者恰恰不是来自长子的继承，而是多数人推举和同意的结果，譬如摩西；其次，以色列民族久经战乱和流亡，在漫长的历史中已经无法确定自己的宗法谱系，所以绝对不可能依据亚当的宗法谱系保证王位继承的连续性。[1]

简而言之，洛克对费尔默批评的要旨在于：父亲生育儿女的自然"事实"，并没有赋予父亲占有、支配或统治儿女的政治"权利"（right）。统治与被统治的政治关系既不同于家长与子女的关系，也不是主奴支配，更不是财产占有。在《政府论》下篇一开始，洛克总结了自己不同于费尔默的立场："我认为官长对于臣民的权力，同父亲对于儿女的权力、主人对于仆役的权力、丈夫对于妻子的权

---

[1] 对费尔默最大的挑战来自历史上众多革命和篡夺的实例。尽管费尔默坚决反对一切革命和篡夺，但他毕竟要面对这些事实。革命和篡夺不仅违背了"君权神授"，而且直接动摇了"长子继承制"。但是，正所谓"成者为王败者寇"：一旦革命或篡夺成功，新的统治者难免也是"君权神授"，在旧的统治者暴虐无道、纵行不义时则尤为如此。面对这一理论困境，费尔默只好接受了自己最不愿意接受的"神义论"：这是上帝在冥冥之中的安排，其目的是通过人的恶来实现上帝的善。正是这一点遭到洛克的无情嘲弄："他（费尔默）还喜欢把一切问题归结到现实的占有上，使对国家的服从归于篡位者，如同归于一个合法的军长那样，从而使僭位者的资格也同样有效。"参见：《政府论》（上篇），第102页。

力和贵族对于奴隶的权力，是可以有所区别的。"[1]

二　一个人有什么资格统治其他人

洛克对费尔默的批评直接牵涉西方政治思想中一个古老而常新的基本问题：一个人有什么资格统治其他人？这种资格是来自智慧、德性、财富、自然力量，还是来自祖先与家长权威？对于这个问题，洛克在《政府论》下篇中给出了简洁的答案：每个人在自然上都是平等的自由人，除非通过自愿的契约和让渡，任何人都没有资格统治其他人，一个人之所以服从他人的统治，归根到底是因为服从他人的统治就是服从自己的统治——就是说，人在自然上是自由的。

由此看来，洛克的《政府论》就绝不只是反对费尔默。事实上，在洛克写作并出版《政府论》的时候，费尔默及其"君权神授"观念早已被"光荣革命"扫进了历史坟墓。洛克把费尔默这只保皇派的"落水狗"从坟墓中揪出来痛加鞭挞，其批判矛头绝非只是针对费尔默，更是针对自古希腊以来包括基督教神学在内的两千多年西方主流政治思想传统。这一点至少可以由洛克对费尔

―――――――――

[1]　洛克，《政府论》（下篇），第 4 页。

默"君权神授"思想渊源的分析得到验证。看起来,费尔默似乎的确有些思维错乱,他时常不假思索地随意援引柏拉图的《理想国》、亚里士多德的《政治学》和基督教的《圣经》,把古代的政治哲学和中世纪的基督教神学一锅乱煮,认定它们的思想基础都是自己所坚持的"家长制"。[1] 在洛克看来,费尔默的做法并非是毫无根据的"乱点鸳鸯谱",而是无意中揭示了一个根本"秘密":不管是以柏拉图和亚里士多德为代表的古代政治哲学,还是以阿奎那为代表的基督教神学和经院哲学,尽管他们在具体立场上存在分歧甚至严重对立,但在一个根本原则上都保持一致——它们都是秘而不宣的"家长制"。

以柏拉图为代表的希腊哲学家认为,智慧者对芸芸众生的统治之所以是天经地义或"自然正确"(right by nature),是因为他拥有后者所无法企及的高超智慧和真理,能够分辨善恶与好坏,他不仅知道什么东西对自己"好"(good),而且知道什么东西对其他人"好",进而知道一个政治共同体的共同之善(common good),而其他人则没有这种能力或智慧,所以应该服从他、听从他的教导——正所谓"劳心者治人,劳力者治于人"。基督

---

〔1〕 Robert Filmer, *Patriarcha and Other Writings*, p.7, p.24, pp.39-40.

教神学家认为，上帝作为人类共同的父亲是全知、全能和全善的"圣父"，他就好比一位家长知道什么是善、什么是恶，什么对子女"好"、什么对子女"坏"，并把这种能力和资格授予教皇、主教和神父等尘世代言人，让他们以父亲或家长的身份指导那些没有善恶分辨能力的芸芸众生和"上帝儿女"如何生活。

　　一个人究竟能否拥有关于善恶的真理？假如有的话，他是否就因此有资格统治并教育那些没有智慧的芸芸众生，指导并安排他们的生活？对于前一个问题，洛克在《人类理智论》中已经做出了回答。在这部探究人性（human nature）和人类理解力（human understanding）之范围和限度的哲学经典中，洛克最终证明：由于受我们感官经验和认识方式的局限，我们最多只能拥有有限的经验知识，无法洞察关于世界整全的真理，更不可能像上帝那样知晓善恶、分辨好坏。我们每个人所知道的只是：所谓"善"就是引起我们快乐的东西，所谓"恶"就是引起我们痛苦的东西；人的本性就是自我保存、趋乐避苦，这是我们每个人凭经验知道的肤浅"真理"。[1]

---

〔1〕 洛克，《人类理解论》，关文运译，商务印书馆，1959 年第 1 版，第 199—203、529—556 页。

至于古代哲学家所鼓吹的"理念"、"真理"或"本体"等，只不过是一种人为的抽象，并无直接的经验根据。基于这一点，洛克对第二个问题毫不犹豫地做出了否定的回答：不管是谁，哪怕他像上帝一样拥有关于善恶的绝对知识，也都没有资格统治我，更无权替我决定什么样的生活对我来说是"美好"的生活（good life），因为只有凭自己的感觉我才"知道"快乐和痛苦，"知道"如何自我保存。洛克之所以坚决否定"家长制"、进而否定政治的教育功能，正因为他觉得，即使最贤明的统治者也没有能力和资格教导被统治者什么样的生活对他来说才是"正确"（right）或"美好"（good）的生活。借用马克思的反问："谁来教育教育者？"这个反问不仅针对古代政治哲学，而且针对基督教的神学。

这就涉及了洛克在《政府论》下篇中不遗余力地论述的"自然状态"：每个人在自然上都是追求"自我保存"，凡是有利于"自我保存"的就是"善"，凡是有害于"自我保存"的就是"恶"，仅就这一点而言，不管贤愚、强弱、贫富、男女还是父子，每个人在自然上都一律平等。从这种"自然状态"中，洛克推出了所谓的"自然权利"：假如说有谁在自然上正当或有权利（right by nature）统治我的话，那就是我自己，只有我才是自己当仁不让的统治者，因为只有我才知道如何自我保存。一句话，在自然状态中，每个人都是自我统治的自由人。

基于这个前提，洛克对霍布斯的"自然状态"思想做了重要的修正。在霍布斯看来，自然状态首先是"战争状态"，因为人在自然状态之中除了自我保存的基本欲望之外，还有统治他人的权力欲和虚荣心。战争的出现不仅是因为维持人类自我保存的物质资源极端匮乏，更是因为人在自然上对权力的追求和渴望远比自我保存欲望要强烈。正是这种"得其一而思其二、死而后已、永无休止"的权力欲，导致了"一切人反对一切人的战争"，使每个人都面临暴死的威胁。相比之下，洛克的"自然状态"则是一个"和平状态"，这是因为，洛克从霍布斯的"自然状态"中悄无声息地排除了非理性的权力欲，仅仅保留了理性的"自我保存"。

洛克这么做是基于两个理由：首先，在自然状态中可供自我保存的物质资源极端丰富，人们没有必要因为求生而自相残杀；其次更为重要的是，"自然状态有一种为人人所应遵守的自然法对它起着支配作用；而理性，也就是自然法，教导着有意遵从理性的全人类；人们既然都是平等和独立的，任何人就不得侵害他人的生命、健康、自由或财产。"[1] 在自然状态中，一方面人们没有必要为自我保存而发生冲突，另一方面理性和自然法也会节制非理性的权力欲，使人们自觉地承认他人自我保存的正当性或"权利"。

三　为什么建立政治社会

不过洛克也看到了一个迫在眉睫的难题：既然在自然状态中每个人都是服从自然法和理性教导的自由人，既然每个人都在追求自我保存的同时自觉地肯定他人自我保存的权利，既然自然状态是那么美好的和平状态，那么人们有什么必要建立"政治社会"？洛克的《政府论》下篇提供了三个理由：

> 第一，在自然状态中，缺少一种确定的、规定了的、众所周知的法律，为共同的同意接受和承认为是非的标准和裁判他们之间一切纠纷的共同尺度。
> 第二，在自然状态中，缺少一个有权依照既定的法律来裁判一切争执的指明的公正的裁判。

---

[1] 洛克，《政府论》（下篇），第 6 页。

第三，在自然状态中，往往缺少权力来支持正确的裁决，使它得到应有的执行。[1]

说来说去，自然状态并非如洛克一开始所描述的那么美好、和谐，而是充满了各种纠纷和冲突，其激烈的程度大概也不亚于霍布斯描述的"战争状态"。至于自然状态为什么会产生纠纷和冲突，答案只可能有两个：要么是因为自然状态中生存资源并非如洛克所说那么丰富，以至于如果不借助其他手段人类就不足以生存下去而不发生冲突；要么是因为在自然状态中并非每个人都拥有理性并且听从自然法的教导，相反真正能够"从心所欲不逾矩"的理性自由人毕竟是少数，大多数人在自然本性上还是克服不了霍布斯所说的权力欲，若非有一种更强大的力量来制约这种根深蒂固的权力欲，则和平的自然状态随时会沦落为危险的战争状态。

就第一点而论，洛克认为自然资源的匮乏可以通过人的劳动来补救。劳动不仅创造了自然物本身不曾拥有的"价值"，而且直接奠定了与自我保存或生命权几乎同等重要的"财产权"："劳动使它们（自然物）同公共

---

〔1〕 洛克，《政府论》（下篇），第7页。

的东西有所区别，劳动在万物之母的自然所已完成的作业上面加上了一些东西，这样它们就成为他私有的权利了。"[1] 不过深究起来，劳动显然还不足以保证财产权，因为财产或占有之所以能够成为"权利"，正是它的正当性已经获得了所有其他人的承认。说得更具体些，财产权是自我保存权利的延伸，都属于人在自然状态中基本的自然权利，不必依靠政治社会的法律来保证。但问题就出在这里。打个比方说，为什么我非得承认他人的财产权，为什么我就不可以不劳而获、凭借自己的自然暴力（force）或力量（power）剥削甚至霸占其他人的劳动成果？这一问题显然不能由单纯的自我保存来回答。

倘若洛克别无选择，那就只有接受霍布斯的说法：在自然状态中，并非每个人都能够听从自然法和理性的教导，大多数人都渴望拥有支配他人并且占有他人财产的权力，"得其一而思其二、死而后已、永无休止"。[2]即使少数谦谦君子能够明晓自然法和理性的教导，也招架不住多数人无止境的权力贪欲和暴力威胁，只能被迫采取"先发制人"的策略，这样的结果绝对不是和平，

〔1〕 洛克，《政府论》（下篇），第 19 页。
〔2〕 霍布斯，《利维坦》，黎思复、黎廷弼译，商务印书馆，1985年第 1 版，第 72 页。

而是永无休止的战争。所以，尽管洛克在《政府论》中含沙射影地攻击了霍布斯，但他仍然秘而不宣地承认了后者的理路：在自然状态中，人的生命和财产等"自然权利"非常脆弱，所以必须建立政治社会，把自然状态中的"自然权利"变成在政治社会中由法律来保障的"政治权利"。

这样一来，洛克的政治哲学就包含了一个极大的张力。洛克之所以否定费尔默的"家长制"和传统的政治哲学，一个最重要的根据就是，每个人在自然上都是服从自然法和理性教导的自由人，知道对自己来说什么是善恶好坏，所以任何人在自然上都不能统治或支配他人，不管是基于智慧、勇敢、财富、自然强力还是基于祖先权威。不过，既然每个人都能够理性地自我统治并且尊重他人的自我统治或自由，那么政治社会的存在就变得毫无必要。作为一个哲学家，洛克之所以承认政治社会的必要性，正是因为他和古代哲学家一样看到了这个基本事实：并非每个人在自然上都是平等的自由人，真正"从心所欲不逾矩"的理性自由人毕竟只是少数，他们或许只是像洛克这样的极少数哲学家，即使把范围扩大，也只包括少数在自然上比较卓越和高贵的"绅士"（gentlemen）；大多数人则很少具有甚至没有理性的自我统治或自由能力，需要依靠法律和政治权力来制约他们的非理性冲动，否则人类社会必将永无宁日。

洛克在《政府论》中有一段话似乎可供佐证："虽然我不准备在这里论及自然法的细节或它的惩罚标准，但是可以肯定，确有这种法的存在，而且对于一个有理性的人和自然法的研究者来说，它像各国的明文法一样可以理解和浅显，甚至可能还要浅显些。"[1] 洛克显然潜在地承认，自然法只有对于"有理性的人和自然法的研究者"才非常浅显，但对芸芸众生来说就恐怕不那么浅显和容易理解了。姑且不论并非每个人都是有理性的人，就算有很多人拥有理解自然法的自然潜质，但为求生或自我保存所累，他们不得不把绝大部分时间用来劳动、获取生存资源和财富，又怎么可能像洛克那样成为"自然法的研究者"？

洛克当然知道，芸芸众生并非生活在柏拉图所谓的"猪的城邦"里，只求温饱或舒适，不求奢侈和权力贪欲。人之所以是人，就是因为他在自然上比动物拥有更多和更"高"的欲望：他不仅追求温饱或舒适，更拥有追求荣誉、权力和野心等非理性的激情；正是后者导致

---

〔1〕 洛克，《政府论》（下篇），第10页。

人离开自足和质朴的自然状态，走向了战争和征服。要制止这种野蛮的战争状态，那就只有建立文明和正义的政治社会。所以，尽管洛克强烈地反对古代政治哲学的"家长制"，但就这一点而论，洛克仍然自觉地继承了古代政治哲学的基本前提：政治社会的必要性与正当性扎根于人的自然本性。

四 统治与自我统治

既然承认人在自然上并非平等，至少并非每个人都知晓自然法并且服从理性的教导，既然承认人在自然上有智慧的高下之分，那么洛克为什么不愿意接受似乎更符合这种"自然正确"（natural right）的"家长制"？这个问题显然不能用"自我保存"的简单事实来解释，而是有更深层次的原因。诚如前文所言，洛克表面上的确否认了"权力欲"是人的"自然状态"，但他同霍布斯一样非常清楚，"权力欲"也属于人的自然本性，而且是更为强烈的自然冲动。正是这种自然冲动使人不满足于单纯的动物式自我保存，而是时刻渴望追求荣耀、统治并征服他人。如果说权力欲是导致人类战争和灾难的万恶之源，那么它同时也有可能把人（man）从单纯的求生动物提升为真正的"人"（human being）。

这正是洛克自由观念的"吊诡"所在。打个比方说，即使我在自然上并不是真正的理性自由人，即使我知道有少数人比我更理性、更智慧、更知晓善恶和自然法，但我还是不愿意接受他们的统治，这是因为我有权力欲和荣耀感，我也渴望被他人当做理性的自由人来看待，渴望拥有自我统治的权利。用黑格尔的话说，这是一种"承认"（recognition）的自由或"尊严"。这样看来，洛克似乎既继承又颠转了一个古老的政治哲学传统。在这个传统看来，人类的政治生活恰恰为一种强大而危险的权力欲所主宰，这种欲望或冲动在柏拉图那里叫做"意气"（spiritedness），在亚里士多德那里名为"荣誉"（honor），在基督教神学家那里被贬斥为"野心"（ambition）和"原罪"（sin），在马基雅维里那里则被讴歌为"荣耀"（glory），而在霍布斯那里则被称为令人恐惧的权力欲或"虚荣"（vainglory）。

不可否认，洛克同这些先哲一样对人的这种冲动洞察若火，但他却沿着相反的方向加以改造：既然这种根深蒂固的权力欲不管用任何手段都不可能完全消除，那就只能够对它加以引导、使它"升华"，最终把它从指向他人扭转过来指向自己——人的"自由"不是征服他人而是征服自己，真正的统治既不是统治他人，也不是他人统治，而是自我统治。所以，自由同时意味着平等：不管人与人在智慧、勇敢、门第、财富、力量和身体上多么不平等，但在渴望获得"承认"这一点上都一律平等，或者说，每个人在"尊严"上都一律平等。

细究起来，洛克的"自由"概念似乎有三层不同的含义：自由首先是指生命之"自我保存"的自然权利，其次是指获得"承认"的尊严，最后是指完全知晓并服从自然法的理性能力。第一种自由过于低俗，既不能维持也不需要政治社会的存在；第三种自由高不可攀，非常人能及；只有第二种自由最符合政治社会的要求。倘若一个政治社会能够由这样相互承认各自自由或尊严的人组成，那么它就不仅能够保护每个人的"生命、自由和财产"，更能维持自己的长治久安。这样的人如何产生？答案显然只有一个：教育。除非通过教育，否则人若仅随自己的自然本性，最多只是一个自私自利、贪求权力的欲望个体，不可能成为一个政治社会中的自由公民。

既然洛克否定了政治社会的教育功能，那么对他来说，教育的唯一途径就是家庭：通过家长的教育和引导，一个缺乏理性但却不乏各种欲望和激情的"自然人"，最终有可能成为政治社会所需要的自由公民。一个坚持区分政治权力和家长制、坚持分离政治与教育的政治哲学家，居然把政治社会的基础寄托给家庭教育，这又怎么可能呢？若要理解这个洛克政治哲学的最大张力，我们必须重新思考一度搁置起来的家庭问题。

下篇　家庭教育与政治

五　家庭的"理"与"情"

洛克虽然否定了费尔默的家长制，但却没有因此否定家庭甚至家长权威的意义。相反，前文提到的洛克对家庭所寄予的厚望——为政治社会教育它所需要的自由公民——就足以证明洛克对家庭的重视。家庭之所以如此重要，乃是因为洛克潜在地承认，家庭是人的自然状态。从这个意义上说，洛克还没有走到卢梭那么极端的地步。虽然他们都反对亚里士多德等古代哲学家的经典命题——"人在自然上是政治的动物"，而是反过来认为人在自然上是"前政治"或"非政治"的动物，但在洛克看来，这并不等于说人在自然上就是卢梭所说的"赤条条来去无牵挂"的野蛮人：恰恰相反，人原本就是属于家庭的文明人。[1]

对洛克来讲，家庭几乎集中了他的政治哲学的全部复杂性：一方面，家庭既不像政治社会那样是纯粹的契约，而是一种自然产物，另一方面家庭也不同于由自然征服所形成的专制国家，因为它的所有成员在

---

[1] 假如参照卢梭对洛克的批评，二者的分歧就更加清楚了。在《论人类不平等的起源和基础》中，卢梭对洛克提出了两个重要的批评。首先卢梭认为，霍布斯和洛克等人对"自然状态"有严重的误解："总之，所有这些人不断地在讲人类的需要、贪婪、压迫、欲望和骄傲的时候，其实是把从社会里得来的一些观念，搬到了自然状态上去了；他们论述的是野蛮人，而描绘的却是文明人。"根据这一看法，洛克所谓的权利、理性、自由、财产等在自然状态中都不存在，因为自然状态中的人是孤独的野蛮人，没有任何这些文明社会的观念与生活。其次还是根据这一看法，洛克所谓的婚姻、家庭和家长权威在自然状态中也不存在。譬如两个男女自然人在丛林中偶然相遇发生了性关系，但是"性欲满足后，男人就不需要那个女人，女人也不需要那个男人"，两人从此成为陌路人，即使重逢也不会相识，因为他们都没有记忆。假如女人怀上了孩子，那么她就独自生育抚养孩子，直至孩子长大成人之后，也将离开这个女人独自生存，两人也会成为互不关心的陌生人。卢梭最后指出，"在这种（自然）状态中，人们都过着孤独的生活，一个人没有任何理由和另一个人生活在一起，甚至或许这一些人没有任何理由和另一些人生活在一起。"参见：卢梭，《论人类不平等的起源和基础》，李常山译，商务印书馆，1962年版，第71、181—182页。

自然上都是平等的自由人；一方面家长不因生养子女而拥有对子女的绝对统治权，另一方面家长在子女未成年时的确拥有某种自然权威，否则将不可能教育子女。洛克在《政府论》下篇中有一段话，总结了家庭的这种复杂性：

> 我承认孩童并非生来就处在这种完全的平等状态中，虽然他们生来就应该享受这种平等。他们的父母在他们出世时和出世后的一段时间，对他们有一种统治和管辖权，但这只是暂时的。他们所受的这种支配的限制，犹如在他们孱弱的婴儿期间用来缠裹和保护他们的襁褓衣被一样。随着他们的成长，年龄和理性将解脱这些限制，直到最后完全解脱而能使一个人自由地处理一切为止。[1]

洛克这段话大体上规定了《教育漫话》的基本问题：家长应该如何教育孩子。在洛克看来，家长因为年龄的自然优势和生养子女的自然事实而拥有某种自然权威，但这种权威并不能使家长将孩子作为私人财产来支

---

[1] 洛克，《政府论》（下篇），第35页。

配和占有，而是应该用来培养孩子的理性能力，直至孩子能够成为独立的自由人，最终使得他们不再需要这种自然的家长权威，而是获得了同父母同样的自由能力。这就导致了一个很大的麻烦：家长一方面要教育孩子服从自己的权威，培养孩子对家庭的感情，否则将不能维持家庭的和睦，但另一方面也要同时教育孩子学会摆脱甚至质疑自己的权威，否则孩子将很难培养自己的理性能力，成为一个真正的自由人。

由此看来，上述这段话的意思看似清晰明了，实则非常暧昧，因为它没有回答一个基本问题：家长究竟为什么要抚养并教育孩子？无论如何，这都不能用单纯的"自我保存"或自私自利来解释，因为即便洛克本人也承认，动物生养和照料幼崽也不是出于纯粹的自利或"自我保存"，而是出于某种慈爱之情（所谓"虎毒不食子"）——动物尚且如此，何况作为"万物灵长"的人？那么，洛克究竟如何看待父母与孩子这种"人伦"？

在洛克之前，霍布斯与费尔默都思考过这个问题。不那么严格地讲，霍布斯偏重家庭之"理"，而费尔默则更偏重家庭之"情"。霍布斯认为，父母与孩子双方都是为了自我保存，尽管这是更符合长远利益的自我保存：父母抚养子女是为了期望将来获得子女回报和崇敬，子女在未成年之前服从父母既是迫于父母的自然权威，也是为了自己的存活，在成年之后服从父母则是出于自己的感激，不过这种感激是对将来获得好处的计算，而不是基于过去的受益所带来的感情色彩。[1] 费尔默显然接受不了霍布斯这种赤裸裸的"功利主义"，他非常愤怒地对霍布斯提出了严厉的批评：

> 不能设想，上帝会在一个比任何野兽都要恶劣的状态下来创造人，好像它按照自然本性造人的目的仅仅是让他们相互毁灭。父亲毁灭或吃掉他的子女的权利，以及子女以同样的方式对待其父母的权利，比吃食同类者更恶劣。[2]

费尔默如此看重家庭之"情"其心可嘉，他的"家长制"固然不承认子女有独立于家长的平等自由权，但他并不赞成家长或君主无情地压制和残酷地占有子女或臣民，毋宁说他更希望家长或君主应该充满温情和慈爱地统治自己的子女或臣民，他理想中的家庭或王国也应

---

〔1〕 塔科夫，《为了自由：洛克的教育思想》，邓文正译，三联书店，2001年版，第66页。

〔2〕 Robert Filmer, *Patriarcha and Other Writings*, p.188.

该是一个上贤下孝的和谐整体。[1] 洛克似乎同时受到这两人的影响，尽管他在公开表述时对他们只有激烈的批判。不过看起来，洛克的立场似乎更为折中：从家庭之"理"来讲，洛克比较倾向于霍布斯，但从家庭之情来讲，他则更倾向于费尔默。这也是为什么洛克对家庭的态度总是显得比较暧昧。

　　洛克批评费尔默的一个重要根据是，孩子的生命并非来自父母，而是来自上帝，只有上帝才是"生命的创造者和授予者"，[2] 而父母只不过是上帝创造生命的手段。借用洛克的"财产权"说法，父母生育孩子的自然过程并没有赋予他们占有孩子的权利，因为占有权或财产权并非源于自然，而是来自"劳动"创造，但孩子真正的创造者并不是父母，而是上帝。所以，孩子同父母一样原本就是自由人，只不过暂时寄养在父母门下，由父母义务抚养并教育成人，等到成人之后他们便恢复自由之身，成为与父母平等的自由人。

　　但是，倘若光讲家庭之"理"，家庭似乎就变成了纯

---

〔1〕　由此看来，洛克的《政府论》上篇其实丑化了自己的政治对手费尔默，他把某种不属于费尔默、而是更符合霍布斯的因素强加给费尔默。

〔2〕　洛克，《政府论》（下篇），第45页。

粹的契约，而不再是人的自然状态。再说这种冰冷冷的权利和义务之"理"，也不利于培养家庭的和睦与情感。单就此点而论，洛克要比霍布斯"审慎"得多，因为他很清楚：假如只谈赤裸裸的自我保存或利益计算之类契约之"理"，不但父母不可能教育孩子，就连家庭能否维持下去也成为问题。所以在《政府论》下篇第六章讨论了家庭之理之后，洛克仍然特别强调："上帝把人们对儿女的深厚感情交织在人性的原则之中"。[1] 正如父母怀着"慈爱的心肠"抚养儿女，儿女对父母也应该用感激来回报："尊礼和赡养，作为儿女应该报答他们所得的好处的感恩表示，是儿女的必要责任和父母应享的特殊待遇。"[2] 洛克似乎也承认，这种父母和孩子的家庭情感也是出于自然，而非单纯自我保存的延伸。

洛克的"暧昧"或者深刻之处在于：一方面他不希望家庭变成一个家长专制的王国，由一个高高在上的权威家长统治和奴役子女，更不希望这种家长制成为政治社会的统治原则，所以他才不遗余力地依据自然状态和自然权利批判费尔默的家长制；但另一方面，洛克也不

---

[1] 洛克，《政府论》（下篇），第 42 页。
[2] 同上书，第 43 页。

希望把家庭变成一个只讲权利和义务、不讲情感的契约王国，使父母和子女都沦落为原子式的孤独个体，从内心深处讲，他倒希望家庭能够保持一种和睦关爱的情感，为此他甚至不惜肯定了家长权威的意义，哪怕这种权威只是暂时性的。所以洛克以为，一个理想或健康的家庭应该是寓"情"于"理"、寓"理"于"情"。不过这一说法的前提是，家庭之"理"必须优先于家庭之"情"，这是因为：权利必须优先于德性，自由必须优先于权威。质而言之，洛克希望家庭教育能够实现这样的目标：在肯定家庭之理的前提下，培养孩子的家庭之情；在肯定权利的前提下，塑造孩子的德性；在肯定自由的前提下，教导孩子对权威的尊重。

六　权利与德性

综合前文所述，洛克理想的家庭模式应该是：包括父母和子女在内的所有家庭成员，既相互尊重每个人的自由和平等，又能够相互和睦和友爱。借用洛克的继承者亚当·斯密的话来说，每个人既有自爱，又对家人富有同情或友爱之心。家庭之所以拥有特殊的地位，乃是因为它处在人的自然状态与政治社会之间，成为沟通二者的桥梁。在洛克看来，家庭的重要性主要表现在两个方面。一方面，家庭把一个缺乏理性和自由的人教育成为一个成熟的理性自由人。他在家庭中培养了分辨善恶、判断好坏以及知道权利和义务的能力，最终使他能够独立地走进政治社会，成为一种政治社会中的自由公民。另一方面，家庭同时还培养了孩子对他人的尊重、关怀和共同情感，使他尽可能地避免狭隘的自私自利和贪婪的权力欲。这种相互尊重、相互关怀的共同情感维持了政治社会的基本凝聚力，使政治社会尽可能地避免沦落为一个纯粹利益算计和交换的"市民社会"。家庭的双重作用正是洛克教育思想的核心，也是《教育漫话》的要旨所在。

前文讲过，《教育漫话》不是一篇研究教育问题的哲学论文，而是类似于一篇娓娓道来的随笔。如果非得说洛克有什么教育哲学，那也不应该是《教育漫话》，而是他的《人类理解论》。正是在这部哲学著作中，洛克在考察人类知识的来源、范围和限度的同时，也描述了一个人的成长和"教育"过程：他的心灵（mind）最初犹如一块"白板"，然后获得感觉和反省等简单观念，并且借助"联想"（association）和"抽象"（abstraction）能力形成了各种复杂观念和抽象观念，最后拥有完整的理性能力，能够获得确定的命题、知识或真理。但这并不是洛克本人的意思，因为在洛克看来，教育首先不是一个理论问题，而是一个实践问题。

这就同时涉及了《政府论》与《教育漫话》在形式和内容方面的根本不同。前文已经说过，《政府论》的主题是作为公共领域的政治社会，而《教育漫话》的主题则是作为私人领域的家庭。考虑费尔默对家长制与政治权力的混淆，洛克有意把政治社会与家庭分属不同的领域。洛克在《关于绅士阅读与学习的一些思考》中有一段话，或许有助于我们更好地理解二者的差别："政治包含两个非常不同的部分，其中一部分包括社会的起源以及政治权力的建立和范围，另一部分则涉及社会中的治人技艺（art of governing men）。"[1] 前一部分应该是指《政府论》，后一部分虽然并非直接针对教育问题，但教育显然可以算作一种"治人技艺"，尽管其"管教"（govern）对象不是成人，而是儿童。[2]

这种形式上的差异恰恰反映了内容上的差异：《政府

---

[1] John Locke, "Some Thoughts cornerning Reading and Study for a Gentleman", in *The Works of John Locke*, a new edition, corrected, Vol. III, London, 1963, p.296.

[2] 这里采用的是塔科夫的说法，参见：《为了自由：洛克教育思想》，第 149 页。

论》的要旨是权利，而《教育漫话》的要旨是德性。《政府论》关心的是人在自然状态中拥有何种自然权利，政治社会如何通过法律来保护这种自然权利。人的自然权利包括"生命、自由和财产"，其核心就是人的"自我保存"，更准确地说是"舒适的自我保存"。但是，这些问题在《教育漫话》中却很少涉及。《教育漫话》关心的是，如何使孩子运用理性控制自己的欲望，如何培养他们的明智、勇敢、节制、慷慨、正直等德性，如何教导他们懂得友爱、尊重他人、富有同情和恻隐之心。简而言之，《教育漫话》给人的印象是：洛克似乎不是自由主义政治哲学的开创者，反倒更像是古代政治哲学的忠实继承者。

　　洛克通常被贴上"享乐主义者"的标签。倘若这种说法能够成立，那也只能勉强适用于《政府论》，而不是《教育漫话》。譬如，施特劳斯在《自然权利与历史》中这样评价洛克："洛克是一个享乐主义者：'所谓的好与坏，不过就是快乐与痛苦。'他所持的是一种奇特的享乐主义：'最大幸福'并不在于享受最大的快乐，而是在于'拥有那些产出最大快乐的东西'。"[1] 施特劳斯的这一

---

〔1〕 列奥·施特劳斯，《自然权利与历史》，彭刚译，三联书店，2003 年版，第 254 页。

理解不能说不深刻，但却多少有些违背"要按照作者理解自己的方式来理解作者"的精神，偏离了洛克本人的理解。造成这种误解的主要原因在于，施特劳斯似乎完全忽视了洛克的《教育漫话》。

其实只要对《教育漫话》稍有了解，便可发现：洛克绝非一个简单的"享乐主义者"，他对德性重视的程度并不亚于柏拉图、亚里士多德等古代哲学家。譬如在《教育漫话》第33节中，洛克就以一种亚里士多德式的口吻对我们谆谆教导："一切德性和价值的伟大原则和基础在于：一个人能够克制自己的欲望，能够不顾自己的爱好而纯粹遵从理性认为是最好的指导，虽然欲望倾向于另一个方向。"[1] 因此，真正的问题并不在于洛克是不是一个"享乐主义者"，而是在于：洛克为什么在《政府论》中只谈权利，而在《教育漫话》中只谈德性？

这个颇为吊诡的问题实则揭示了洛克的内心矛盾。洛克并非不知道，一个人生来就是为了追求美好的幸福生活，这种幸福需要通过德性来实现。尽管洛克是一个现代人，尽管他是自由主义政治哲学的开创者之一，但在这一

---

〔1〕 洛克，《教育漫话》，傅任敢译，人民教育出版社，1963年第2版，第25页。

点上他同柏拉图和亚里士多德等古代哲学家并无多大分别。洛克曾经说过："人生在世的幸福，就是这样一个简短而充分的说法：健康的心灵寓于健康的身体。"[1] 不管怎样，这同任何低俗的"享乐主义"或"舒适的自我保存"都毫不相干。——当然必须清楚的是，这句"格言"并非出自《政府论》，而是《教育漫话》的开篇。

权利与德性的分离，归根到底仍然是政治社会与家庭的分离。但是，这种分离既不是毫不相干，也不是水火不容，而是恰恰包含了某种内在的关联。这个看似自相矛盾的做法，实则体现了洛克的良苦用心。幸福和德性固然是人生在世最高的目标，但却不能通过政治社会来实现，倘若非得这么做，那么其结果就是非但不能实现最高的目标，只怕连最低的目标——和平与安全——都难以保障：人类社会要么陷入持久的战争状态，要么只能接受残酷的家长专制。几千年来，人类一次又一次用最美好的理想制造了一次又一次的血腥灾难，难道不就是最好的证明？归根到底，政治只能维持自己的最低目标，保护人的"生命、自由和财产"，而把德性和幸福这个最高目标寄托于家庭，寄托于被古代政治哲学排斥

---

[1] 洛克，《教育漫话》，第3页。

的"家政"（ecnomy）。因为从自然上讲，人不是"政治的动物"，而是"家庭的动物"。

尽管现代自由主义者把政治与家庭教育、权利与德性相互分离的原则归之于洛克，但相比之下，洛克的立场则要谨慎得多，因为他比他们更清楚这样一个根本事实：政治社会并非不需要德性，尽管它本身不能培养德性；家庭教育也并非不需要权利，尽管它本身不能保证权利；没有德性支撑的政治社会将无法长治久安，没有政治权利作为保障的家庭教育将时刻面临家长制的危险。这个无可回避的根本事实，既能解释洛克看起来为什么那么犹豫不决和暧昧不明，也能说明洛克的政治哲学为什么包含了那么多复杂的张力：政治社会与家长制，家庭之理与家庭之情，权利与德性。归根结底，所有这些张力都来自一个贯穿洛克政治哲学始终的基本张力：自由与权威。而在肯定自由的前提下，如何通过家长权威培养孩子的理性自由能力，就是洛克的《教育漫话》所要回答的根本问题。

七　自由与权威

塔科夫教授指出："洛克在政治作品中花上好些篇

幅，为要将政治权力自父权论的主张中解脱出来，并且将父权范围减至最低，而在谈到教育时，又竟然那么坚持要把它完全交托给父母，实在让人觉得矛盾。"[1] 不过我们可以注意到，洛克恰恰是在区分政治权力与父权（家长制）的前提之下，有限度地承认了家长权威的意义。对我们来说，这应该是理解洛克教育思想的关键所在：所谓教育，就是在肯定孩子自由的前提下，通过家长权威培养他的自由，最终使得他不再需要这种权威。不过这里马上面临两个问题：首先，既然孩子原本就有"自由"，为什么还要培养他的自由？其次，家长权威如何能够逐渐隐退，转化为对孩子平等自由权利的尊重和"承认"，最终完全变成一种美好的亲情？这是本文最后所要讨论的问题。

洛克在《政府论》下篇中不厌其烦地证明：人在自然状态中拥有自然权利，或者说人在自然上就拥有自由。这一基本原则不仅适用于父母，同样并且尤其适用于孩子。孩子在自然上所拥有的自由首先就是"自我保存"，他必须要维持自己的生命，需要基本的生活必需品，但鉴于孩子没有独自生存能力，所以这一义务就暂时落在

---

[1] 塔科夫，《为了自由：洛克的教育思想》，第 23 页。

父母身上；不过前提仍然是，孩子不是父母可供支配的财产——还是洛克那句老话：父母养育孩子是应尽的义务，但不构成他们占有孩子的权利。

洛克当然非常清楚，自我保存并不是自然状态的全部，孩子同任何成人一样，除了自我保存这个基本欲望之外，还有更奢侈的欲望：他也渴望占有更多的东西，渴望支配和统治包括父母在内的所有其他人，他对权力的渴求也不亚于任何成人——"得其一而思其二、死而后已、永无休止"，而且更加直接甚至不加掩饰。在《教育漫话》讨论德性教育的主体部分（第25节至第138节），对孩子这种"自然状态"的描述几乎随处可见，譬如娇生惯养、撒谎、虚荣、颐指气使、矫揉造作，几乎让人怀疑孩子究竟是天使还是魔鬼。一句话，孩子与成人的区别既不在于自我保存，也不在于权力欲或虚荣心，而是在于他没有理性的节制能力。在这种情况下，唯一能够节制他的就是家长权威。

洛克在《教育漫话》的某些地方谈到家长权威时，似乎一反《政府论》的立场。譬如说，他在第41节以一种酷似费尔默的口吻说："子女幼小的时候应当把父母看做君主和绝对的统治者，去敬畏他们。"[1] 更令人难以

---

〔1〕 洛克，《教育漫话》，第32页。

置信的是，洛克甚至肯定了责骂和体罚在特殊情况下的正当性，譬如当孩子一错再错、屡教不改而且公然违抗时，那就应该毫不犹豫地施以体罚，甚至"当孩子第一次应该受到体罚的痛苦时，一定要在完全达到目的之后才可中止，否则还要逐渐加重，这种痛苦应该首先征服孩子的内心，树立父母的权威"。[1]

当然，洛克并不认为家长权威就是教育的全部，甚至不是教育的主要意图，否则他反对费尔默就没有什么意义和根据了。[2] 对洛克来说，家长权威始终只是教育的手段而非目的，其目的是要培养孩子运用理性自我节制的能力，以至于最后孩子可以"登楼抽梯"，不再需要这种权威的外在节制；或者用康德的话来说，孩子尽可

---

[1] 洛克，《教育漫话》，第63页。洛克固然不承认"棍棒出孝子"，但也知道"无德不成人"的古训。所以他并不认为，一个人只要拥有所谓的"人权"（human rights），就能够获得人性（humanity），成为真正的人（human）。他非常清楚，人之异于禽兽，不只是在于他拥有自我保存的"权利"，更是在于他拥有人的德性。

[2] 值得注意的是，这里所说的"家长"，不仅仅指"父母"，还包括家庭教师，因为在相当多的家庭里，父母并不直接担任孩子的教育者，而是聘请家庭教师来承担这个任务，父母只是负责照料孩子的生活，最多只是间接地督导孩子的教育。本文在说到家长的家庭教育时，所指的除了父母之外，还包括家庭教师，甚至包括祖父母、外祖父母等长辈。

能地从他律转化为自律，从外在立法成为内在的"自我立法"。但是困难在于，孩子既没有足够的理性能力，也没有自然的倾向自发地追求节制和德性——毕竟这在某种程度上违反了孩子追求权力的自然冲动。这一点再次凸显了前文那个问题的"吊诡性"：假如渴望统治或支配他人的权力欲，原本就属于人的自然本性或自然状态，那么如何把这种强大而危险的欲望转化为对他人自由的承认和尊重，同时获得他人对自己的承认和尊重？洛克给出的答案仍然是：用权力欲征服权力欲，用虚荣心化解虚荣心，用野心对抗野心。《教育漫话》中有一段话，颇能体现洛克的意图："我们从摇篮的时候起就是一些自夸自负的动物，不妨让他们的虚荣心在有益于他们的事情上面得到鼓励；应当利用他们的自负心理，使他们去做有益于发展其长处的事情。"[1] 这一点适用于政治社会，更适用于家庭教育。

那么家长究竟应该怎么做呢？洛克说："儿童的欲望反而有助于他们的德性。一旦你能借用这些方法，使他们为自己的错误行为感到羞耻（除此之外我不希望用其他的惩罚手段），使他们热爱自己的名誉并为此

[1]　洛克，《教育漫话》，第112页。

感到快乐，你就可以随意地管教他们，而他们也会热爱一切德性了。"[1] 毫无疑问，这是《教育漫话》的全部秘密所在：要想使孩子放弃过度的虚荣心和权力欲，那就必须唤起他的羞耻之心，用名誉（reputation）取代虚荣（vainglory）。名誉和虚荣看起来差别不大，实则差之千里：名誉要靠他人"承认"，虚荣则是自我确认或"自我中心"。如何把自我中心扭转为他人承认，就是教育的要旨所在。明白了这一点，就不难理解洛克这番谆谆教导的良苦用心："名誉虽然不是德性的真正原则和标准，但它最接近于德性的真正原则和标准；名誉是大家根据理智、对于有德性的良好行为的一种不约而同的证明和赞扬，因此在儿童长大之前，还不能用自己的理智去分辨是非的时候，最适合用来引导和鼓励儿童。"[2]

对洛克来说，家长权威既非如霍布斯所言只是用来使孩子对家长产生畏惧，亦非如费尔默所言只是用来培养和睦的亲情。洛克并没有否定这两种作用，他只是认为它们不足以涵盖家长权威的全部含义甚至主

[1] 洛克，《教育漫话》，第 40 页。
[2] 同上书，第 41 页。

要含义。家长权威的作用重在对孩子尊重和承认，尤其是对孩子自由和理性的承认。这种承认在逻辑上同政治社会中每个成人之间的相互承认并没有什么两样：尽管孩子缺乏理性自由能力，但他仍然希望被家长"承认"，希望得到家长的认可和表扬，并从家长那里获得"名誉"——他尤其希望获得的承认是：父母也把他"当作"一个有理性能力的自由人，尊重他的意志。说得更简单些，对孩子来说，父母承认并且尊重他的自由和理性，比他是否真的拥有自由和理性更为重要。自由的意义不在于是否真的自由，而是在于是否被"承认"为自由——这一点适用于孩子，焉知不能适用于政治社会中的自由人？

家长若想如此，则必须自己以身作则，逐渐弱化自己的权威，尊重孩子的自由和意志，为孩子树立"榜样"。在"榜样"的影响下，孩子逐渐学会克制自己的虚荣心和权力欲，懂得推己及人，富有同情和恻隐之心，尊重并热爱父母、兄弟姐妹以及其他亲朋好友，进而尊重所有的同胞，培养最基本的爱国之心。这种由家庭影响和教育出来的爱国之心和公民德性，最终成为维系政治社会的坚强凝聚力，使它不至于沦落为一个人人只求自私自利的"市民社会"。

八　公民与绅士

初看起来，洛克的《教育漫话》似乎仅仅是要培养政治社会所需要的普通公民。这个第一印象并非没有根据，因为《教育漫话》一开始就说明了洛克的用意。洛克承认，人在自然（心灵与身体）上确实存在着不平等，"有些人生来就有智慧的心灵和强健的体魄而不用别人多少帮助。凭借天赋的才气，他们自幼便能向着最美好的境界发展；凭着超人的体质，他们生来就能成就伟大的事业。"但是，洛克接着说，"这样的人本来就很少。我敢说，平常的人之所以有好有坏，之所以或有用或无用，十之八九都是教育造成的。人与人之所以千差万别，都是出于教育的不同。"[1] 洛克不是柏拉图，这一点从他对费尔默的反驳就可以证明。洛克更重视这"十之八九"的平常人，而不是"十之一二"的少数人，他的理想也

---

[1] 《教育漫话》，第3页。要说洛克是一个经验主义者，这段话倒是可以作为根据：人的自然差异并不重要，重要的是后天的经验和教育。在《教育漫话》的最后，洛克还这样说道："那时这位绅士的儿子年龄很小，我只把他看成是一张白纸或一块蜡，可以随着一个人的喜好描画或塑造成迷人的样式。"（《教育漫话》，第207页）这也就是《人类理解论》中所谓的"白板说"：人的心灵原本似一块"白板"，依靠感觉和反省等经验才获得观念和知识。

不是由这些少数"护卫者"（guardians）所统治的"家长制"等级城邦，而是一个自由平等的政治社会。

确立了教育的基本原则之后，洛克便着手阐述教育的目的和内容。人生在世的幸福是"健康的心灵寓于健康的身体"，教育的目的就是塑造身体和心灵的健康或德性。这一点不是洛克的发明，而是一个古老的西方教育传统，其源头就是洛克所反对的柏拉图。洛克反对柏拉图的理由是，教育不应该由政治来担当，否则必将导致家长制，而是应该由家庭来完成。但是除了这个根本分歧之外，洛克的教育目的和教育内容同柏拉图并无多大分别：《理想国》也同样认为，教育的目的是培养身体和灵魂的德性，所以就包含了身体教育（体育）和灵魂教育（音乐教育）两个内容。大体而言，洛克的《教育漫话》也包含了这些内容：首先陈述教育的作用，其次具体阐述教育的内容（身体教育和心灵教育，其中心灵教育又分为道德教育和才智教育），最后总结了教育的培养对象。所以整体上看，《教育漫话》（共217节）的结构大致如下：

第1节至第3节：教育的作用
第4节至第30节：身体教育

《教育漫话》的这种结构安排显然并非出于随意，而是体现了洛克的意图。首先，与身体教育相比，洛克显然更重视心灵教育，这从篇幅的安排上也可以体现。至于原因，洛克和柏拉图也并无什么分歧：身体在自然上就应该服从于心灵。其次，与才智教育相比，洛克更重视道德教育，原因也不难理解：一个人倘若才智平平但身体健康、道德良好，虽则很难成就伟大事业，但也能够获得幸福，并且成为政治社会中的良好公民；但倘若他才智极佳、身体健康但道德败坏，不但不可能获得幸福，反倒极有可能成为危害政治社会的"乱臣贼子"。这一点，洛克本人非常清楚："我并不否认，对于心灵健全的人来说，才学对于辅佐德性与明智都极有帮助，然而同时我们也得承认，对心灵不那么健全的人来说，才学只能使他们更加愚蠢，甚至更糟。……才学固然不可少，但应居于第二位，只能作为辅助更重要的品质之用。"[1]

---

[1] 《教育漫话》，第 143 页。

那么最后，究竟有没有人能够完成洛克教育的全部内容，实现洛克的教育理想——身体健康，德才兼备？洛克当然希望有这样的人存在，但他们人数肯定不会太多。他们最终成为洛克教育的理想目标：绅士(gentlemen)。塔科夫教授有一段话，非常全面且准确地总结了这种绅士典范：

> 他们既有健全的体魄，又勇敢，必要时也可执干戈。更重要的是，他们既有能力又愿意照料自己的产业，或许进一步从事贸易，而在公共事务上是有见闻又积极参与的。就这个目标而论，为了成为具有这种品性的人，他们认识自己国家的历史、法律、地理，也明白世事发生的年代次序和其他有关事情。他们都能书善读。在道德品格上，他们的性情既不奴顺也不专横，他们是品性独立和自力更生的自由人。不过这种自由倒也不曾免除了他们对别人意见的关注。相反，对别人的毁誉，即舆论口碑的力量，他们极为敏感。他们非常懂得如何借专心照料一己的私人财产来促进公益。同时，他们是对政府活动带有高度警觉性的旁观者。他们本身不会成为暴政之源，却意识到暴政的危险；在有需要时

似更可作人民信赖的代表人物。[1]

　　但是这样一来，我们对《教育漫话》的第一印象恐怕就要有所改变：洛克似乎并非如他本人最初所说仅仅关心"十之八九"的平常人，相反他也非常关心那些"十之一二"的少数人。在洛克看来，平常之人至多只能成为有道德感、遵纪守法并且尊重他人的良好公民；对他们来说，接受最必要的知识技能教育就足够了，至于更高的才学和能力，他们既不可能获得，也没有必要强求。但是这些少数人则非常不同，因为他们"不管作为一个私人，还是作为国家统治的参与者，都必定掌握了关于人的知识(the knowledge of men)"。[2] 他们身体强健、德才兼备，他们外可御敌、内可安邦。在洛克的心目中，似乎正是这样的绅士成为自由民主社会的真正守护神。

结　语

　　洛克的政治哲学与其说开创了一个自由主义的思想

〔1〕　塔科夫，《为了自由：洛克的教育思想》，第24页。
〔2〕　*The Works of John Locke*, Vol. III, p.299.

传统，不如说是顺应了一个无法颠转的民主和平等趋势。对于这一趋势，一百多年以后，法国的政治思想家托克维尔在《论美国的民主》中总结说：

> 一场伟大的民主革命正在我们中间进行，谁都看到了它，但看法却不尽相同。一些人认为，它是一种新现象，出于偶然，尚有望遏止；而另一些人断定，这是一场不可抗拒的革命，因为他们觉得这是历史上已知的最经常的、最古老和最持久的现象。[1]

对比托克维尔的这一看法，我们不难发现，洛克已经在相当程度上预见了自由民主社会在今天所面临的危机，他之所以格外强调家庭对于德性教育的作用，也是因为他试图给出某种补救性的方案。不过，就今天的社会政治处境来说，洛克的这一努力不能算是很成功。随着个人权利取代了德性成为现代政治的基本原则，家庭在现代社会的地位也逐渐削弱。正如托克维尔所说，"在

---

[1] 托克维尔，《论美国的民主》，董果良译，商务印书馆，1988年版，第4页。

我们这个时代，家庭的各个成员之间已经建立起新的关系，父子之间昔日存在的差距已经缩小，长辈的权威即使没有消失，至少也逐渐减弱。"[1] 家庭地位的削弱直接导致了它的德性教育功能的萎缩，因为任何德性教育都必须以某种不可质疑的自然权威为前提，但在现代社会之中，诸如父（母）子（女）、师生之类的自然权威都已经受到了根本动摇，甚至最终趋向于消失。

从现代自由主义的历史脉络来看，洛克关于家庭和德性教育的思考之所以不被后人重视，很大程度上是因为他的政治哲学之基础，亦即所谓的"自然状态"和"自然权利"，已经遭到了决定的挑战。这种挑战在卢梭、康德、黑格尔等后继者那里已经开始发生，而在十九世纪晚期直至二十世纪后半期则变成了彻底的否定。尤其是经过尼采、海德格尔及后现代主义的激烈批判之后，洛克的关于"人性"的教诲差不多已经被扫进了历史的坟墓。在这些激进的历史主义者看来，洛克关于自然状态或自然权利的各种说法，与其说是对人性的真实描述，不如说是一个毫无根据的神话——因为人根本就不存在某种所谓的自然或本性（nature），任何所谓的"人性"

---

〔1〕 托克维尔，《论美国的民主》，第 732 页。

都不过是一种历史的虚构。

尤其值得注意的是，持有这种看法的并非仅仅是自由主义的批判者，而且包括了相当一部分的自由主义政治哲学家，其中最有代表性的是罗尔斯。罗尔斯则在《政治自由主义》中明确地宣布，自由主义并不需要某种关于人性的形而上学假定或整全学说（comprehensive doctrine），而是一种来自公共理性之实践的"交叠共识"（overlapping consensus）；由此，他把自己的自由主义称为政治性的自由主义（political liberalism）。[1] 这样一来，他一方面比洛克更彻底地坚持了权利优先于德性或善的原则，另一方面也不再像洛克那样关心家庭和德性教育的问题。

从现代自由主义的基本原则来看，罗尔斯的看法当然有着非常充分的理由：在一个多元主义的现代社会中，我们的确不可能就"什么是人性、德性和善"这一类的问题达成普遍共识；既然这样，我们就只能退而求其次，通过一种自由民主的宪政制度来保护每个人追求自己的"德性"或"善"的权利。不过，我们似乎也可以

---

[1] 约翰·罗尔斯，《政治自由主义》，万俊人译，译林出版社，2000年版，第一章至第三章。

站在洛克的立场反问罗尔斯：假如我们根本就不知道人性（human nature）是什么甚至有没有人性，假如我们不依据某种关于人性的哲学前提确立最低限度的善或德性标准，那么我们如何能够判定一种"正义"的观念对人来说是不是"善"的？

因此，就今天的社会政治处境而言，洛克的政治哲学或许没有为我们提供一个现成的答案，但却促使我们不得不反复思考这样一个至关重要的问题：政治社会的起源和目的究竟是什么？

第五篇

从"萨瓦神父的信仰告白"看卢梭的道德哲学

引　言

1762 年 6 月，卢梭的《爱弥儿》（*Emile*）一书在巴黎刚刚出版不久，就遭到法国天主教会和世俗当局的全面批判和封杀。巴黎大主教贝尔蒙特（*Christophe de Beaumont*）不但著文痛批这篇无神论的"大毒草"，而且呼吁人们不要阅读该书。巴黎高等法院也发出了禁书令，并下令逮捕该书作者。在日内瓦共和国，这个卢梭心目中真正的祖国和自由的故乡，《爱弥儿》甚至被市政当局在广场上公开焚毁。可以说，正是由于《爱弥儿》的牵连，卢梭晚年才不得不长时间地处在流亡和隐居状态。[1] 那么，《爱弥儿》究竟是一部什么样的书？它为什么会给卢梭带来这样的厄运？

现代研究者大多倾向于将《爱弥儿》看成是一部现代教育学的奠基之作。单就主题而论，这种看法当然是不无道理，因为《爱弥儿》的副标题就是"论教育"（*On Education*）。不过若从形式上看，《爱弥儿》似乎不是一篇严格的教育学理论著作，而是更像一部颇具欧洲十八世纪文学风格的成长教育小说——在这部小说中，卢梭通篇不过是讲述一个名叫爱弥儿（Emile）的男孩在其导师让—雅克（Jean-Jacques）的教导下长大成人的故事。

倘若《爱弥儿》只是一部单纯的教育成长小说，那么它似乎不大可能招致如此激烈的反应。毕竟在十八世纪中期的法国，教会和保守势力的影响和控制力已经大不如前。问题在于，卢梭在《爱弥儿》的第四卷中间部分，突然插进了一段跟全书主题似乎不太相干的长篇大论，并且给它配上一个独立的标题，名曰"萨瓦神父的信仰告白"（*Profession of Faith of the Savoyard Vicar*，以下简称"告白"）。正是在这篇相对独立的文字中，卢梭

[1] Patrick Riley, "Introduction: Life and Works of Jean-Jacques Rousseau" (1712-1778), in *The Cambridge Companion to Rousseau*, edited by Patrick Riley, Cambridge University Press 2001, pp.5-6.

借一位虚构的萨瓦地方神父（*the Savoyard Vicar*）之口，猛烈地抨击以基督教为代表的一切启示宗教，其言辞之激烈的程度不亚于任何一位现代无神论者和启蒙哲学家。毫无疑问，这也正是卢梭遭到迫害和放逐的主要原因。

然而，卢梭本人从来都不承认自己是一位无神论者。尽管他时常被后人、甚至被他的同时代人划入现代启蒙运动（Enlightenment）的阵营，但终其一生，他都是启蒙运动和现代启蒙哲学的激烈批判者和反对者。他之所以与同时代的绝大多数启蒙哲学家决裂，很大程度上是因为他无法认同他们的无神论立场。[1] 况且，即使是在这同一篇"告白"中，卢梭一方面固然激烈地批判了启示宗教，但另一方面却也毫不含糊地表达了他对无神论的拒斥，并且坚定地捍卫宗教以及对上帝的信仰。

那么，卢梭在"告白"中为什么在激烈地批判和否定启示宗教的同时，却又坚定地捍卫宗教以及关于上帝的信仰？这段看起来相当突兀并且在主题上相对独立的文字，跟《爱弥儿》一书的主旨以及卢梭道德哲学的整体构思之间究竟是什么关系？这两个问题，即是本文的

---

[1] Victor Gourevitch, "The Religious Thought", in *The Cambridge Companion to Rousseau*, pp.191-219.

关注点所在。

接下来，本文将首先澄清"告白"与《爱弥儿》的整体语境之间的复杂关系，然后集中探讨其中有关"自然宗教"（natural religion）的具体内容以及卢梭关于宗教与道德问题的基本看法，最后试图以此为基础对卢梭道德哲学的整体构思给出一个简要的评价。

一 "萨瓦神父的信仰告白"与
《爱弥儿》

"告白"是《爱弥儿》中的一个章节,尽管是一个相对独立的章节。因此,在对它进行具体的文本分析之前,我们似乎有必要简要地分析一下《爱弥儿》一书的基本问题和整体语境。只有这样,我们才能更好地理解"告白"的构思。

1.《爱弥儿》的基本问题

《爱弥儿》虽然在形式上只是一篇教育成长小说,但是,这并不妨碍它在卢梭心目中的重要地位。事实上,卢梭本人不止一次地强调,《爱弥儿》是他所写过的"最重要、最优秀的作品"。[1] 相比之下，那部在公共领域知名度似乎更大的《社会契约论》，在卢梭最初的写作计划中不过是充当《爱弥儿》的一个附录。[2] 就此而论，《爱弥儿》当然不是一篇单纯的教育小说，而是一部探究人之自然本性（human nature）的哲学著作。在一封给友人的信中，卢梭这样说道：

> 这（即《爱弥儿》）是一本相当哲学化的著作，它所讨论的正是本人在其他著作中所提出的原则：人在自然上是善的（*man is naturally good*）。为了协调这一原则和另一同样确定的真理，即人是恶的，我们有必要指出一切恶在人心（human heart）之历

---

[1] 在《忏悔录》中，卢梭还为《爱弥儿》在出版后被公众所忽视感到愤愤不平："这本书的出版没有像我其他所有作品那样，引起热烈的喝彩声。从未有过什么作品获得如此多的私下赞美而又未见有公开颂扬。最有能力评论它的那些人对我说的和写信跟我谈的，都证实那是我的作品中的最上乘之作，也是最重要的作品。但是，他们说的时候都是那么谨小慎微，真是十分踌躇，仿佛有必要将人们对该书所认为的长处严加保密似的。"参见：卢梭，《忏悔录》（第二部），范希衡译，徐继曾校，商务印书馆，1986 年版，第 708 页。

[2] 埃斯利，"卢梭的苏格拉底式爱弥儿神话"，罗朗译；引自《卢梭的苏格拉底主义》（《经典与解释》第 6 辑），刘小枫、陈少明主编，华夏出版社，2005 年版，第 45 页。

史中的起源。[1]

卢梭这段话在为《爱弥儿》的"哲学性"辩护的同时，也相当简洁地点出了这部著作所关注的基本问题——自然状态与文明社会的根本对立。当然，这个对立并非仅仅局限于《爱弥儿》一书，而且贯穿了卢梭的几乎所有著作。正如他在《爱弥儿》正文开篇所说，"出自自然之手的东西，都是好的，而一到了人的手里，就全变坏了"；[2] 相应地，在《论科学与艺术》中，卢梭揭示了以科学和艺术为代表的现代文明同古典良好风尚（mores）之间的对立；在《论人类不平等的起源和基础》中，卢梭描述了从原始、自足的自然状态到私有制和文明社会的败坏和堕落；而在《社会契约论》中，卢梭发出了"人是生而自由的，但却无往不在枷锁之

---

[1] Rousseau, "Letter to Philibert Cramer" (13, October 1764). 转引自：Roger D. Masters, *The Political Philosophy of Rousseau*, Princeton, New Jersey: Princeton University Press, 1968, p.75。

[2] 卢梭：《爱弥儿》，李平沤译，商务印书馆，1978年版，第5页。本文关于《爱弥儿》的中译文主要参考李平沤的译本，个别地方参照布鲁姆的英译本稍有修改。英译参见：Jean-Jacques Rousseau, *Emile, or On Education*, introduction, translation and notes by Allan Bloom, Basic Books, Inc. Publishers, New York 1979。

中"的感慨。[1]

但是，倘若只是强调自然状态与文明社会之间的对立，那么《爱弥儿》的重要性当然也就无从体现。《爱弥儿》的独特之处在于，它不只是简单地描述爱弥儿这个虚拟主人公的教育和成长过程，而是在这种描述中寄托了卢梭对人之自然本性（human nature）或自然状态（state of nature）的深刻洞察。就这一点而论，《爱弥儿》一方面延续了卢梭在《论科学与艺术》、《论人类不平等的起源和基础》及《社会契约论》等著作中的思考，另一方面也是对它们的高度整合和超越。为此，我们不妨简要地概述一下《爱弥儿》同《论科学和艺术》、《论人类不平等的起源和基础》、《社会契约论》等相关著作在主题思想上的内在联系。

在《论科学与艺术》中，卢梭的出发点是古代与现代的对立：古代象征着德性良善、风尚纯朴的城邦（如斯巴达和古罗马共和国），现代则意味着奢侈、贪欲、私利和败坏，意味着以科学与艺术为代表的现代文明对古代良好德性与风尚的摧毁。在这两者之间，卢梭旗帜鲜

―――――――――

[1] 卢梭，《社会契约论》，何兆武译，商务印书馆，1980年修订第2版，第4页。

明地站在古代的立场反对现代。在《论人类不平等的起源和基础》中，古代与现代的对立被还原为自然状态与文明社会的对立：自然状态中的"自然人"（natural man）其实是淳朴无知的"原始人"（primitive man），他们没有理性、语言、科学、艺术、国家、法律、道德和宗教等一切与文明有关的东西，因此能够保持自由和自足的状态。但是，由于某种不可知的意外原因，人类被迫走出自然状态、踏上堕落的文明之路，并且注定永远不可能重返自然状态。在《社会契约论》中，卢梭试图通过政治的方式，即由社会契约所形成的"公意"（general will），消除自然与文明以及个人与社会之间的分裂，使人在更高层次上复归自然状态的自由、和谐与统一。

在《爱弥儿》之中，所有这些主题都不仅得到充分展现，而且被整合进有关爱弥儿的教育方法和原则之中。首先，与《论科学与艺术》类似，《爱弥儿》也极力赞美古代生活方式与德性教育的伟大，并且以此反衬现代社会和现代教育的病态与败坏。不同的是，《爱弥儿》明确地认为在现代社会的前提下返回古代世界已经变得不可能。其次，与《论人类不平等的起源和基础》类似，《爱弥儿》也描述了一个有关"自然人"的历史，只不过它所说的"自然人"既不是作为"人类"（human species）的人，也不是前文明的"原始人"，而是生活在文明社会中的自然人。[1] 最后，与《社会契约论》类似，《爱弥儿》的目标也是克服文明社会给人造成的分裂和败坏，但它给出的方案不是通过政治手段把人改造为政治社会中的公民（citizen），而是通过"自然教育"（natural education）的方式把他培养成那种既能够完整自足（autonomy）、又可以融入社会的真正自由人。[2]

《爱弥儿》并不是泛泛和抽象地讨论人的自然本性和相应的教育方法，而是有着非常明确和具体的问题语境。在《爱弥儿》的"序"中，卢梭指出，"我们这个时代的文学和科学，倾向于破坏的成分多，倾向于建设的成分少。"[3] 这也呼应着他在《论科学与艺术》、《论人类不平等的起源和基础》和《社会契约论》中对现代文明社

---

[1] 卢梭说，"生活在自然环境中的自然人和生活在社会环境中的自然人是大有区别的。爱弥儿并不是一个奔逐荒野的原始人，他是一个要在城市中居住的原始人。"参见：《爱弥儿》，第279页。

[2] 正如巴里（Geraint Parry）所说，"卢梭在《爱弥尔》中的目的就是表明，一个男孩如何在一个公民社会之中成长为一个男人。或者更准确地说，一个男孩如何尽管在公民社会中却仍然成长为一个男人。"参见：Geraint Parry, "Emile: Learning to Be Men, Women, and Citizens", in *The Cambridge Companion to Rousseau*, p.250。

[3] 卢梭，《爱弥儿》，第2页。

会的总体观察和思考。卢梭自始至终都以为，与现代理性主义启蒙哲学家的美好想象相反，以科学和艺术为代表的现代文明非但没有给人带来自由和幸福，反而将人推向奢侈、贪欲、阴谋、战争、不平等和争权夺利等堕落和败坏的苦海深渊。具体到道德层面，现代理性主义启蒙哲学一方面激烈地批判和否定传统宗教以及依附其上的传统道德，即基督教和古典自然法学说，另一方面试图建立一种新的、以个体自然权利为基础的现代自然法学说。但卢梭所看到的恰恰是，这种基于个人利益的现代自然法学说或道德哲学不仅不能为人提供一种真正的道德规范，甚至大大地加剧了个人与社会、个人利益与公共利益之间的冲突。

简言之，卢梭在《爱弥儿》中的最终努力，就是要在现代启蒙和现代文明的废墟上重建人的道德准则，消除人在自然与文明、自然人与公民、个体与社会、喜好与义务、身体与灵魂等方面的多重分裂，恢复人自身的统一性和完整性，并且最终把人塑造成为真正"从心所欲不逾矩"的道德主体或理性"自由人"。就这一点而论，《爱弥儿》的确堪称是卢梭道德哲学的集大成。

问题是，"告白"与卢梭的这一基本关怀究竟有什么相关性？为了回答这一问题，我们有必要进一步澄清

《爱弥儿》的整体结构以及"告白"在其中的位置。

2.《爱弥儿》的整体结构

抛开"序言"和"附录"不谈,《爱弥儿》的正文共分五卷,每一卷都对应着主人公爱弥儿相应的年龄阶段:第一卷是婴儿期(2岁前),第二卷是孩童期(2—12/13岁),第三卷是前青春期(12—15岁),第四卷是青春期(15—20岁),第五卷是成年期(20—23岁)。针对每一个年龄阶段,卢梭都指出了与之相应的自然禀赋、能力、倾向和教育方法。在婴儿时期,爱弥儿只有基本的身体需要和感觉;在孩童时期,他开始拥有包括感觉、记忆和初步理性判断等在内的基础知识能力;在前青春期,他的求知欲和理智能力开始大大地发展;在青春期,爱弥儿开始进入社会,因此需要通过同情和友爱对他进行道德教育;在成年期,爱弥儿通过与索菲(Sophie)的爱与婚姻成长为一个有道德、负责任的好男人和好丈夫,并且通过参与和了解政治生活成为一个政治社会的好公民。

联系到卢梭的基本关怀,我们可以将《爱弥儿》的五卷正文进一步概括为两个主题:前三卷描述的是爱弥儿在进入社会之前的"自然状态",后两卷描述的是他的"社会状态"。在"自然状态"中，爱弥儿虽然拥有各种各样的知识和能力，但这些知识和能力并未超出自己的自然需要。他只有自爱（*amour de soi*），却没有社会性的攀比、竞争、虚荣之心，或者用卢梭的话说，没有自私之爱（*amour propre*）。他只关注自己，并不关注他人，即是说，他是完全自足（self-sufficient）的"自然人"。但在"社会状态"中，爱弥儿必然生活在一定的社会关系中。因此，他一方面必须同他人保持社会交往，另一方面又需要保持自足和独立，不被社会舆论和偏见所左右或败坏。[1]

《爱弥儿》的结构安排无疑表明，对于爱弥儿的成长和教育来说，最大的危险或挑战莫过于，他如何能够成功地从"自然状态"过渡到"社会状态"，或者说，他如何从一个自然人转变成为一个社会人。一方面，他必须尽可能地避免使"自然状态"中的"自爱"受到扭曲，

---

[1] 布鲁姆对此有很好的阐释："一至三卷集中探讨如何培养有教养的原始人，他只关心自己，独立自足，没有违背其意愿因而使他分裂的义务被强加给他，他的技艺和科学知识没有使其卷入公共舆论和劳动分工的系统。四到五卷则尝试凭借他的爱好和慷慨将这个单子式的个体引入人类社会并使其承担道德责任。"参见："爱弥儿"，引自《巨人与侏儒：布鲁姆文集》，张辉编，秦露、林国荣、严蓓雯等译，华夏出版社，2003 年版，第 229 页。

防止它堕落成为一种自我中心主义的"自私之爱";另一方面,他更应该通过同情、友谊、爱、婚姻、家庭、社交和政治活动等,将这种自然性的自足和"自爱"转化成为一种理性和道德意义上的自由或自律(autonomy),同时也相应地把自己从一位孤独的"自然人"变成一个文明社会的理性和道德主体、一个真正的"自由人"。考虑到《爱弥儿》的第四卷所讨论的正是爱弥儿在进入"社会状态"之后所必需的"道德教育",我们有理由将这一卷视作全书的转折点。

3. "告白"在《爱弥儿》中的位置

如前所说,"告白"出现在《爱弥儿》第四卷中间。它将整个第四卷(青春期)划分成前后两个部分:前一部分探讨的是性成熟之前的道德教育(同情),后一部分探讨的是性成熟时期的道德教育(友谊与爱)。而讨论宗教信仰问题的"告白",则刚好出现在这两个部分的中间。因此,如果说第四卷是全书的关键转折点,那么"告白"则可以被看成是第四卷的转折。

卢梭的这一安排当然既不是突发奇想,也不是简单地出于写作风格的需要,而是隐含了他的两个重要结论：其一是，道德和道德教育本身包含了某种"悖谬性"；其二是，宗教是道德教育之不可分割的重要内容。这两点是密切相关的。我们先从前一点谈起。从卢梭的哲学前提来看，既然人在自然上就是善的，那么他在自然状态中就根本无所谓道德不道德。对于前文明的自然人或原始人来说，不存在善恶道德之类的问题。这也正如卢梭在《论人类不平等的起源和基础》所说，"最初，好像在自然状态中的人类，彼此间没有任何道德上的关系，也没有人所公认的义务，所以他们既不可能是善的也不可能是恶的，既无所谓邪恶也无所谓美德。"[1]

但是在《爱弥儿》中，卢梭所讨论的是"文明社会中的自然人"。也就是说，这个"自然人"并不是永远停留在孤独、原始和野蛮的自然状态，而是终有一天要进入社会。只要涉及社会，就一定会出现自我和他人的比较或攀比（comparison）。而一旦有了攀比之心，那就很容易产生自我中心主义式的"自私之爱"。[2]正因为如此，他才需要道德和道德教育。反过来说，道德或道德教育恰恰表明，人已经离开了素朴、自足和无知的自

---

〔1〕 卢梭：《论人类不平等的起源和基础》，李常山译，东林校，商务印书馆，1997年版，第97页。

〔2〕 卢梭，《爱弥儿》，第341页。

然状态，并且有走向恶的可能性。借用《圣经·创世记》中的伊甸园故事来说，相对于对善恶全然蒙昧无知的自然状态而言，人知晓善恶之分就已经是恶和堕落的开始。

因此之故，爱弥儿的道德教育本身就包含了这样一个"悖谬"：道德的来源和基础恰恰是不道德或恶，即卢梭所批判的"自私之爱"。换言之，人必须首先否定其素朴、天真和自足的自然状态，经历某种程度的"自私之爱"或恶，才能最终成为一个真正理性、自由和自律的道德人。在这个意义上说，人对自身之自然本性的背离，似乎正是他得以实现或回归自然本性的必要前提；或者说，人必须经历深刻的自我否定才能实现更高层次的自我肯定。

但这样一来，卢梭就必然面临一个奥古斯丁式的"神义论"（theodicy）问题：既然自然本身是善的，那么恶又是从何而来？对于这个问题，卢梭在"告白"中借萨瓦神父之口给出了一个同样奥古斯丁式的答案：自然本身是善的，恶是人自己的选择；但是恶本身并不构成对自然之善的否定，相反却是自然之善的必要补充；所以，除非我们相信自然本身隐含了某种神圣的目的、意图或计划，否则我们将无法最终协调个体与社会、自然与道德或欲望和义务等之间的根本冲突。一言以蔽之，道德和道德教育必然导向对某种终极存在或上帝的宗教信仰。

不过，卢梭所说的宗教并不是以基督教为代表的启示宗教（revealed religion），而是一种"自然宗教"（natural religion）。按照他在"告白"中的界定，"自然宗教"一方面区别于启示宗教，因为它既没有也不需要任何人格神、宗教仪式和社会组织形式；另一方面也不同于《社会契约论》中所说的公民宗教（civil religion），因为自然宗教不属于任何特定的政治社会，而是单纯发乎自然个体的内心情感（inner sentiment）。

为了更好地理解"自然宗教"对道德教育的重要性，我们有必要深入"告白"的文本世界，去看看卢梭笔下的萨瓦神父是如何论述自然宗教。

二 自然宗教

1. "告白"的针对性

　　作为一篇相对独立的文本，"告白"的结构同《论科学与艺术》和《论人类不平等的起源和基础》非常相似，也可以划分为"序言"、"引论"和"正文"。其中，"序言"和"引论"分别讲述了卢梭本人和萨瓦神父年轻时期的各自经历。"正文"则分为两个部分：第一部分是萨瓦神父对"自然宗教"的阐述，第二部分则是他对"启示宗教"的批判。[1]

　　"序言"中的卢梭在青年时期受到了现代启蒙哲学的

---

〔1〕　Roger D. Masters, *The Political Philosophy of Rousseau*, p.57.

宗教批判思潮的影响，并因此开始从思想上怀疑传统宗教的教义。在此之后，他又亲身体会了宗教（不管是天主教还是新教）和社会的黑暗。这些不幸的经历导致他的心灵变得极度扭曲和愤世嫉俗，以至于他开始怀疑甚至否定一切宗教和道德的合理性。但非常幸运的是，他在萨瓦那个小镇遇到了一位高尚的神父，并且在他的教诲下恢复了对真正的宗教和道德的信仰。在"引论"中，萨瓦神父对年轻的卢梭讲述了自己年轻时期的一段经历，而这段经历同卢梭本人年轻时期的经历有颇多相似之处。譬如说，萨瓦神父年轻时也犯过错误，并且因此一度对自己的宗教信仰产生了动摇。更麻烦的是，他原本想通过阅读包括笛卡儿在内的现代启蒙哲学家的著作消除自己内心的怀疑与困惑，但却一无所获。但与年轻时期的卢梭不同的是，萨瓦神父最终竟然依靠自己的"内心情感"建立了一套全新的宗教和道德学说。这就是"告白"正文中所说的"自然宗教"。

卢梭本人和萨瓦神父的相似经历似乎暗示，"告白"的"序言"和"引论"并不是无关紧要的文学点缀，而是深刻地揭示了卢梭在《爱弥儿》一书中所面临的道德困境。现代理性主义启蒙哲学在摧毁了传统宗教和道德之后，非但没有给人带来它所承诺的自由、真理和幸福，反而把人推向道德相对主义、怀疑主义、甚至虚无主义的深渊。在"告白"中，萨瓦神父以一种帕斯卡（Pascal）式的口吻描述了现代人内心的紧张、不安和焦虑：[1]

> 我在心中默默地沉思人类悲惨的命运，我看见它们漂浮在人的偏见的海洋上，没有舵，没有罗盘，随他们的暴风似的欲念东吹西打，而它们唯一的领航人又缺乏经验，既不识航线，甚至从什么地方来到什么地方去也不知道。我对自己说："我爱真理，我追求它，可是我找不到它，请给我指出它在哪里，我要紧紧地跟随它，它为什么要躲躲闪闪地不让一个崇敬它的急切的心看见它呢？"

然而，萨瓦神父非但没有被这种怀疑主义完全压倒，反而通过这种怀疑找到了一个通向真理和确定性的起点或原则。他对这个原则的解释是："要把我探讨的对象限制在同我有直接关系的东西，而对其他的一切则应当不闻不问，除了必须知道的事物以外，即使对有些事物有

---

〔1〕 卢梭，《爱弥儿》，第 379 页。

所怀疑，也用不着操我的心。"[1] 单从形式上看，萨瓦神父的这一做法非常类似于笛卡儿，因为后者也是从彻底的怀疑中推导出真理和确定性。但这两者的方向似乎完全相反：笛卡儿通过怀疑建立了一套以"自我意识"或"主体性"为核心的现代理性主义形而上学体系，而萨瓦神父（或卢梭）通过怀疑所确立的却是"自然宗教"的三个基本信条（articles）——意志的自发性、上帝的设计和人的自由意志。

2. "自然宗教"的三个"信条"

从"告白"的问题语境来看，"自然宗教"的三个信条都是针对现代理性主义启蒙哲学。具体地说，自然宗教一方面针对的是以拉美特利（La Mettrie）等为代表的机械唯物主义（mechanic materialism），另一方面针对的是以狄德罗为代表的偶然决定论（determination by chance）的唯物主义。在拉美特利看来，人就如同机器一般，完全受机械因果的必然性法则支配；[2] 在狄德罗看来，人的行为和世界本身一样都是受偶然（contingency）、机缘

---

〔1〕 卢梭，《爱弥儿》，第381页。
〔2〕 拉美特利的名言即是："人是机器"。

(chance）或意外（accident）决定。这两者看似截然对立，但在萨瓦神父（抑或是卢梭本人）看来，他们的实质精神完全一致，都仅仅把人看成是物质世界的一个部分，忽视了灵魂的存在与特质。为了更好地理解萨瓦神父同他们之间的分歧，我们不妨看看他对这三个信条的具体阐述。

2.1. 意志的自发性

萨瓦神父的第一个信条源于他对自身和外物的观察。首先，"我存在着，我有感官，我通过我的感官而有所感受。"萨瓦神父认为，这是他"不能不接受的第一个真理"[1]。人通过感觉感知自己的存在，但既然一切感觉都来源于外物对身体感官的刺激，那么他便由此进一步感知外物的存在。不过，他并非只是简单和被动地接受外物的刺激。相反，除了感觉之外，他还有对感觉进行比较和判断的能力。如果说感觉意味着人的被动性（passivity），那么判断则体现了人的主动性（activity）。正因为如此，人"不只是一个消极被动的有感觉的生物，而是一个主动的有智慧的生物"[2]。

---

〔1〕 卢梭，《爱弥儿》，第 383 页。
〔2〕 同上书，第 386 页。

人的主动性表现为他可以支配自己的身体，譬如说，他想要使他的胳膊运动就可以使它运动。这一事实充分表明，人并不是机械地服从物质因果世界，而且还有一种自发性的意志（spontaneous will）。以此为基础，萨瓦神父进一步区分了两种运动，即"因他物的影响而发生的运动"（communicated motion）和"自发的或有意志的运动"（spontaneous or voluntary motion）。[1] 前一种运动的原因不在事物自身中，而是在其他事物中，后一种运动的原因则是事物自身。在他看来，任何物质或物体仅凭自身是不能运动的；假如没有外力或外物作用于它，那么它自身将永远停留在静止状态。"如果在人的活动中没有任何自发性，如果世界上发生的事情也通通没有任何自发性，那么，我们就更难想象出它们的种种运动的第一个原因。"[2] 但是，不仅我自己能够运动，而且我所看到的大千世界也是生生不息地运动和变化。既然这些运动和变化的动因不是物质本身，那么一定存在着某种非物质的意志。由此，萨瓦神父得出了他的第一个原理或信条："有一个意志在使宇宙运动，使自然具有生

---

〔1〕 卢梭，《爱弥儿》，第389页。
〔2〕 同上书，第388页。

命。"[1]

　　萨瓦神父对两种运动的区分以及对自发性意志的强调，一方面固然能够反驳拉美特利的机械唯物主义，但另一方面却也很可能导致这样的结果：既然事物的运动是由自发性的意志所引起的，那么自然或宇宙作为万物的整体很有可能是被偶然决定（determined by chance），不存在任何秩序、法则与和谐。萨瓦神父当然不同意这种看法。他认为，意志虽然是出于自发性，但却不是完全任意的，而是包含了一种理智的秩序、设计和目的。这就涉及了萨瓦神父的第二个信条——上帝的设计。

2.2. 上帝的设计

　　萨瓦神父这样论述从第一个信条到第二个信条的过渡："如果运动着的物质给我表明存在着一种意志，那么，按一定法则而运动的物质就表明存在着一种智慧，这是我的第二个信条。"[2] 从形式上看，这个信条几乎是传统神学中关于上帝存在的设计论证明（argument from design）的翻版。但在萨瓦神父看来，上帝的设计、

---

[1] 卢梭，《爱弥儿》，第 389 页。

[2] 同上书，第 391 页。

意志或计划等既不能、也没有必要用理性来加以证明。他非常坦率地承认，他对世界的起源和终极目的等神学和形而上学问题的答案一无所知。不过，这并不妨碍他对万物秩序的肯定和赞美。这就好比一个人在第一次看见手表时，虽然不明白手表的构造原理和用途，但是，哪怕他只是看一眼手表的表面，也会情不自禁地赞美手表的精美构造和钟表匠的高超技艺。借助这一类比，萨瓦神父推断出上帝作为一位宇宙秩序设计者的存在：

> 尽管我不知道这个世界的目的，我也能判断它的秩序，因为我只须在各部分之间加以比较，研究一下它们的配合和关系，看一看它们怎样协同动作，我就能判断其秩序了。我不知道这个宇宙为什么会存在，但是我时时在观察它怎样变迁，我不断地注意它所有的紧密的联系，因为，正是通过这种联系，组成宇宙的各个实体才能互相帮助。[1]

萨瓦神父的这一看法同时也暗含了卢梭对狄德罗的批评。狄德罗也不同意以拉美特利等机械唯物主义者为

---

[1] 卢梭，《爱弥儿》，第 392 页。

代表的机械因果决定论（determinism），但与卢梭不同的是，他并不因此认为宇宙包含了某种内在的和谐和秩序，更不承认有一位作为秩序设计者的上帝存在。在他看来，宇宙无非是物质微粒或原子之间随意相互作用的结果，一切秩序都来自于原子运动的"偶然决定"。[1]

卢梭早年曾受到狄德罗"偶然决定"说的相当大影响。譬如说，在《论语言的起源》和《论人类不平等的起源和基础》中，卢梭认为，人类从自然状态到文明社会的决定性转折是"自然之意外事件"（accidents of nature）的结果，这些"意外事件"包括如火山、洪水和地震等自然环境的突然变化。但自 1756 年起，卢梭的思想发生了很大的改变。[2] 他开始相信，不管是在自然世界、还是在人类历史之中都隐含着某种神意（providence）、秩序、目的或"上帝的设计"（Design of

[1] 《狄德罗哲学选集》，江天骥、陈修斋、王太庆译，商务印书馆，1983 年第 1 版，第 11 页。

[2] 卢梭研究者多倾向于认为，卢梭思想的变化同他与伏尔泰的论战有很大的关系。1755 年，葡萄牙里斯本发生了一场极端罕见的大地震，导致无数人死亡。伏尔泰为此写了一篇名为《里斯本的灾难》的诗歌，讽刺德国哲学家莱布尼茨的"神意"或"预定和谐"学说。卢梭不同意伏尔泰对"神意"的否定，为此他与伏尔泰在信中有过很多次争论。参见：Mark Hulliung, "Rousseau, Voltaire, and the Revenge of Pascal", in *The Cambridge Companion to Rousseau*, pp.57-75。

God）。就此而论，萨瓦神父的看法实际上是卢梭本人多年思考的总结。

萨瓦神父认为，"神意"或"上帝的设计"既不能、也没有必要诉诸理性的证明，因为它直接来源于我们的"内心情感"（inner sentiment）。在一段显然以狄德罗为假想论敌的言辞中，萨瓦神父坚信，"内心情感的声音"不仅是对"上帝的设计"的最好证明，而且是对"偶然决定"说的充分反驳。[1] 这就是他对上帝以及"上帝设计"的理解：

> 不管物质是无始无终的还是创造的，不管它的本原是不是消极的或是根本没有本原，总之整体是一个，而且表现了一种独特的智慧，因为我发现这个系统中的东西没有一个不是经过安排的，不是为

---

[1] 萨瓦神父说："让我们把各种各样特殊的目的、方法和关系拿来比较一下，然后再倾听内在的情感的声音，哪一个健全的心灵会拒绝它的证据呢？没有先入之见的眼睛难道还看不出显然存在的宇宙的秩序表达了至高的智慧？任你怎样诡辩，也不能使人们看不出万物的和谐，也不能使人看不出每一个部分为了保存其他部分而进行的紧密配合！你爱怎样给我讲化合和偶然，就随你怎样讲，但是，如果你不能使我信服，即使把我说得哑口无言，又有什么用呢？我的自发的情感始终要驳斥你，这是我控制不住的，你能消除我这种情感吗？"参见：卢梭，《爱弥儿》，第392页。

了达到共同的目的：在既定的秩序中保存这个整体。这个有思想和能力的存在，这个能自行活动的存在，这个推动宇宙和安排万物的存在，不管它是谁，我都称它为"上帝"。我在这个辞中归纳了我所有的"智慧"、"能力"和"意志"这些观念，此外还使它具有"仁慈"这个观念，因为这个观念是前面几种观念的必然的结果。[1]

但正如前文所说，任何目的论或设计论证明都无法回避一个奥古斯丁式的"神义论"问题：既然这个世界是一个由上帝设计或安排的和谐、有序的整体，那么其中的恶、混乱和无序又是从何而来。进而言之，这种恶、混乱和无序是否构成对"上帝的设计"或"神意"的否定？萨瓦神父当然不例外。他的第三个信条，即"自由意志"说，就是对这一"神义论"问题的回答。

2.3. 人的自由意志

在提出第三个信条之前，萨瓦神父首先讨论了人的自然本性以及人在上帝所安排的宇宙秩序中所处的

---

〔1〕 卢梭，《爱弥儿》，第394—395页。

地位。由于人有着其他存在物无法比拟的能力和智慧，他在宇宙的秩序中"无可争辩地占据第一性的位置"（incontestably in the first rank）。[1] 用萨瓦神父的话说，"人的确是他所居住的地球上的主宰；因为，他不仅能驯服一切动物，不仅能通过他的勤劳而布置适合于生存的境界，而且在地球上只有他才知道怎样布置这种境界，只有他才能够通过思索而占有他不能达到的星球。"不只如此，他的能力还体现在"能观察和认识一切生物和它们的关系，能意识什么叫秩序、美和道德，能思索这个宇宙和摸着那统治这个宇宙的手，能喜爱善良和做善良的行为。"[2] 就这一点来说，人的确堪称是"宇宙之精华、万物之灵长"。

人的这种能力和他在宇宙秩序中所占据的地位，本来应该足以使他"对人类的创造者产生了一种感恩和祝福之情"，并且"对慈悲的上帝怀着最崇高的敬意"。但是，事实却刚好相反。只要我们观察现实的人类社会，我们所看到的恰恰不是和谐、秩序和公正，而是混乱、冲突和无序。自然世界的和谐与人类世界的混乱形成了

---

〔1〕 卢梭，《爱弥儿》，第 395 页。
〔2〕 同上书，第 396 页。

巨大的反差。对于这一事实，萨瓦神父禁不住发出这样的感叹：

> 不过，当我以后为了认识我个人在人类中的地位，而研究人类的各种等级和占居那些等级的人的时候，我怎么又迷惑起来了呢？多么奇怪的景象，我以前见到的秩序在哪里？我发现，大自然是那样的和谐，那样的匀称，而人类则是那样的混乱，那样的没有秩序！万物是这样的彼此配合、步调一致，而人类则纷纷扰扰、无有宁时！所有的动物都很快乐，只有它们的君王才是那样的悲惨！啊，智慧呀，你的规律在哪里？啊，上帝呀，你就是这样治理世界的吗？慈爱的神，你的能力用到什么地方去了？我发现这个地球上充满了罪恶。[1]

问题在于，这些混乱、无序和恶究竟从何而来？它们是不是上帝有意为之，是不是属于"上帝设计"的一部分？正如"告白"的"序言"和"引论"所说，这些疑问不仅导致青年卢梭陷入信仰和道德怀疑主义，而且

---

[1] 卢梭，《爱弥儿》，第 397 页。

一度深深地困扰了萨瓦神父。但是，他最终认为，人类世界的恶并不能归咎于上帝，而是由于人滥用了上帝给予自己的能力。那么，人为什么会滥用自己的能力？萨瓦神父将原因进一步追溯到人的自然本性：

> 当我思索人的天性的时候，我认为我在人的天性中发现了两个截然不同的原则（principle），其中一个原则促使人去研究永恒的真理，去爱正义和美德，进入智者怡然沉思的知识的领域；而另一个原则则使人故步自封，受自己的感官的奴役，受激情（passion）的奴役；而激情是感官的指使者，正是由于它们才妨碍着他接受第一个原则对他的种种启示。[1]

人的自然本性中之所以有两个相对的原则，是因为它本身就是由肉体和灵魂组成。就肉体而言，人的确如现代唯物主义启蒙哲学家所说为外在的因果必然性支配，受到感官和激情的奴役。但是就灵魂而言，人却是自由的。对于感官和激情，他"可以赞同也可以反对"，"可

---

[1] 卢梭，《爱弥儿》，第397页。

以屈服也可以战胜"。[1] 至于人究竟用哪一种原则来指导自己的行为，这恰恰是由人自己决定的。

然而，尽管人时刻都有意志的能力，但却未必时刻都有贯彻意志的能力。当他沉湎于外在诱惑时，他的行为实际上是受第一个原则（即感官欲念或激情）支配。而他对自己的这一弱点表示后悔的时候，他所服从的恰恰是他自己的意志。依萨瓦神父之见，人之所以成为欲望的奴隶，是由于人自己的恶使然；而人之所以自由，则是由于良知的忏悔。只有在他自甘堕落、最后阻碍了灵魂的声音战胜肉体的本能倾向的时候，这种自由的感觉才会消失。由此，萨瓦神父得出了关于自然宗教的第三个信条："人在他的行动中是自由的，而且在自由行动中受到某种非物质的实体所激发。"[2]

行文至此，我们已经对萨瓦神父关于自然宗教的三个信条作了一个简要的概述。综合起来看，这三个信条非常清楚地体现了他的反唯物主义世界观：这个世界并不是一个纯粹的物质世界——既不像拉美特利等启蒙哲学家所说的那样受机械因果的必然性严格决定，也不是

---

[1]　卢梭，《爱弥儿》，第400页。
[2]　同上书，第401页。

像狄德罗所说的那样由原子运动的偶然机缘决定——相反，在物质世界之外，仍然存在着促使万物运动的自发性意志（灵魂），存在着由上帝设计和安排的和谐秩序，存在着人的自由意志。

那么，萨瓦神父的自然宗教同他的道德关怀之间究竟是什么关系？他的三个信条隐含着什么样的道德意义？这就是我们接下来要讨论的问题。

三　自然宗教与道德哲学

1.　良知与道德

在"告白"中，萨瓦神父坦白地承认自己既不是、也不想成为一位哲学家，更无意创立一套复杂的形而上学体系。他多次声明自己对世界本原之类的终极神学或形而上学问题既一无所知，也不感兴趣。在他心目中，人的道德规范从何而来以及它的基础是什么才是最重要的问题。

对于绝大多数道德哲学家来说，道德往往意味着一个人能够摆脱狭隘的自私自利之心，关心他人的痛苦和命运。问题在于，一个人为什么要关心他人？大体而言，在卢梭之前，传统自然法和现代自然法学说对于这

344

一问题分别给予不同的答案。以基督教经院哲学为代表的传统自然法学说认为，人在自然上不仅是"理性的动物"（rational animal），而且是"社会的动物"（social animal），因此他在自然上就倾向于关心他人。相比之下，现代自然法学说则只承认人在自然上是"理性的动物"，并不承认"社会的动物"这一规定性。在霍布斯和洛克等现代自然法的代表人物看来，人在自然上就是只关心自己的个人权利或利益，而他对他人的关爱不过是出于对其自身利益的理性计算。

卢梭既不同意传统自然法学说的解释，也不认可现代自然法学说的主张。就前者而论，卢梭和现代自然法论者一样认为，人在自然状态中只关心自己的存在；但就后者而论，他也不能接受那种将道德还原为对自身利益之理性计算的看法。在他看来，真正的道德并非出于理性的利益计算，而是发自人内心深处的良知（conscience）。一个人如果听从良知的教导，那么他的行为就是善的；反之，如果他背离了自己的良知，其行为就是恶的。

因此，毋庸置疑的是，良知作为一个核心概念几乎贯穿了卢梭道德哲学的始终。早在《论科学与艺术》中，卢梭就将"良知的声音"看成是"真正的哲学"。[1] 在《论人类不平等的起源和基础》的"献词"中，他声称自己研究的是"良知对于一个政府的制度所能提供的最好准则"[2]。在《社会契约论》的附录"日内瓦手稿"中，卢梭批评现代哲学家对良知的普遍忽视。[3] 在《爱弥儿》之中，卢梭关于良知的论述更是比比皆是。

但是，"良知"的具体含义却并不是那么清晰明了。首先，良知看起来似乎和同情没有什么差别，但卢梭却断定它高于同情，因为原始人有同情却没有良知。其次，良知貌似是一种知识，但似乎又不是一种理性的知识。最后，良知好像是一种意愿或意志，但又不等于自由意志，因为自由意志包含了善恶两种选择，而良知则仅仅是对善的选择，或者说是一种"良善意志"（good will）。那么，良知究竟意味着什么？它又为何能够成为道德的基础？为回答这两个问题，我们试图从良知与同情、良知与理性、良知与自由意志这三重关系中来界定良知。

---

〔1〕 卢梭说："要认识你的法则，不是只消返求诸己，并在感情宁静的时候谛听自己良知的声音就够了吗？这就是真正的哲学了，让我们学会满足于这种哲学吧！"参见：卢梭，《论科学与艺术》，何兆武译，商务印书馆，1963年版，第37页。
〔2〕 卢梭，《论人类不平等的起源和基础》，第50页。
〔3〕 卢梭，《社会契约论》，第192页。

2. 良知的三重规定

2.1. 良知与同情

在《爱弥儿》中，卢梭一直将同情（pity）看成是爱弥儿道德教育的起点和基础。但是他同时也指出，同情本身恰恰隐含着导向"自私之爱"的危险，因为同情预设了自我和他人的潜在"比较"。不过若进一步深究，同情的这种危险与其说是源于同情本身，不如说是应该归因于道德和道德教育的社会性。事实上，就人的自然本性或自然状态而言，同情作为一种原始和自然的情感，恰恰不包含任何关于自我和他人的比较。为了更好地理解这一点，我们不妨比较一下卢梭在《论人类不平等的起源和基础》和《爱弥儿》中的相关论述。

在《论人类不平等的起源和基础》中，卢梭指出，自然状态中的自然人或原始人有两种基本情感，其一是自爱（self love），其二是同情（pity）。表面上看来，这两种情感一种是对自己的关切，另一种是对他人的关切。但是，这其实是一个误解。因为在自然状态中，自然人或原始人并没有明确的自我意识（self consciousness），也没有明确的他人（other）意识。他对自己只有一种原始的自我保存冲动，或者说，只有一种模糊的"存在感"(sentiment of existence)。[1] 与此相应，他"看见自己的同类受苦天生就有一种反感，从而使他为自己谋幸福的热情受到限制。由于这一来自人类天性的原理，所以人类在某些情形下，缓和了他的强烈的自私之心，或者在这种自私之心未产生以前，缓和了他的自爱心"[2]。

由此可知，同情作为一种同自爱一样自然和原始的情感，本身并不包含任何"比较"或"攀比"意识，因为原始人只有一种对同类的关切，却没有明确的他人意识。严格地说，原始人的同情更类似于一种动物性的"物伤其类"。[3] 考虑到这一事实，原始人的同情其实并没有什么道德意义。他之所以对同类的痛苦感同身受，仅仅是出于一种本能或天性，而不是出于什么道德良知；正如他与人发生冲突只是一种单纯的争斗，却完

---

〔1〕 卢梭，《论人类不平等的起源和基础》，第82、86页。
〔2〕 同上书，第99页。
〔3〕 卢梭举了很多动物的例子来说明动物的"同情心"："姑不谈母兽对幼兽的温柔，和它们为保护幼兽的生命而冒的危险，此外，我们每天都还可以看到，马也不愿意践踏一个活的东西。一个动物从它同类的尸体近旁走过时，总是很不安的。有些动物甚至还会把它们已死的同类作某种方式的埋葬；而每一个牲畜走进屠宰场时发出的哀鸣，说明对于使它受到刺激的可怕的景象也有一种感触。"参见：《论人类不平等的起源和基础》，第100页。

全不是如霍布斯所说的那样出于野心、妒忌、仇恨、贪婪和虚荣等恶意的动机。[1]

但是在文明社会中，这种同情就不再是一种动物性的"物伤其类"，而是隐含了自我与他人的比较。只要有比较，就会牵涉自我和他人究竟谁更重要的问题。这样一来，原始的"自爱"就很容易扭曲或蜕变成为一种自我中心主义式的"自私之爱"。事实上，当卢梭将同情（pity）作为爱弥儿道德教育的基础和出发点时，就已经意识到了这种危险。正如卢梭自己所说："他（爱弥儿）向那些同他相似的人投下的第一道目光，将使他把他自己同他们加以比较；这样一比，首先就会刺激他产生一种处处要占第一的心。由自爱变成自私之爱的关键就在这里，因自私之爱而产生的种种感情也就是在这里开始出现的。"[2]

出于这一考虑，卢梭认为，激发一个人同情和关爱之心的，不是他人的快乐，而是他人的痛苦。"我们之所以爱我们的同类，与其说是由于我们感到了他们的快乐，不如说是由于我们感到了他们的痛苦；因为在痛苦中，

---

〔1〕 卢梭，《论人类不平等的起源和基础》，第 103 页。
〔2〕 卢梭，《爱弥儿》，第 327 页。

我们才能更好地看出我们天性的一致，看出他们对我们的爱的保证。如果我们的共同的需要能通过利益把我们联系在一起，则我们的共同的苦难可通过感情把我们联系在一起。一个幸福的人的面孔，将引起别人对他的妒忌，而不会引起别人对他的爱慕。"[1]

一旦我们从同情中消除关于自我和他人的比较意识，不受"自私之爱"的蒙蔽和左右，并且发自内心地感受和体会他人的痛苦、关怀他人的命运，那么我们原始的同情就转化成为有意识的良知。用马斯特斯（Roger D. Masters）的话说，良知本质上是一种文明化（civilized）或社会化（socialized）的同情。[2] 这个事实也可以解释为什么原始人有同情之心，但却谈不上有什么良知。

归根结底，良知之所以是一种社会化的同情，是因

---

〔1〕 关于这一点，我们还可以参考卢梭在《爱弥儿》中所总结的关于同情的三个原理："原理一，人在心中设身处地地想到的，不是那些比我们更幸福的人，而只是那些比我们更可同情的人；原理二，在他人的痛苦中，我们所同情的只是我们认为我们也难免要遭遇的那些痛苦；原理三，我们对他人痛苦的同情程度，不决定于痛苦的数量，而决定于我们为那个遭受痛苦的人所设想的感觉。"参见：卢梭，《爱弥儿》，第 303、306—309 页。

〔2〕 Roger D. Masters, *The Political Philosophy of Rousseau*, Princeton, New Jersey: Princeton University Press, 1968, p.75.

为它必须以人对善恶的理性认识为前提。[1] 因此，我们有必要进一步探讨良知同理性之间的关系。

2.2. 良知与理性

我们在前文已经提到，萨瓦神父关于自然宗教的三个信条不是基于理性的论证，而是来自于他的"内心情感"（inner sentiment）。联系"告白"的整体语境来看，这种所谓的"内心情感"显然就是良知。因为在萨瓦神父看来，良知作为一种"正义和道德的原则"，恰恰是一种与生俱来的"内心情感"、"内心的声音"（inner voice）或"灵魂的声音"（voice of the soul），是"自然用不可磨灭的字迹"写在我们灵魂深处的情感。正因为如此，良知在人的心灵中先于一切理性的知识。在"告白"中，萨瓦神父这样论述了良知作为一种情感的起源和实质：

---

〔1〕 Qvortrup 由此认为，卢梭事实上已经预示了后来康德在道德哲学领域所开启的先验转向。他说："然而，作为一个同样是康德原型（proto-Kantian）的思想家，卢梭并不满足于简单地将同情看成是一种驱动人的行为的强烈动机，他迫切地建立了——由于缺乏更好的表述，我们或许只能这么说——我们为善之自然倾向的'先验条件'。"参见：Mads Qvortrup, *The political philosophy of Jean-Jacques Rousseau: The Impossibility of Reason*, Manchester University Press, Manchester and New York: 2003, p.102。

我们必然是先有所感（sense），而后才能认识；由于我们的求善避恶并不是学来的，而是大自然使我们具有这样一个意志，所以，我们好善厌恶之心也犹如我们的自爱一样，是天生的。良心的作用并不是判断，而是情感（sentiments）：尽管我们所有的观念都得自外界，但是衡量这些观念的情感却存在于我们的本身，只有通过它们，我们才能知道我们和我们应当追求或躲避的事物之间存在着哪些相容和不相容。[1]

不仅如此，萨瓦神父还坚持认为良知独立于理性。[2] 一个人对他人痛苦的同情和关切并不是出于理性的计算，而是出于一种天生的情感。正如我们有"对自己的爱、对痛苦的忧虑、对死亡的恐惧和对幸福的向往"，相应地我们对同类也有一种"息息相连的固有的情感"。理性固然帮助我们认识善，获得关于善恶的知识。但是，正如萨瓦神父所说的那样，"知道善，并不等于爱善；人并不是生来就知道善的，但是，一旦他的理智使

---

〔1〕 卢梭，《爱弥儿》，第 416 页。
〔2〕 同上书，第 417 页。

他认识到了善，他的良心就会使他爱善：我们的这种情感是得自天赋的。"[1]

对于萨瓦神父来说，这种情感的证据就是，"我们不仅希望我们自己幸福，而且也希望他人幸福；当别人的幸福无损于我们的幸福的时候，它便会增加我们的幸福。所以，一个人不管愿意或不愿意都会对不幸的人表示同情；当我们看到他们的苦难的时候，我们也为之感到痛苦。"[2] 不仅如此，我们时常会看到，即使是坏人或恶人也时常为自己所犯下的罪恶而恐惧和忏悔。这一事实也从反面证明了良知的存在。

在"告白"中，卢梭借萨瓦神父之口尽情地赞美了良知的神圣地位，并且将它同理性（理智）进行了对比：

> 良知呀！良知！你是圣洁的本能，永不消逝的天国的声音。是你在妥妥当当地引导一个虽然是蒙昧无知然而是聪明和自由的人，是你在不差不错地判断善恶，使人形同上帝！是你使人的天性善良和行为合乎道德。没有你，我就感觉不到我身上有优

[1] 卢梭，《爱弥儿》，第417页。
[2] 同上书，第413页。

于禽兽的地方；没有你，我就只能按我没有条理的见解和没有准绳的理智可悲地做了一桩错事又做一桩错事。[1]

良知先于并且独立于理性的事实恰恰表明，尽管良知看起来似乎不如理性那么清晰明了、黑白分明（因为良知只是一种情感），但它却构成了人与人之间道德关爱的真正纽带和根基。相反，理性因为太清楚私人利益（private good）和公共利益（public good）之分，便很容易沦落为一个人追求自私自利的手段。所以，毫不夸张地说，如果没有良知这个"新的光明"，那么理性就必然会堕落成为自私之爱或恶的帮凶。用萨瓦神父自己的话说：

> 如果没有新的光明照亮我的心，如果真理虽使我能够确定我的主张，但不能保证我的行为，不能使我表里一致，那么，我便会由于受到倾向公共利益的自然情感和只顾自己利益的理智的不断冲击，终生在这二者取一的绵亘的道路上徘徊，喜欢善，

---

[1] 卢梭，《爱弥儿》，第417页。

却偏偏作恶，常常同自己的心发生矛盾。[1]

在萨瓦神父心目中，是良知，而非理性，构成了人真正的"内心之光"（inner light）。与良知相比，理性本身形同瞎眼。如果没有良知的指引，那么理性根本不足以建立人类社会的道德法则。故此，他以略带讽刺的口吻说："有些人想单单拿理智来建立道德，这是不可能的。"[2]

不过，卢梭虽然一再强调道德的基础是前理性的良知而非理性，但他并没有因此否定理性的重要性。相反，他明确地告诉我们，"只有理性才能教导我们认识善和恶。使我们喜善恨恶的良心，尽管它不依存于理性，但

〔1〕 卢梭，《爱弥儿》，第419页。
〔2〕 同上。从卢梭道德哲学的整体问题语境来看，萨瓦神父的这一说法显然主要针对的是霍布斯和洛克以来的现代理性主义启蒙哲学，尤其是他们所倡导的现代自然法学说。正如前文所说，在卢梭的时代，传统启示宗教及其自然法道德学说的影响已经日益式微，并且被以个人自然权利为核心的现代自然法学说所取代。现代自然法认为，包括和平、守信、友善、感恩等在内的一切自然法或道德规范都是来源于个人对其自身权利或利益的理性计算，或者说，每个人对私人利益的追求最终恰好可以促成他们的公共利益。但正如卢梭所说，这种基于理性计算的利己主义就是一种"自私之爱"，它非但不能带来人与人之间的真正和平和友爱，反而是导致现代社会无休止冲突和战争的罪魁祸首。

没有理性，良心就不能得到发展。"[1] 在他看来，前文明的原始人之所以有同情而缺乏良知，一个很重要的原因就是原始人没有关于善恶的理性知识。

对于卢梭来说，良知首先意味着一种弃恶从善的选择。但只要是选择，就一定会涉及选择的自由。倘若人的行为同外物一样受严格的机械因果之必然法则决定，那就无所谓道德不道德，也不存在什么善恶问题。因此，良知恰恰是以人的自由意志或自由选择为前提。

2.3. 良知与自由意志

卢梭认为，前文明的自然人或原始人之所以没有道德问题，也无所谓良知与邪恶之分，除了因为他们没有理性知识之外，还有一个更重要的原因是，他们没有自由意志或自由选择的能力。卢梭认为，原始人之所以在自然上是好的（naturally good），不是因为他在道德上多么高尚，而是因为他愚蠢无知；他之所以不会作恶，是因为他本来就生活在一种前道德、前善恶（before good and evil）的状态，和其他动物一样，受自然的必然性或基本生存需要支配，既没有能力为善，也没有能力作

---

[1] 卢梭，《爱弥儿》，第 56 页。

恶。[1]

　　然而，正如我们一再强调的那样，卢梭在《爱弥儿》中关注的对象不是原始人，而是"文明社会中的自然人"。与原始人最大的不同在于，"文明社会中的自然人"并不是被动地服从自然的必然性，而是拥有自由选择的能力或自由意志。[2]也就是说，他既可以为善，也可以为恶。诚然，这种选择能力或自由意志一旦被滥用，那么它必然会给人自身带来无穷的罪恶、不幸和痛苦。一如萨瓦神父所说：

　　　　人啊，别再问是谁作的恶了，作恶的人就是你自己。除了你自己所作的和所受的罪恶以外，世间就没有其他的恶事了，而这两种罪恶都来源于你的自身。[3]

––––––––––

[1]　卢梭说，"原始人之所以不是恶的，正因为他们不知道什么是善。因为阻止他们作恶的，不是智慧的发展，也不是法律的约束，而是情感的平静和对邪恶的无知。"《论人类不平等的起源和基础》，第99页。

[2]　卢梭在《论人类不平等的起源和基础》中的确也谈到了原始人的自由，但严格说来，这种自由并不是一种自由意志或自由选择能力，而是一种自然的可完善性（perfectibility），也就是说，他有改变自己自然天性的可塑性或可能性。参见：《论人类不平等的起源和基础》，第82—84页。

[3]　卢梭，《爱弥儿》，第403页。

但是，人的悖谬性就在于，倘若他没有或者被取消了自由意志，那么他固然不会作恶，但是他也同时失去了选择善的可能。他将永远停留在动物般的自然状态，却不能成为真正富有人性（humanity）的人（human being）。在萨瓦神父看来，上帝尽管希望人的自由意志能够导向善、避免恶，但他却不干涉人的自由选择，哪怕人选择的是恶。因为一旦失去了自由意志，人就将与禽兽无异，不再成为人。[1] 换言之，不管原始人是多么淳朴良善、自由自在，不管前文明的自然状态是多么美好，但那毕竟不是"属人的状态"（human condition）。只有在文明社会中，一个动物意义的自然人才能成为真正的人（human being）。

对于人来说，自由意志就好比是一场赌博：一旦人选择了良知或善，那么人就变成了天使；而一旦人选择了恶，那么人就变成了魔鬼；但是假如人不赌博，那么他将永远停留在动物式的野蛮状态，连人都不是。考虑到良知以人的自由意志为前提，那么它对人来说就只是一种可能性而非现实性，更不是必然性。换言之，我们

---

〔1〕 "上帝绝不希望人滥用他赋予人的自由去做坏事，但是他并不阻止人去做坏事，其原因或者是由于这样柔弱的人所做的坏事在他看来算不得什么，或者是由于他要阻止的话，就不能不妨碍人的自由，就不能不因为损害人的天性而做出更大的坏事。"参见：卢梭，《爱弥儿》，第401页。

必须在人的自然本性之中去寻找良知的萌芽，然后尽心尽力地加以呵护，防止它被遮蔽和扭曲。只有这样，才能使人超越其直接性的自然状态，又不至于败坏成为一个自私自利的坏人和恶人（即卢梭所痛恨的"资产阶级"），而变成一个真正有良知、有道德的自由人。[1]

正因为如此，卢梭在《社会契约论》中才一反《论人类不平等的起源和基础》的论调，热情地讴歌了人类从自然状态到社会状态的转变：

> 由自然状态进入社会状态，人类便产生了一场最堪注目的变化；在他们的行为中正义就代替了本能，而他们的行动也就被赋予了前此所未有的道德性。唯有当义务的呼声代替了生理的冲动，权利代替了嗜欲的时候，此前只知道关怀一己的人类才发现自己不得不按照另外的原则行事，并且在听从自己的欲望之前，先要请教自己的理性。虽然在这种状态中，他被剥夺了他所得之于自然的许多便利，

―――――――――――

[1] 关于道德自由，我们可以参考卢梭在《社会契约论》中的论述："唯有道德的自由才使人类真正成为自己的主人；因为仅只有嗜欲的冲动便是奴隶状态，而唯有服从人们自己为自己所规定的法律，才是自由。"参见：《社会契约论》，第30页。

然而他却从这里面重新得到了如此之巨大的收获；他的能力得到了锻炼和发展，他的思想开阔了，他的感情高尚了，他的灵魂整个提高到这样的地步，以至于——若不是对新处境的滥用使他往往堕落得比原来的出发点更糟的话——对于从此使得他永远脱离自然状态，使他从一个愚昧的、局限的动物一变而为一个有智慧的生物，一变而为一个人的那个幸福的时刻，他一定会是感恩不尽的。[1]

这段长长的引文恰好表明，卢梭一方面固然认为良知不仅有别于、甚至高于理性和自由意志，但另一方面却又不遗余力地强调理性和自由意志对于良知的重要性。在他看来，良知、理性和自由意志指向的是一个共同的目标：良知爱善，理性知道善，自由意志选择善。[2]

3. 从"自然宗教"到道德哲学

卢梭对良知问题的思考和论述充分表明，他的道

---

〔1〕 卢梭，《社会契约论》，第30页。
〔2〕 萨瓦神父的原文是："他不是已经给我以良知去爱善，给我以理智去认识善，给我以自由去选择善吗？"参见：卢梭，《爱弥儿》，第423页。

德哲学恰恰是以"告白"中萨瓦神父所提出的"自然宗教"为基础。首先，良知或道德的前提是人的自由选择能力或"自由意志"，否则善恶道德问题就无从谈起。这一点，上文已有详细讨论，兹不赘述。其次，自由意志意味着每个人都应该为自己的行为负责，正所谓"善有善报、恶有恶报"——凡为善者应得奖赏，凡为恶者应受惩罚。但这样一来，我们就必须进一步承认人的灵魂是不朽的，否则我们将无法解释太多太多今生今世善者有恶报、恶者有善报的悖谬现象。最后，灵魂不朽和善恶报应同样预设了上帝作为一位审判者的存在：他给善者以善报，给恶者以恶报。[1] 即是说，人世间所有的善恶报应都符合神意，都属于上帝的设计或计划的一部分。

从这三点来看，卢梭的结论似乎非常清晰明了：任

---

〔1〕　关于善恶报应，萨瓦神父说："一个优秀的人物除了按自然而生活以外，还希望得到什么更好的报偿呢？但是我认为他们必然会感到快乐，因为他们的上帝，一切正义的神，既然使他们有感觉，其目的就不是为了叫他们感受痛苦，而且，由于他们在这个世界上没有滥用他们的自由，他们就没有被他们的过失弄错他们的归宿，因此，他们今生虽然遭受了苦难，他们来生是会得到补偿的。我这个看法，不是依据人的功绩而是依据善的观念得出来的，因为我觉得这种观念同神的本质是分不开的。"参见：卢梭，《爱弥儿》，第406—407页。

何道德和道德教育必然最终导向某种宗教信仰。就他的本意而言，一个人之所以对他人怀有道德关爱之心，归根到底是由于他在内心深处坚定地信仰前述关于"自然宗教"的三个信条——"自由意志"、"灵魂不朽"（自发性的意志）、"上帝设计"。一言以蔽之，道德之为道德的根据就在于它必须承诺某种宗教。

当然，道德的宗教化并不是卢梭道德哲学的全部。事实上，如同本文一再强调的，卢梭在"告白"中所建立的并不是启示宗教，而是一种"自然宗教"。在"告白"的第二部分，卢梭借萨瓦神父之口激烈地抨击了以基督教为代表的一切启示宗教。在这一点上，卢梭同现代理性主义启蒙哲学家——不管是他之前的马基雅维里、霍布斯、斯宾诺莎等启蒙哲学先驱，还是霍尔巴赫、拉美特利、伏尔泰和狄德罗等同时代启蒙哲学家——并没有根本分歧。首先，他否定了"经书"（Scriptures）及其诠释者的必要性，因为真正的"经书"是写在每个人良知之中的"自然之书"（Book of Nature），而非人用自己的语言所写的书籍。其次，他否定了上帝之"人格"（person）的存在，相应地抛弃了"道成肉身"（incarnation）和"奇迹"（miracles）等传统的启示宗教

教义。[1] 最后,更为重要的是,他完全不同意基督教的
"原罪"(original sin)学说。原因在于,既然"人在自然
上是好的",那么人在自然状态中根本就不存在什么"原
罪"。换言之,一切罪与罚的观念、一切仪式性和制度性
的宗教信仰,在卢梭看来,都是人为的或文明社会的产
物。关于这一点,他做了一个鲁滨逊式的假设:

> 因此,我把所有一切的书都合起来。只有一本
> 书是打开在大家的眼前的,那就是自然的书。正是
> 在这本宏伟的著作中我学会了怎样崇奉它的作者。
> 任何一个人都找不到什么借口不读这本书,因为它
> 向大家讲的是人人都懂得的语言。要是我出生在一
> 个荒岛上,要是我除我以外就没有看见过其他的人,
> 要是我一点也不知道古时候在世界的一个角落里所
> 发生的事情,那么,只要我能运用和培养我的理性,
> 只要我好好地使用上帝赋予我的固有的本能,我就
> 可以自己学会怎样认识上帝,怎样爱上帝和爱上帝

---

[1] 萨瓦神父质疑道:"怎么!上帝是死在那个城里的,但是就
连那个城里过去和现在的居民都不认识他,而你竟要我,两千年
以后才出生在相隔两千哩远的人,能够认识上帝!"参见:卢梭,
《爱弥儿》,第443页。

创造的事物，怎样追求他所希望的善，怎样履行我在地上的天职才能使他感到欢喜。[1]

根据这个假定，传统启示宗教的一切教义、仪式和制度等外在因素都没有存在的必要，因为真正的宗教信仰完全是出于人内心的良知和理性。因此之故，卢梭一方面固然高度肯定了宗教的重要性，另一方面却将宗教彻底地道德化了。譬如说，他在"告白"中对《圣经》和耶稣都给予了高度的评价。但是对他来说，无论是《圣经》还是耶稣都不再拥有传统启示宗教所赋予的超验特征：《圣经》的根本意义仅仅在于宣扬一套以"爱人如己"（同情或良知）为核心的道德原则，[2] 相应地，耶稣也不过是这种道德原则和道德实践的化身。在卢梭看来，宗教说到底只能作为道德而存在：

　　真正的宗教的义务是不受人类制度的影响的，真正的心就是神灵的真正的殿堂，不管你在哪一个

---

〔1〕　卢梭，《爱弥儿》，第445页。
〔2〕　卢梭认为，"由自爱而产生的对他人的爱，是人类的正义的本原。《福音书》中所包括的全部道德，归纳起来就是这一条法则。"参见：卢梭，《爱弥儿》，第326页。

国家和哪一个教派，都要以爱上帝胜于爱一切和爱邻人如同爱自己作为法律的总纲；任何宗教都不能觅除道德的天职，只有道德的天职才是真正的要旨；在这些天职中，为首的一个是内心的崇拜；没有信念，就没有真正的美德。[1]

由此看来，萨瓦神父在"告白"中所倡导的"自然宗教"与其说是一种宗教，不如说是一种改头换面的道德哲学；或者更准确地说，自然宗教就是一个卢梭版本的"道德形而上学"（moral metaphysics）。这种道德哲学或道德形而上学的实质就在于，它既是道德的宗教化，也是宗教的道德化。换言之，道德与宗教在卢梭的道德哲学之中本来就是一体两面。这，应该就是卢梭在"告白"中借萨瓦神父之口试图告诉我们的结论。

---

[1] 关于《圣经》，萨瓦神父这样说："我还要坦率地告诉你：《圣经》是那样的庄严，真使我感到惊奇；《福音书》是那样的神圣，简直是说服了我的心。"关于耶稣，萨瓦神父说，"但是，耶稣在他同时代的人中间，到哪里去找只有他才教导过和以身作则地实行过的这样高尚纯洁的道德呢？在最疯狂的行为中，我们听到了最智慧的声音，坦白的英勇的道德行为使人类中最卑贱的人蒙受了荣光。"参见：卢梭，《爱弥儿》，第446、447页。

四 卢梭道德哲学的意图

　　生活在十八世纪这个所谓的"启蒙运动"(Enlight-
enment) 时代，卢梭实实在在地见证了，现代理性主义
启蒙哲学如何以摧枯拉朽之势将传统宗教和道德学说扫
入历史的坟墓。自从马基雅维里以来，传统基督教神学
以及经院哲学的自然法道德学说逐渐不断地遭到现代启
蒙哲学家的质疑、批判乃至全盘否定。在以霍布斯、洛
克和斯宾诺莎等为代表的早期启蒙哲学家看来，传统基
督教神学及其自然法道德学说不过是一种毫无根据的
偏见、错误和迷信，甚至是导致现代"神学政治问题"
(theological-political problem) 以及宗教战争的罪魁祸
首。为了消除理性与启示的对立，化解国家与教会的冲

突，他们设想出一种"前政治"和"前宗教"的"自然状态"，并且认为每个人在这种"自然状态"中都拥有充分和绝对的自然权利（natural right）。正是以这种自然权利为根据，他们建立了一套新的自然法学说。

与古典自然法学说截然不同，现代自然法学说是一种以个人权利而非义务为核心的道德哲学。之所以这么说，是因为早期启蒙哲学家坚信，一旦经过理性的启蒙，那么每个人都终将认识到，和平而非战争、与他人的合作而非冲突更符合自己的利益。说得更简单些，现代自然法学说的中心思想，就是认定一切道德都是出于对自身利益的理性计算，一切利他主义的根源都是利己主义。根据早期启蒙哲学家的教导，人类社会的道德规范并不需要任何超验神学或启示宗教，而是仅仅依靠人的自然理性就能够建立起来。

在十八世纪的欧洲思想界，尤其是在卢梭所处的法国，早期启蒙哲学家对传统宗教和道德的批判不仅得到了继承，而且被发扬光大。毫不夸张地说，对《圣经》和基督教神学的批判与否定几乎成为启蒙运动的共同目标。不管是伏尔泰和以狄德罗和达朗贝为代表的"百科全书派"启蒙哲学家，还是以拉美特利、爱尔维修和霍尔巴赫为代表的机械唯物主义哲学家和激进的无神论者，都将传统基督教神学和宗教信仰看成是一种偏见、愚昧和迷信，必欲除之而后快。

就对传统基督教神学和宗教的批判而论，卢梭同现代启蒙哲学家并没有根本分歧。卢梭首先是一位现代哲学家。他深信，伽利略和牛顿所开创的现代自然科学以及笛卡儿、培根和霍布斯所开创的现代自然哲学，已经从根本上否定了创世、启示、神迹、道成肉身、三位一体等传统基督教教义的真实性与合理性。不仅如此，卢梭甚至走得更远。他认为，人在自然状态中不仅没有宗教，而且没有国家、法律和道德，甚至连语言和理性都付之阙如。不过，也正是由于他对人之自然本性或自然状态的这一洞察，他才反过来成为现代启蒙哲学的激烈批判者和反对者。

如前所说，现代启蒙哲学在否定传统基督教神学和自然法道德学说之后，试图以一种基于个人利益或自然权利的现代自然法学说取而代之，并且将道德还原为理性的利益计算。但在卢梭看来，人的理性本身并不足以奠定道德的基础。原因有二。首先，姑且不论前文明的原始人根本没有理性能力，即使是在文明社会中，绝大多数人也不可能达到启蒙哲学家所说的那种理性自觉程度，因此不可能清楚地知道自己的真正利益究竟是什么。

其次，退一步说，即使一个人拥有哲学家那样高度的理性能力，但也不等于说，他就一定能够成为一个对他人有真正关爱的道德人。正如卢梭所说，"如果单单通过理智而不诉诸良心的话，我们是不能遵从任何自然法；如果自然权利不以人心自然产生的需要为基础的话，则它不过是一种梦呓。"[1] 也就是说，倘若一个人的良知受到蒙蔽，那么他的理性程度越高，就越会助长他的自私自利之心。相应地，以科学与艺术为代表的现代文明越是发达，它给社会所造成的不平等、罪恶和败坏就会越多。正如 Ovortrup 所说，"对卢梭而言，人类道德问题的解决方案不是在于建立一个这样的制度：它为了人类的利益而利用人的自私自利。"[2]

卢梭的转折性或革命性意义在于，他一方面继承并且推进现代理性主义启蒙哲学对传统启示宗教的批判，另一方面却同时把批判的矛头指向现代启蒙哲学自身。在他看来，现代启蒙哲学不仅造成了自然与文明、人与公民、个体与社会、个人利益与公共利益、喜好与义务、身体与灵

---

〔1〕 卢梭，《爱弥儿》，第 326 页。
〔2〕 Mads Qvortrup, *The political philosophy of Jean-Jacques Rousseau: The Impossibility of Reason*, Manchester University Press, Manchester and New York: 2003, p.70.

魂等多重的分裂，而且在根本上瓦解了人之赖以为生的道德基础，最终把人推向道德怀疑主义、相对主义甚至虚无主义的深渊。鉴于此，卢梭在《爱弥儿》中的主要努力就是通过返回人的"自然状态"来克服现代人的诸多分裂，恢复人性本身的完整和统一。在卢梭那里，所谓"返回自然"并非如像伏尔泰所批评的那样只是简单地倒退至前文明的原始或野蛮状态，而是在承认现代文明社会的前提下把人引导向更高的目标，使人成为一个真正"从心所欲不逾矩"的自由人或道德主体——他既能够保持自我独立或"自律"，又能够融入社会；既能够追求自己的幸福，又对他人怀有道德同情和关爱之心。

质言之，卢梭之"返回自然"的根本意图，就是要在现代理性主义启蒙哲学的废墟之上重建现代社会的道德根基。在他看来，现代启蒙哲学固然可以毫无顾忌地批判乃至否定以基督教为代表的一切启示宗教，但却无法否定宗教本身，因为说到底，人的道德实践和道德教育离不开宗教。出于这一考虑，卢梭在《爱弥儿》中借萨瓦神父之口中重新肯定了宗教之于道德和道德教育的重要性。只不过这里所说的宗教已经不再是传统的启示宗教，而是一种发乎人之"内心情感"或良知的"自然宗教"。

结　语

　　任何一位伟大的哲学家在哲学史上都具有承前启后的转折性意义。卢梭也不例外。他的道德哲学不仅是对现代启蒙哲学以及现代自然法道德学说的批判，同时开启了现代道德哲学的新起点和新方向。在他之后，宗教不再被简单地看成是一种偏见、错误和迷信，而是以一种新的形式重新成为道德的核心内容——这种新形式的宗教不再是传统的启示宗教，而是一种被道德化的"自然宗教"或"理性宗教"。卢梭对后世哲学、尤其是对德国古典哲学家的重大影响，就充分印证了这一事实。众所周知，康德就曾多次强调卢梭是他的主要思想来源和思考动力之一，甚至将卢梭誉为"道德领域的牛顿"。他的一系列道德形而上学思想，譬如自然与自由的"二律背反"、实践理性的三个"道德公设"以及"单纯理性限度内的宗教"等，在很大程度上是对卢梭"自然宗教"的继承和改造。在康德之后，费希特、谢林和黑格尔等德国古典哲学家关于宗教和道德问题的思考和论述，同样笼罩在卢梭的问题语境之中。同卢梭一样，他们一方面虽然肯定现代启蒙对传统启示宗教的批判，但另一方面却并没有否定宗教本身，相反他们把宗教看成是人的自由、主体性或自我意识的具体表现。

但是，卢梭的"自然宗教"似乎并不能一劳永逸地抵挡住现代启蒙的宗教批判潮流。自德国古典哲学之后，以费尔巴哈、马克思和尼采等为代表的现代激进无神论者对宗教的批判，比起现代早期的启蒙哲学家似乎有过之无不及。譬如说，费尔巴哈认为一切宗教的本质都是人的宗教，都是"人之本质力量的对象化"；马克思进一步将宗教看成是一套腐朽、没落的意识形态，一种"人民的鸦片"。对于他们来说，宗教对于现代社会既无存在的可能，也无存在的必要。

相比之下，尼采对待宗教的态度似乎更为复杂。表面上看来，尼采对宗教的态度与费尔巴哈和马克思非常类似，因为他也把基督教视为一种自欺欺人的形而上学谎言而予以彻底否定。不仅如此，尼采还同时大肆攻击卢梭的"自然宗教"，认为它是传统基督教神学的一个拙劣变形，甚至是一种"借尸还魂"。但与费尔巴哈和马克思的最大不同在于，尼采虽然否定了基督教及其各种现代变形，但却没有否定宗教本身。他深刻地认识到，人说到底就是一种宗教信仰的动物——"人宁可追求虚无，也不能无所追求。"[1]倘若没有宗教，倘若"上帝死了"，那么人必然会陷入虚无主义的黑暗深渊。

就卢梭本人而言，当他在否定传统启示宗教并且把"自然宗教"看成是一种道德预设时，他实际上已经潜在地承认了费尔巴哈和马克思的结论，甚至在相当程度上预见到了尼采对他的批判。在"告白"这篇独特的文字中，卢梭一方面固然是要为现代人奠定道德根基，另一方面也同时警示这个根基本身并不牢靠。的确，在一个被所谓的理性启蒙之光炙烤得令人窒息的现代世界，现代人即使清醒地知道一切宗教——无论是传统的启示宗教，还是卢梭的"自然宗教"，抑或是其他任何形式的宗教——都是一种人为制造的鸦片，但还是注定无法摆

---

[1] 尼采，《论道德的谱系》，谢地坤译，漓江出版社，2000年版，第132页。

脱宗教以及各种宗教替代物的诱惑。原因很简单：有了鸦片的刺激，现代人或许还可以暂时在幻觉中自欺欺人地苟延残喘，哪怕他自己潜意识里知道这是一种慢性自杀；但是，一旦失去了鸦片，那么现代人的道德基础和生存希望必定会立刻土崩瓦解。这一点，既是卢梭对其自身所处的时代和社会的诊断，也是他对未来的预言。

毋庸赘述，在此后的两个多世纪里，现代社会的历史和现实命运一再印证了卢梭的诊断和预言——尽管对于今天每一个真正的卢梭读者来说，这些诊断和预言听起来是那么令人苦涩和沮丧。

余论：卢梭与现代国家的道德
正当性危机

卢梭向来被看成是现代政治哲学的分水岭。他既是早期现代政治哲学的继承者，又是它的激烈批判者。他接受了早期现代政治哲学——尤其是霍布斯与洛克的社会契约思想——的反目的论和反神学前提，认为国家既不是作为一种目的隐含在人的自然本性之中，也不是来自于上帝的神圣启示，而是一种人为的契约创造。但他同时清醒地认识到，按照这种社会契约所建立的国家的道德基础过于薄弱，因为它仅仅外在地保护个人的生命、安全和自由，却不能满足个人更高的精神和道德追求。不唯如此，这种社会契约还造成了个人与国家之间以及个人作为私有资产者（*bourgeois*）和公民之间的分裂和对立，使个人丧失了自身的完整性（wholeness）。

鉴于这种认识，卢梭在《社会契约论》中进行了大胆和激进的思想革命。与霍布斯和洛克的社会契约不同，卢梭版本的社会契约要求，每个人都应该向包括自己在内的社会整体或国家无条件和无保留地让渡自己的全部权利，否则就必然会出现个人与国家之间的对立以及个人作为私有资产者与公民的自我分裂。这是因为，卢梭虽然继承了霍布斯和洛克的社会契约思想，但却抛弃了他们的自然权利和自然法学说。他认为，人的自然作为开端只是一种纯粹的可能性，不包含任何权利与法。任何权利和法都以人的理性或理解力为前提，但人在自然状态中却并不拥有理性能力。因此，真正的权利不是自然权利，而是理性权利；真正的法不是自然法，而是理性的道德法。就这一点来说，真正的让渡并不是自然权利的让渡，而是一种理性权利的让渡，或者说是一种意志的让渡。作为意志让渡的结果，国家在本质上体现了一种"普遍意志"（general will）。这种"普遍意志"不仅高于任何"特殊意志"（particular wills），而且高于作为"特殊意志"之总和的"众人意志"（the will of all）。对于卢梭来说，恰恰是这种"普遍意志"构成了国家的道德正当性基础。

在卢梭那里，国家和人民（people）变成了一回事。因为在国家之中，人民既是统治者，又是被统治者；不是人民受国家统治，而是人民自我统治。换言之，人民才是真正的主权者。对个人来说，国家和法律不再是一种外在和异己的强制力量，而是来自于他的自我立法（self-legislation）；服从国家就等于服从自己制定的法律，或者更简单地说，就是服从自己。因此，真正的自由既不是单纯的自我保存，也不是对于国家和法律的外在服从，而是一种道德意义的自我立法或自律（autonomy）。换言之，人的理性不是发现并服从外在的法（自然法），而是体现为自我立法。正是通过这种自我立法或自律意义的自由，个人才从一个动物式的欲望主体变成了一个真正的道德主体。如同卢梭所说，"唯有道德的自由才使人类真正成为自己的主人；因为仅只有嗜欲的冲动便是奴隶状态，而唯有服从人们自己为自己所规定的法律，才是自由。"[1]

卢梭不仅为现代国家重新奠定了道德正当性的基础，而且同时肯定了个人的道德自由。他希望由此消除个人

---

[1] 卢梭，《社会契约论》，何兆武译，商务印书馆，1980 年修订第 2 版，第 30 页。

与国家之间的冲突与对立，恢复人自身的完整性。正是由于这一点，卢梭成为德国唯心论最重要的思想先驱之一。从政治哲学上说，德国唯心论代表了现代性和现代政治哲学的最高成就，它的根本意图就是在卢梭的基础上继续推进个人与国家的真正统一，使国家成为个人自由的最终实现。这个意图，在德国唯心论的集大成者黑格尔那里体现得尤为明显。

就现代政治哲学来说，黑格尔是极少数高度肯定现代国家的道德正当性的政治哲学家之一，甚至或许是唯一的一个。他一方面继承了自笛卡儿以来的现代主体性（我思或自我意识）原则，尤其是卢梭和康德的道德主体性（或自由）原则，另一方面又在此基础上回归了以亚里士多德为代表的古代政治哲学。也就是说，他在肯定现代性的前提下返回古代，将被早期现代政治哲学所批判和否定的传统宗教和道德再次激活，使之成为现代政治世界的真实内容。他重新肯定了国家在亚里士多德那里所拥有的崇高地位，认为国家是人的自由的真正实现[1]，是"伦理性的整体"和"自由的现实化"，是"地上的精神"和"地上

〔1〕 黑格尔，《历史哲学》，王造时译，上海书店，1999 年第 1 版，第 40 页。

的神"。他反对将政治与宗教完全分离，反对将国家彻底"去宗教化"或"去神圣化"。所以他才说："当我们说，国家是建筑在宗教上面——国家的根是深深地植埋在宗教里面的——我们主要地说，国家是从宗教产生的，而且现在和将来会永远如此产生的。"[1]

基于对国家的高度肯定，黑格尔将国家同市民社会区分开来。他对自由主义的主要批评是，自由主义把国家误解为市民社会，抹杀了二者的本质差别。在黑格尔看来，在市民社会中，个人拥有的自由和权利是抽象、片面和不真实的，是一种纯粹外在和否定性的自由，只有在国家之中个人的自由才获得了伦理性的客观内容，成为真正的自由。在《法哲学原理》中，黑格尔言简意赅地肯定了现代国家的原则：

> 现代国家的原则具有这样一种惊人的力量和深度，即它使主体性的原则完美起来，成为独立的个人特殊性的极端，而同时又使它回复到实体性的统一，于是在主体性的原则本身中保存着这个统一。[2]

---

[1] 黑格尔，《历史哲学》，第53—54页。

[2] 黑格尔，《法哲学原理》，范扬、张企泰译，商务印书馆，1961年第1版，第200页。

因此，现代国家在现代的主体性原则前提下回归了古代的实体性，由此消除了个人与国家、私人领域与公共领域、自然（必然）与自由、政治与道德的对立和冲突，实现了主体性和实体性的真正统一。当然对黑格尔来说，这种统一并不是像古代世界那样简单、直接和无差异的统一（同一），而是基于个人意志、自由或自我意识前提的统一，因此是"差异中的统一"。正是在这个意义上，黑格尔将现代国家看成是"世界历史"（Weltgeschichte）的终点或目的（telos）。

但是，黑格尔的国家学说除了在少数新黑格尔主义者（如鲍桑葵）那里获得少许正面回应之外，几乎遭到包括马克思主义和自由主义在内的所有现代思想流派或意识形态的一致批判。马克思主义或更宽泛意义的左翼激进主义同自由主义虽然看起来势如水火，但在对批判黑格尔这一点上却达成了奇特的共识，因为黑格尔代表了它们的共同敌人——现代国家。

马克思认为，黑格尔所谓的现代国家不过是一个建立在资本主义私有制基础上的资产阶级国家，其本质不过是一个维护资产阶级对无产阶级进行剥削和压迫的暴力机器。推而广之，一切国家在本质上都是阶级剥削和阶级压迫的工具，都是一种人的异化。因此在马克思看来，人的真正自由和解放意味着国家的彻底消亡。当代左翼激进主义和文化左派甚至将马克思对国家的批判，从阶级扩大到宗教、种族、族群、性别和性取向，似乎国家是导致人世间所有冲突、不平等和灾难的万恶之源和罪魁祸首；似乎只要消灭了国家，一切问题都会迎刃而解，人类也就会进入真正的自由王国。

非常悖谬的是，如同黑格尔对国家的道德肯定是来自卢梭一样，马克思和现代左翼激进主义的国家虚无主义情绪同样可以追溯到卢梭。这一点虽然看起来令人费解，但却是一个确定无疑的事实。卢梭不仅是德国唯心论或德国理性主义哲学的思想先驱，而且也孕育了它的敌人——现代浪漫主义；他的思想并不只是对国家道德正当性的肯定，同时也包含了对国家的彻底颠覆和否定。卢梭认为，人在自然上本来就是一个无牵无挂、无忧无虑的自由人，一个前政治和非政治的纯粹自然人，一个在丛林里懒散地游荡和觅食的"野蛮人"。自然人或野蛮人只有原始的生存和同情本能，却不知婚姻、家庭、社会、国家、法律、道德和宗教等文明为何物。毫无疑问，这种意义的自然人同公民或道德意义的自由人是完全对立的。一切国家，哪怕是最完美的国家，都是同人的自然天性格格不入，都是束缚人之自由的枷锁，因此都是不正当的。——正如他在《社会契约论》中所说，"人是生而自由的，但却无往不在枷锁之中。"[1] 就这一点来说，卢梭将个人与国家或个人作为自然人与公民之间的对立推到了极端，其程度远远超过他所批判的早期现代政治哲学家。

在自由主义那里，黑格尔的国家学说同样是名誉扫地。在以卡尔·波普尔和哈耶克为代表的自由主义者看来，黑格尔的国家学说代表了一种不折不扣的国家专制或"极权主义"（totalitarianism），是"开放社会"和个人自由的死敌。当然，他们所依据的思想资源不是卢梭，而是被卢梭批判的洛克——在他们眼里，卢梭同黑格尔没有本质区别，都是邪恶的极权主义者和"开放社会的敌人"。

二十世纪六十年代之后，由于罗尔斯的努力，自由主义的思想形态发生了很大的变化。罗尔斯抛开了低俗的功利主义，将自由主义重新扭转到以洛克、卢梭和康德为代表的社会契约思想传统。他试图由此建立一种正义理论，为自由民主社会奠定"最恰当的道德基础"[2]。

---

[1] 卢梭，《社会契约论》，第8页。
[2] 罗尔斯，《正义论》，第2页。何怀宏、何包钢、廖申白译，中国社会科学出版社，1988年第1版。

他从一种类似于"自然状态"的"原初状态"中，推导出了"作为公平的正义"原则。但是，在罗尔斯的《正义论》中，洛克、卢梭和康德等社会契约论者为之殚尽虑竭的两个至关重要的主题——宗教和国家——几乎消失了。首先，他对洛克的"自然宗教"、卢梭的"自然宗教"与"公民宗教"以及康德的"单纯理性限度内的宗教"等不置一词。对他来说，正义似乎与宗教完全无关——而在洛克、卢梭和康德看来，正义，也就是对自然法或道德法则的服从，必然最终指向宗教。其次，罗尔斯的正义仿佛只是人的一种理性自觉选择，无须作为"正义之剑"的国家来保护。在《政治自由主义》中，罗尔斯进一步认为，他的自由主义是一种"政治性的自由主义"（political liberalism），不需要任何道德哲学的前提。因此，他将正义同一切形式的宗教和道德学说——也就是他所谓的整全学说（comprehensive doctrines）——划清界限，并且把国家看成是一种市民社会意义的"民主共同体"（democratic community）。在罗尔斯看来，只有这种同一切"整全学说"撇清关系的正义理论才能满足人们对公平和平等的追求，才能最大程度地尊重人们在宗教、道德、文化、种族和性别等方面的差异性。

人们通常认为，罗尔斯的正义理论一方面是对自罗斯福以来的美国"新政自由主义"思想传统的总结和提升，另一方面是对二十世纪六十年代以来的"民权运动"的道德辩护。但是，一个不容置疑的历史事实是：无论是"新政自由主义"的推行，还是"民权运动"的进步，都是以强大的国家权力为后盾。很难想象，倘若没有国家权力作为前提，那么单凭罗尔斯的正义原则，尤其是其中的"差异"原则，我们如何能够说服那些地位最有利者（强者）自愿地放弃自己的利益去补偿"地位最不利者"（弱者）。由于国家这一视野的缺失，罗尔斯正义理论的说服力远远不如洛克、卢梭和康德，甚至不如霍布斯。

实际上，正如托克维尔所指出的，在一个自由民主的现代社会，一个人的自由和权利范围越大，他就越需要国家的保护，相应地国家的权力也就必然会变得越大。进一步说，正因为一个自由民主社会的公民在道德信念、宗教信仰和价值偏好方面的差异、分歧和对立变得越来越大，所以就更需要一个越来越强大的国家来保护每个人的自由选择。这是一个"水涨船高"的事实。但托克维尔似乎没有特别强调的是，由于国家在现代社会逐渐被"去神圣化"或"去道德化"，它在道德上越来越不能自我辩护。无论对左派激进主义，还是对自由主义，甚至对某些保守主义者来说，国家都变成了一个名副其实的"利维坦"。如果说在罗尔斯式的温和自由主义那里国家还是一种"必要的恶"，那么在左翼激进主义和极端自由主义（libertarianism）那里，国家甚至连"必要的恶"都不是。——国家成了纯粹的"恶"。国家拥有的权力越大，它就越缺乏道德的正当性；它越是缺乏道德正当性，就越需要用更大的权力来弥补这种不足。这种恶性循环淋漓尽致地揭示了现代国家的道德困境。

从更大的范围来看，自冷战结束以来，包括中国在内的绝大多数非西方世界，尤其是第三世界，同样普遍弥漫这种反国家或国家虚无主义的情绪，甚至比西方世界有过之无不及。对于每一个具体的国家来说，引发这种反国家情绪的具体原因或许非常不同，但最终的结果都是对国家的道德否定。国家虚无主义者热衷于在道德上批判国家是"恶"，但他们似乎忘记了一个简单的事实：国家这种"恶"之所以是必要的，恰恰是为了对抗人性本身的"恶"。这里，我们不妨重温一下美国联邦党人的警世名言：

　　　政府本身若不是对人性的最大耻辱，又是什么呢？如果人都是天使，就不需要任何政府了。如果是天使统治人，就不需要对政府有任何外来的或内在的控制了。[1]

自冷战结束之后，非洲、拉美和东南亚地区的政治乱象一再警醒我们，倘若没有国家，或者说倘若国家变得软弱无力，那么"一切人对一切人的战争"就不再是一个纯粹的理论假设，而是一种活生生的社会现实。当然，这种对国家的霍布斯式辩护仅仅是一种基于必然性（necessity）的辩护，它不可能说服那些狂热的国家虚无主义者。问题是，在现代社会或现代性的前提下，是否还有可能基于可取性（desirability）的理由为国家的道德正当性进行辩护？在国家虚无主义盛行的今天，这是一个无论如何也无法回避的问题。

---

[1] 汉密尔顿、杰伊、麦迪逊，《联邦党人文集》，程逢如、在汉、舒逊译，商务印书馆，1980 年第 1 版，第 264 页。

后　记

八年前，当我开始写作"家庭、政治与教育——洛克的政治哲学研究"一文时，完全没有料想到它将来会成为一本书中的某个篇章。回想起来，这篇论文应该是我进入政治哲学研究领域的真正开始。在随后的几年里，我结合自己的读书、教学和研究，陆续写过几篇与早期现代政治哲学相关的论文。不过，我相对满意的只有三篇，除了那篇关于洛克的文章之外，另两篇是："斯宾诺莎的'出埃及记'——《神学政治论》与'犹太人问题'研究"和"道德的宗教化与宗教的道德化——从'萨瓦神父的信仰告白'看卢梭道德哲学的意图"。鉴于这几篇文章的论题比较集中，三联书店的冯金红女士建议我将它们结集出版，并列入"文化：中国与世界新论"丛书。为了使这本书的内容更完整和更系统一些，我又另行撰写了"马基雅维里与现代政治的自主性"和"霍布斯论政治与宗教"两篇文章，当作本书的第一篇和第二篇。

此外，我还补充了"前言"和"余论"，分别放在本书的开头和结尾。尽管如此，这本书并没有一个预先构思好的主题和结构。因此，书中难免有很多不成熟和不连贯的想法，敬请各位方家学者批评指正。

如上所述，本书的部分内容已经在相关的刊物发表过。其中，第三篇发表于《外国哲学》第十一期，第四篇发表于《思想与社会》第七辑（《教育与现代社会》），第五篇发表于《哲学门》第十九辑。在将它们收入本书时，我修改了文章的标题，统一了相关的引文和注释，校正了几处译名、行文和表述错误，并且对具体内容也稍有改动。这里，首先我要感谢这些刊物允许我将这些文章收入此书。此外，我还要感谢三联书店的冯金红女士。没有她的建议、鼓励和帮助，这本书不可能问世。

感谢多年来和我在学习、读书、思考和争论之中共同成长的诸多挚友。包括这本书在内，我的所有文字都是对我们这个"无形的学院"的记录与回忆。感谢我的两位启蒙恩师！当初，正是他们将我引入思想的殿堂。

感谢我的博士导师赵敦华教授，以及北大哲学系外国哲学教研室的朱德生、靳希平、韩水法、尚新建、张祥龙、杜小真、韩林合、李超杰、叶闯、先刚、刘哲、吴天岳、伦伟等前辈、师长和朋友。对我来说，这个小小的学术共同体是一切可能的学术共同体之中最好的学术共同体。同时，感谢我的硕士导师阎国忠教授和北大哲学系的众多前辈、师长、朋友和同仁，谢谢他们对我的关怀和帮助！

最后，我要感谢我的妻子葛耘娜女士、我的岳父葛金亮先生和岳母修洁英女士。谢谢他们对我无微不至的关心和照料！尤其是在我写作和修改此书的这段日子，他们承担了全部的家务，使我不用为此分心。同时，我要感谢我远在南方的四位兄弟和姐姐，他们永远是我生活和思想的一部分。当然，我还要感谢我的女儿吴为之。自从她降临到我的生活中以来，她每天都带给我许许多多的快乐和幸福。

吴增定

2011 年 8 月于北京昌平回龙观风雅园